草莽生长

十大首富的创富之道

余胜海◎编著

ZHEJIANG UNIVERSITY PRESS
浙江大学出版社

前言　财富正道是沧桑

财富正道是沧桑

　　"福布斯中国富豪榜"和"胡润百富榜"自 1999 年登陆中国以来，先后制造了 9 位中国首富和 40 多位行业首富。刘永好、丁磊、荣智健、黄光裕、张茵、刘永行、杨惠妍、王传福……一个个首富"你方唱罢我登场"，热闹无比，他们也因此成为热门的新闻人物。这两个富豪榜单把我们带进了一个"读榜时代"，富豪榜的变化曲线，也是我们时代的演进曲线，在揭示中国财富走向的同时，也深刻地改变了中国人的财富观。从这个意义上说，这是中国的一个进步。

　　2009 年，经济学家吴敬琏在纪念中国改革开放 30 周年时，引用狄更斯《双城记》开篇的话称："这是最好的时期，也是最坏的时期；这是智慧的时代，也是愚蠢的时代；这是信任的年代，也是怀疑的年代；这是光明的季节，也是黑暗的季节；这是希望的春天，也是希望的冬天；我们的前途无量，同时又感到希望渺茫……"

连续 11 年，这个被称为"超级富豪"的群体从横空出世的第一天开始，便成为公众的焦点和津津乐道的话题。"首富"这个名词，仿佛成为财富与成功的代名词。于是，人们像小孩子盼望过年一样翘首期待着"福布斯中国富豪榜"和"胡润百富榜"的发布，而登上财富巅峰的"中国首富"更是成为人们关注的焦点。因为，他们与我们同处一个时代，他们成为财富的"黑马"的创富历程是速成的、超常规发展的、具有传奇色彩的，而人们却对他们知之甚少，所以人们对他们充满了好奇。

新经济在新的商业模式下正以惊人的速度创造财富，知识、想象力和创意已经成为经济增长的新动力，创富的模式、方法也今非昔比。正当我们忙忙碌碌地探求属于自己的财富之道时，刘永好、丁磊、张茵、王传福等财富新贵们已为我们树立起财富标杆，他们的创富历程及成功经验给予我们激励和启发。

中国人习惯藏富。1999 年，面对"谁是中国最富有的人"这一问题，中国没能给出答案。但此后，中国人年复一年热切地讨论着这个话题。资本市场的运作使财富变得公开，人们也不再害怕显示自己的富有，反而认为这是自身价值的一种体现。而对于社会大众来说，市场经济的游戏规则也使他们跃跃欲试，这也使"富豪榜"有了更大的意义，"富豪榜"成为书写 21 世纪中国财富史的一种形式。

这些首富所从事的行业既有实业也有高科技产业，暗合了中国经济产业化和国际化的特征。这些企业家大多是行业中的领军人物，被大多数人视为成功者，甚至偶像，他们的成就大到能影响整个商业世界。而通过研究这些首富的"表情"，则能勾勒出改革开放 30 多年来中国经济发展和民营企业家成长的跌宕起伏的风云画卷。

富豪榜单是用来讲述故事，而不是为了炫耀财富，在激动人心的数字和排名背后，蕴涵着更深刻的意义。首富们的成功会让人不禁联想：他可以做到，我为什么不可以？这种激励，在一定程度上为塑造民众的价值观念和人生态度起到积极作用。

在中国,关于首富的所有一切,都令人兴趣盎然。那么,本书所欲讲述的十位首富是怎样一步步攀上财富巅峰的? 他们究竟是一群什么样的人? 他们为什么会成功? 他们过着怎样奢侈的生活? 他们背后又有着怎样的传奇经历? 现在就让我们追随这十位首富的足迹,揭开财富背后的秘密。

1982 年靠养鹌鹑、养鸡起家的刘永好及其兄弟,在内地企业家一轮又一轮大浪淘沙中,以其谦逊姿态、平常心态,一直保持着敏锐的触觉和向上挺进的欲望,不断探寻财富边际。刘永好虽然涉足农业、化工、天然气、地产、金融、乳制品等众多领域,却在中国资本市场风起云涌的时代,一直坚持以农业为主,着力打造一个完整的养殖产业链,立志将新希望集团打造成世界顶级的农牧业帝国。2001 年,他与刘永行等四兄弟以 83 亿元资产在全国率先登上"福布斯中国富豪榜"中国内地首富的宝座。

刘永好的成功,源于他那如临深渊般的小心谨慎,源于他看问题的前瞻性和独创性,源于他的拼搏精神和敢为天下先的豪情。他的成功,对社会的发展产生了巨大的影响力,也因此成为推动社会进步的一代精英。刘永好不说梦想,却走得最远;他由为自己的生存而起步,却成就了很多人的梦想;他心如止水,却赢得所有相识者的尊敬。

丁磊被誉为中国"当代青年创业典范"、"新经济的代表"、"知识英雄"和"财富英雄"的代表。2003 年,年仅 32 岁的他成为"胡润百富榜"和"福布斯中国富豪榜"上的首富;2006 年成为中国 IT 行业首富。丁磊的成功主要得益于他的积极进取和创新。从创业到现在,他每天都在关心新的技术,密切跟踪互联网新的发展,怀抱理想,永不放弃努力,使网易一直保持着中国的本土特色,在中国互联网历史上创造了多项第一,成为中国 IT 行业的标杆企业。丁磊的成功使人们明白,在互联网时代,一切皆有可能!

黄光裕曾于 2004、2005 和 2008 年三次登上"胡润百富榜"的首富宝座,演绎了一个中国版本的财富神话,让更多普通的中国人目眩神迷。

黄光裕曾经说过:"人的发展问题,看你是贪心多还是野心多,或者是霸气多。再一个,看你有没有那个胆量。我做事的习惯是,方向一旦明确,大概想好，有三分把握，我就敢去做。"

人有野心未必是坏事，只是黄光裕大胆得有些过头了。这种雄心勃勃和强烈的冒险精神在某种程度上成就了黄光裕，但也成为黄光裕落败的原因之一。

财经作家、《首富真相：黄光裕家族的财富路径》作者张小平认为，黄光裕的成功，得益于他的胆识、眼光和控制能力。黄光裕17岁就出来闯天下，在贩卖电器的过程中敏锐地觉察到家电零售这个巨大的空白市场。从一无所有，到攫取、利用、借用，再到掌控和嫁接一切有利的资源，这些恐怕是在任何大学里都学不到的东西，黄光裕却凭自己的悟性与坚忍在社会这所残酷无情的大学中深得其中的精髓。但遗憾的是，他最终丧失了对自己的控制能力，深陷资本迷途。2008年11月他因涉嫌经济犯罪被拘查。

张茵靠收购废纸起家，却登上了2006年"胡润百富榜"首位，成为中国第一位白手起家的女首富。张茵成功的秘诀是"专一"。从1985年揣着3万元人民币只身到香港做废纸回收生意至今，她一直专注于废纸回收和造纸。更难能可贵的是她的跨国运作能力，她对资源进行嫁接、互补和再造，让绿色财富循环不息。张茵用自己的亲身经历印证了一句古话："三百六十行，行行出状元"。

在中国历届富豪榜上，似乎没有哪位企业家比碧桂园创始人杨国强更"土气"、更神秘的了。这位农民出身的富豪，自幼家贫，17岁前未曾穿过鞋。他放过牛，种过田，做过泥水匠，后来当建筑承包商积累了第一桶金。从穷苦的农民到拥有上千亿身家，有人称其经历是20世纪80年代以来内地民营企业家的发家缩影。

杨国强为人低调，15年来一直躲在"碧桂园"品牌背后。2007年4月碧桂园在香港上市，杨国强把所有股份转让给年仅26岁的女儿杨惠妍，而杨惠妍以1300亿元身价成为2007年的"中国首富"。杨国强的成功是靠"低成本土地，规模化生产"和"学校＋会所＋地产＋酒店＋度假"的经营模式，着力在二、三线城市发展项目，以极具竞争力的价格优势销售楼盘，形成快速回报。

"饲料大王"刘永行是典型的实业家,管理以稳健、务实、精益见长。他精益求精的管理思想和"既好、又快、还省"的投资理念,始终恪守专业化经营和稳步扩张原则,指导着东方希望集团不断持续健康发展。继 2001 年与其他兄弟一起成为"福布斯中国富豪榜"中国内地首富后,2008 年再次登上"福布斯中国富豪榜"的首富宝座。

刘永行内敛、低调、保守而执著,一直把台湾"经营之神"王永庆奉为自己的榜样。而他自己也在这个研究、学习榜样的过程中,完成了能力移植。他为人朴实,生活节俭,极少应酬,把大多的闲暇时间用来陪伴家人。当一个有胆识、敢于创新的企业家把自己的性格和经营特点完美结合起来时,成功就成了一种必然,而刘永行就是这样的企业家。

只有当潮水退去的时候,才能知道谁在裸泳。刘永行就是经过大风大浪后,依然稳健前行的那个人。

"红顶商人"荣智健作为荣氏家族出色的继承人,有着非同常人的光荣与梦想,光复和壮大祖业是其人生的重要使命。在早年的市场打拼中,有着"红色"背景的荣智健几乎未曾经历挫折就顺利实现了财富的增值积累。凭借中信平台,他实现了"父子协奏",三次登上"福布斯中国富豪榜"首富宝座,续写了荣氏家族连续三代的中国首富传奇。遗憾的是,他的人生在年近古稀时发生了巨变,2009 年中信泰富集团因炒外汇巨亏,4 月 8 日,荣智健被迫卸任中信泰富董事会主席职务;5 个月后他自立门户,成立"荣氏企业控股有限公司"。现在,摆在他面前的是如何重振荣氏光荣,完成家族使命。

马化腾在腾讯飞速发展的 10 年中,始终"躲"在幕后,除非万不得已才露面。也正是因为少了抛头露面的纷扰,他终于潜心修炼成了高超的"武功"。盛大的陈天桥戏称马化腾练就了"吸星大法"——QQ 从无线增值服务做起,巧妙结合互联网世界里的每一例成功的商业模式,创造了惊人的成就,成为 2009 年"胡润 IT 富豪榜"首富。

腾讯成功的关键在于马化腾一直把创新能力看做是公司竞争力的一个最核心的元素。腾讯的这种创新不仅仅局限于技术、产品，更重要的是商业模式、用户体验的创新。在他低调温和的外表下，始终跳动着一颗雄霸互联网世界的野心。

许荣茂是中国房地产行业的首富，他的创业经历了去香港闯荡——回福建故乡投资——到北京地产市场淘金——在上海大展拳脚的过程。这一过程让他完成了巨大的财富积累，成功地实现了由打工仔向富豪的华丽转身。

自1989年转战房地产以来，许荣茂南征北战，不管房地产形势是高峰，还是低谷，他的事业总能蒸蒸日上。他麾下的世茂集团已成为中国高端房地产王牌开发商、中国最大的商业地产企业之一。许荣茂的眼光、魄力和手段，环顾中国整个地产界，无人能出其右，而其上升轨迹也颇为耐人寻味。

许荣茂成功的关键是他注重细节、善抓机遇、敢于冒险以及独到的投资理念。他突破重重竞争，待他建起的宏伟大厦成为万人仰首而望的风景之时，他已经占据城市的制高点。他让每一寸土地的价值都发挥到极善尽美，以点石成金的手笔，赋予土地生命的灵感，让旗下每一件作品都成为中国走向国际的地标与名片。他带领世茂集团峥嵘业界数十载，背后总有"观一叶而知秋"的大智慧。

梳理历届首富人物，他们分别来自农业、互联网、房地产、工业、金融、贸易、商业服务等各个行业，王传福和他的电动汽车则为2009年的榜单提供了全新的注解。从"胡润百富榜"第103名到第1名，王传福完成这次财富巅峰跨越仅仅用了一年时间。对于这段传奇的经历，有人把原因归结于中国汽车市场的率先强势崛起；有人则将答案抛向了日渐掀起的新能源轿车浪潮；还有人认为是股神巴菲特对比亚迪的青睐，让王传福搭上了顺风车。不可否认，上述三条是将王传福推向首富宝座的重要力量，但随着时间的推移，人们渐渐发现，至今仍保持着"技术工人"状态的王传福以及从他身上蔓延到整个企业的"狼性"特征,才是这个财富神话的根本。而这背后所体现的,则是越来越"健康"的中国财富变迁之路。在收购秦川汽车之前,王传福就开始了新能源汽车核心部件如电池等方面的研发,从进入汽车行业开始,比亚迪就立志要做中国新能源汽车的领导者和全球汽车大王。

综观这十位首富,出生的家庭环境不一样,受教育程度不一样,选择的创业行业不一样,发家致富的地域也不一样,但在他们身上却有着一个相同的特点,那就是敢为人先、善抓机遇、超乎寻常的事业扩张及财富聚集能力。他们所带来的变化不仅仅体现在物质财富上,更主要的还来自于精神层面的。

毫无疑问,这些首富都是中国改革开放最大的受益者。如果没有改革开放,没有政策的松绑,没有人们财富观念的转变,他们不可能像今天这样成为巨额财富的实际拥有者。

另一方面,这些首富也是改革开放的有力支持者。他们在改革开放过程中所表现出来的自强不息、敢为天下先的创业精神,在把知识、技术与商业模式转化为生产力的过程中做出了超乎寻常的努力。

当然,由于体制的不完善和人性的贪婪,他们中也有人在一些特定时期,利用不正当手段为自己谋取"不义之财"。但从总体上看,本书中讲述的这十位首富大多数都是干干净净的阳光富豪。不可否认,他们给中国乃至全球经济的发展带来了正向的推动作用,同时他们五彩斑斓的经历也为人们创业和处世态度提供了形形色色的蓝本。

正如财经作家张小平所言,透析、叠加中国富豪们的财富变迁的轨迹,我们可以看到改革开放 30 多年来中国经济发展的清晰脉络。其间,我们既可以体会到那些难以言说的潜规则、难以启齿的手段、难以忘怀的艰辛和难以琢磨的运命,也可以触摸到这些岁月中沉淀下来的坚硬品质——勤奋、坚忍、智慧、眼光以及对大势的顺应甚至扭转。这些,也是下一批中国富豪们不可或缺的东西。

　　"干干净净"是一个企业家最大的社会责任。它意味着不行贿,善待合作伙伴和员工,不利用别人,没有潜规则,不制造黑幕,靠苦干和实干,光明磊落地创造财富。中国社会现在对企业家的要求太高,甚至有人"仇富"。当政府采取开放政策的时候,后进的中国工业必须面对强大的跨国公司和同行竞争,做好自己的本职工作,带好企业,按章纳税就行了,要求太多,反而把水搅得很混,让人看不清楚。不过,我们也欣喜地看到,随着中国商业的深入发展,中国企业家群体已经逐渐以独立而成熟的姿态去面对外在的一切质疑、误解和打击,只因为他们无畏无惧,秉持着最纯粹的商业理想,寻求纯粹的商业模式。想让自己的财富更加稳定而阳光透明,需要的不仅仅是个人修为的提高和对有形物质世界的掌控,更需要增加对无形思想世界的深入挖掘。中国经济要由"中国制造"走向"中国创造",靠的是创新;而中国企业家们要从大起大落走向基业长青,靠的也是创新,而没有理念内涵作为支撑的创新绝对不是能够持久的创新。

　　另外,企业人文精神决定了企业家能够在激烈的市场竞争中走多远。企业竞争最终是人文底蕴的竞争,是观念意识的竞争。提高人的素质,挖掘人的潜能,是企业人文管理的最基本要素,这是摆在中国企业家面前的一个重要课题。

　　罗马不是一天建成的,首富也不是一夜之间冒出来的。他们并非生而富贵,没有万贯家财可继承,所有的财富都是在辛勤打拼中一点一滴积累的。这十位首富起落的经历、人生的态度、经营的方略、成功的经验、失败的教训,对很多人而言,都具有借鉴、激励和启示的作用。研究与探寻他们的心路历程和财富演变轨迹,对于传播健康的财富观、价值观,总结中国民营经济发展脉络,洞察中国未来经济发展态势,探寻首富的生财之道、驭财之术以及成功的某些规律都有着非常积极的意义。

0. 财富神话的思考和启示

1999 年，胡润与《福布斯》杂志合作发布首个"中国富豪榜"。10 年来，富豪榜总是吸引着大众的目光。无论是"胡润百富榜"，还是"福布斯中国富豪榜"上的首富，都是媒体和公众关注的焦点。人们对"富豪是怎样炼成的"等话题兴趣浓厚。

富豪群体的涌现，得益于中国经济的长期、持续、稳定发展。因此，"首富"可以说是一幅中国经济版图的"微缩景观"。在这些首富财富的升值与贬值之间，在榜单排名的变与不变之后，可以追寻到中国经济运行的一次次微观而真切的脉动。

古希腊大思想家苏格拉底曾意识到人作为自然生物的脆弱，与此同时，他也发现人是一种不断进化的生物，他们能够朝着某种理想不断努力、完善和发展自身。同样道理，一个人致富的能力，不管看上去是多么微薄，也都是可以培育和提高的，而且，在人生的任何阶段都可能迸发出惊人的能量。

实际上，无论你的年龄多大，无论你的出身如何，每一个人都有改变自身命运的机会。在这种关键时刻，你必须保持警觉，乐于聆听和接受建议。本书中的十位首富正是在抓住人生转折的机遇后飞黄腾达的。

对于财富神话的解读，不能只看成功的一面，还要看到他们创业的艰辛和创业前的积累，找寻财富之外的启示。

刘永行、刘永好兄弟从养殖业起步，最后成就中国饲料的霸业，他们所做的一直都是与农业相关的事情；荣智健旗下的中信泰富从事基建、能源、航空、电信等基础性行业；丁磊、马化腾的创业恰好赶上了互联网的热潮；而在流通业越来越重要的时候，黄光裕冒了出来；在全球能源紧缺、以新能源为主走向低碳经济工业化的时代，比亚迪的创办人王传福敢为人先，抓住机遇，大力发展新能源概念的电动汽车，并以"新能源"之名成为 2009 年中国首富。

虽然刘永行、刘永好、荣智健、丁磊、黄光裕、张茵、杨国强、许荣茂、马化腾、王传福这十位中国首富处的行业各不相同，却反映出一种共同的趋势——与经济大势越吻合，往往越能够聚积财富。如今，服务业比农业、制造业的财富效应更强。从农业、基础设施到互联网、零售业、新能源、低碳经济，恰好说明了这种转变。

在一个经济突飞猛进、资本市场起步不久、新兴企业如雨后春笋的国度，首富辈出恰恰是"让创造财富的源泉充分涌流"的真实体现，而不是市场无序失序的确凿证据。刘永行、张茵、丁磊、马化腾既没有靠圈地囤地积累财富，又不是凭借垄断赚取超额利润，所以人们从不以狐疑的眼光来打量他们，也不用怀疑的口吻来评说他们。

企业是经济增长的引擎，公司是创造财富的机器，经济增长依赖于企业成长。企业和企业家的生存与发展，绝非财富的机械累积，而是充满生机和活力、历经学习和创新的成长过程。市场的大浪淘沙，会将黄光裕这样的"首富"淘汰出局，也会淘洗出一批好公司，甚至是百年老店。一批又一批的公司前赴后继，又有一个接一个的好公司屹立不倒，这样的企业成长环境才能支撑最持久的经济增长。可以说，刘永行、刘永好、张茵、丁磊、马化腾、王传福等首富的涌现是中国经济之幸，中国民营企业家之福。

综观中国财富和中国富豪的"分布图"，其意义不仅在于告诉人们社会财富的变化，更显示了中国经济正在经历的潮涨与潮落、危机与机遇。张茵和王传福成功登上财富巅峰就是最好的例证。

　　比尔·盖茨之所以能成为世界首富，其原因之一是由于他抓住了社会经济转型的机遇。当石油大王洛克菲勒和钢铁大王卡内基还在争夺世界首富的头衔时，盖茨已连续13年占据全球首富之位，这正是人类进入信息社会的必然结果。

　　在历届中国内地首富中，除荣智健具有较为显赫的家世外（其父为前任国家副主席荣毅仁），其余皆出生于普通家庭，并无任何可利用的背景和资源，他们的成功在很大程度上源于自身的努力。

　　从创业起步到成为首富所花费的时间最长者达25年，而最短者只用了5年。1978年荣智健到香港时已经36岁，这个时间点可以看做是其创业的开端，24年后，他主要凭借拥有的中信泰富的股权成为中国首富。2002年丁磊创立网易不过5年，一年之后，他就以75亿元财富超过荣智健登上首富之位，年仅32岁，比荣智健创业之初还要年轻，其财富膨胀速度只有盛大网络的陈天桥可与之匹敌。

　　十位首富中最具戏剧性和传奇色彩的是碧桂园集团创始人杨国强的二女儿，上榜时只有26岁的杨惠妍。她在2007年以1300亿元的财富登上中国首富宝座，而到2009年其财富缩水至310亿元，2年内缩水近1000亿元。与之形成巨大反差的是比亚迪的王传福，2008年他的身价仅为60亿元，2009年则飙升至350亿元。以近乎300亿元的财富增量成为2009年中国富豪榜上的"新科状元"，使富豪榜充满了变数。

　　当整个中国给予首富们巨大机会的时候，他们以严谨的思维能力、完整的知识结构和充满激情的创业热情，把握住稍纵即逝的机会，创造了一次又一次的惊喜。

兄弟携手创富

　　在中国，兄弟共同创富的故事，从来都不鲜见。本书中的十位首富在创

业之初大多会选择兄弟作为合作伙伴；而创业成功后在处理与创业伙伴关系的问题上，他们的表现则颇为耐人寻味。

不可否认，家族企业的管理方式有很多弊端，饱受争议，但靠家族合力创业并守业成功的案例，历来就有现实存在的道理。兄弟，了解彼此的秉性与优缺点；兄弟，可能兼容低调与活跃、谦逊与创新；兄弟，依靠吃苦耐劳与团结奋斗凝聚起来的战斗力，可能比任何管理宝典中的教义都更实在与实用。

巧合的是，在 2008 年公布的"福布斯中国富豪榜"上，新首富东方希望集团的刘永行，在企业发展初期就是四兄弟抱团创业，等企业做大分家之后，四兄弟各自都有发展。台湾首富蔡万才家族，也是四兄弟前赴后继创立家业，经历沉浮才重夺首富宝座。

1982 年，刘永行、刘永好四兄弟辞去公职一起创业，他们卖掉手表、自行车，一共凑齐原始资本 1000 元，开始了养鹌鹑、养鸡专业户生涯。1989 年，研制出新型猪饲料后，他们将 10 万只鹌鹑全部宰杀，转移至饲料行业，就这样为希望集团奠定了产业基础。

1995 年 4 月 13 日，刘氏兄弟正式分家，按照"资产基本平分"的原则，从产权上明确了各自的利益。各地分公司被划分为东北与西南两个区域，刘永好得到西南片区，刘永行则得到东北片区，四兄弟分区自治。

分家后，刘氏兄弟八仙过海，各显神通。刘永好开始尝试多元化，先后涉足房地产、制药、金融、乳业等领域。1997 年，刘永好将旗下部分优良资产打包后，以"新希望"之名在深圳交易所上市。而刘永行旗下东方希望在很长时间内则坚持以饲料业为主，尝试性地对金融等领域作过少量投资，在进入 21 世纪后，他终于确立了第二主业——铝业，几乎倾个人全部资本投入。

与兄弟一道创业的还有黄光裕，他在 17 岁时便与哥哥黄俊钦离家闯荡江湖。1986 年，两兄弟来到北京共同创办国美；1993 年，两兄弟分家，独立经营。当时，黄光裕分得了"国美"品牌与几十万元的现金，而房地产业务等其他资产则归哥哥黄俊钦所有,分家后黄俊钦创办了以房地产为主业的新恒基集团。黄光裕将其分家的原因归结为"一个企业不能有两个负责人"。

而荣智健在1978年到香港创业时,加盟其堂兄弟荣智鑫、荣智谦创办的爱卡电子公司担任董事总经理。1981年,爱卡电子增资扩股,荣智健持股33.3%,而后又受让了堂兄弟的股份,持股达到60%,从此荣智健就成为爱卡公司第一大股东。不过这两次总投资只有100多万港元。1982年,荣智健将所持全部爱卡电子股份转让给美国的Fitelec公司,赚得720万美元,2年间,增值56倍。在某种程度上,其堂兄弟在荣智健初始发展阶段起到了很重要的作用。荣智鑫兄弟很少被外界提及,极少出现在公众视野中,只在2001年方正控股买壳"荣文科技"的时候,外界才又看到了其背后荣智鑫的名字。

相较之下,创业历程最短的丁磊所处关系比较简单。网易从创立之初为丁一人投资,由于伙伴皆非常年轻,初期的发展态势也不甚明朗,因此基本未传出分割或不合的消息。后来,其亲兄弟丁波才加入网易,曾出任副总裁兼上海分公司总经理职务。

控制资本问鼎首富

综观刘永好、丁磊、荣智健、黄光裕、张茵、杨惠妍、王传福等十位首富,发现他们在上市公司中股权高度集中,大多是公司最大的股东,都牢牢掌握着对资本的控制权。

这十位首富当中,除了刘永行的东方希望集团没有上市、其资产100%属他个人所有外,九位首富所在的公司都已上市。他们之中在上市公司持有公司股权最低的是荣智健,只有10.53%;最高的是玖龙纸业的张茵,持股比例高达72.25%。

在公司的资本控制上,除了荣智健、马化腾,其他八位首富都保持着对

企业资产的绝对控股权，都是公司第一大股东。荣智健所属中信泰富的第一大股东是中信集团，为国有企业。从1992年开始，荣智健先后利用中信泰富收购恒昌股权、公司增发股票、管理层股票转让等机会将个人持股比例增加到19％。2009年4月，他辞去中信泰富董事会主席职务后，抛售了部分股票，目前他在中信泰富的股权下降至10.53％，是中信泰富集团的第二大股东。

刘永行是其中最典型的一位，他旗下的东方希望集团至今尚未上市，也未控制任何上市公司，其最高层面的股权结构仍不为人知，但刘本人持有绝对性股权是肯定的，而他在公司日常管理上也是"一个人说了算"。

刘永好作为新希望集团董事长、中国民生银行副董事长，拥有上市公司新希望总资本的74％；同时，刘永好还是中国民生银行的发起人之一，他持有民生银行10.72％的股份，系中国民生银行第一大股东。

国美电器在借壳中国鹏润之前，黄光裕个人拥有100％的产权，即便在交易完成后，其持股量仍然达到90％以上。黄光裕对公司的管理控制非常强烈，国美电器曾先后发生几次较大的管理结构和高层人员的变动，都是由黄光裕一人设计的，其威望在公司内无人可以挑战。在黄光裕出事前，其妻子杜鹃和妹夫张志铭都在上市公司中担任执行董事职务，持有少量股份。

2008年入狱后，即便身在董事会之外，黄光裕仍然牢牢把握着对整个国美集团的掌控力，他也不忘巩固其国美电器第一大股东的地位。2009年8月3日，国美电器发布了公开发售22.96亿股的认股结果，其中，国美电器原董事局主席黄光裕及其联系人已缴纳约5.49亿港元，申购8.16亿配售新股。至此，黄光裕所持有的股份在配股完成后将占到国美股份的34％，仍占据着国美电器第一大股东的位置。

丁磊在创立网易之初，其所有资产都属于他个人所有，创业伙伴并未持有股份。直到谋划上市，重新搭建公司架构之时，丁磊才开始向外转让股份。除了向风险投资机构转让外，他先后几次向包括高管在内的公司员工转让了数量不等的股权。尽管如此，他至今仍持有网易股份53％左右，处于绝对控股地位。

许荣茂家族持有"世茂股份"26.43%的股份,持有"世茂地产"58.47%的股份,是这家上市公司的第一大股东。

1998年11月,马化腾和其四位同事共同创立腾讯公司,他持有腾讯14.43%的股权。自2008年以来,马化腾多次减持公司股份,目前对腾讯的持股量由14.43%下降到12.64%。

张茵在上市公司中股权高度集中。2006年3月3日,玖龙纸业在香港主板上市,首次公募计划发售10亿股,发行价为每股3.4港元,募集资金34亿港元,这在民营企业IPO案例中是绝无仅有的"大盘股"。目前,张茵家族(包括其丈夫刘名中、弟弟张成飞)对玖龙纸业的持股比例高达72.25%,成为上市公司持股比例最高的老板。

杨惠妍是碧桂园集团创始人杨国强的二女儿,她是目前碧桂园集团最大的股东,拥有集团公司70%的股权。另一房地产大佬许荣茂家族也掌控着世茂集团60%以上的股权。而素有"汽车狂人"之称的王传福,拥有比亚迪27.83%的股份。正是因为这些富豪们都掌握着公司股权的控制权,才使得他们的财富地位凸显出来,从而登上财富巅峰。

股市创造财富传奇

本书的十位首富中,除了刘永行,其余九位首富全是上市公司老板。他们的巨额财富都是通过资本市场资金放大效应而锦上添花的。"接下来,批量生产富豪的领域,将是股市。"胡润断言。

目前,股市仍是制造亿万富豪的主要动力。公司上市不但创造了资本的神话,还满足了人们对权力与金钱的欲望,成为滋生一夜暴富、一夜成名的温床。

1982年,已过而立之年的刘永好辞职与其三位兄长凑足1000元人民

币，到川西新津县农村创业。1997 年，刘永好成立了具有独立法人资格的新希望集团。1998 年 3 月 11 日，新希望农业股份有限公司在深交所上市。当时，新希望总资产为 4.54 亿元，年主营业务收入为 5 亿多元，净利润为 5700 多万元，股本也只有 1.4 亿股。而经过 10 年的发展，到 2008 年新希望的总股本增加到了 7.57 亿股，市值逾 83 亿元。公司总资产已经达到了 70 亿元，为 10 年前的 15 倍。刘永好还是中国民生银行第一大股东，从中获利颇丰。2001 年，刘永好兄弟以 83 亿元资产成为内地首富；2008 年，他以 190 亿元资产成为"胡润金融富豪榜"首富；2009 年，财富达到 220 亿元，名列"胡润百富榜"第 20 位。

荣智健的发展明显地与资本市场关系密切。在移居香港 8 年后的 1986 年，荣智健正式加入中信香港，出任董事总经理，其主要作为便是并购，通过超常规并购迅速做大企业。1987 年 2 月，中信香港以 23 亿港元的价格收购国泰航空 12.5% 的股权；1989 年，中信香港通过一系列运作，最终收购上市公司泰富发展，持有其 59.51% 的股权，后改组为中信泰富；1990 年，中信泰富以 100 多亿港元的价格收购香港电讯 20% 的股权。如今，中信集团通过中信香港仍持有 22% 多的股权，保持着第一大股东的地位；而荣智健虽然已辞去中信泰富董事会主席职务，但他仍持有中信泰富集团 10.53% 的股权，为第二大股东，正是这部分股权构成其财富的绝大部分。

1997 年，丁磊在广州创办网易。2000 年 6 月，网易登陆美国纳斯达克。2001 年 9 月 4 日，网易因误报 2000 年收入，被暂停交易。2002 年 1 月 2 日，网易复牌。从这一刻开始，登陆纳斯达克的中国概念股开始进入网易时代。随着股票在 2002 年的良好市场表现，网易盈利水平明显增高。2003 年 10 月 10 日，网易股价升至每股 70.27 美元的历史高点，比 2001 年的历史低点攀升了 108 倍。丁磊成为第一个依托互联网成为富豪的国内创业者。2003 年，32 岁的丁磊以 75 亿元个人财富成为中国内地首富。2009 年，他的财富达到 190 亿元，名列"胡润 IT 富豪榜"第二位。

1996 年，国美由单纯经营进口商品开始转向以国产与合资品牌为主，

1999 年开始向全国扩张。2004 年 6 月,黄光裕将国美电器的 94 家门店以 88 亿元的价格出售给香港上市公司鹏润集团,国美电器借中国鹏润在香港上市。一夜之间,黄光裕身价暴增 40 倍,以 105 亿元的市值财富成为"胡润百富榜"的首富,这一年,他只有 35 岁。2008 年 11 月,黄光裕、黄俊钦兄弟俩因涉嫌经济犯罪被捕入狱。截至 2010 年 9 月,黄光裕仍持有国美 32.47%的股份,占据着国美电器第一大股东位置。

2006 年 3 月 3 日,玖龙纸业在香港主板上市。首次公募计划发售 10 亿股,发行价为每股 3.4 港元。挂牌当日收盘价为每股 4.75 港元,较发售价上涨 39.7%,成交 24.25 亿港元,为当日港股最活跃的前 20 只股票之一。上市后,玖龙纸业股价一直稳中有升,特别是 2006 财年利润劲升 350%,达 13.75 亿港元的业绩披露后,股价更是冲破每股 9 港元,公司市值达 374 亿港元。照此计算,张茵家族持有 72.25%股份,价值在 280 亿港元以上。当年,张茵以 270 亿元财富名列"胡润百富榜"首位,成为中国第一位女首富。2007 年,她的财富达到 770 亿元,名列"胡润百富榜"第二位。2009 年,52 岁的张茵以 330 亿元财富居"胡润百富榜"第二位,分别居 2009 年"胡润女富豪榜"、"工业制造富豪榜"和"低碳富豪榜"第一位。

杨惠妍是目前碧桂园最大的股东,2007 年 4 月 20 日碧桂园在香港上市之后,持有碧桂园 95.2 亿股的杨惠妍身家一举超过玖龙纸业的董事长张茵,成为新一代内地女首富,财富总额最高时达到 1300 亿元人民币。没想到,她的财富到 2009 年缩水至 266.3 亿元人民币,从"福布斯中国富豪榜"第一位降至第五位,真所谓成也股市,败也股市。

马化腾也是一名资本运作高手,他把腾讯 QQ 变成了一架性能优良、运转自如的赚钱机器。2004 年 6 月 16 日,腾讯在香港联交所正式挂牌上市,马化腾持有腾讯 14.43%的股权。2009 年 10 月,腾讯股价突破 130 港元每股,成为全球互联网市值第三、中国互联网市值第一的企业。

在资本市场上,王传福成为财富上升最快的企业家之一。根据 2009 年 10 月 13 日公布的"胡润百富榜"显示,王传福 2009 年的财富较上年增加了

290亿元，排名从2008年的103位上升到2009的第1位，其身价飙升近300亿元。

推动王传福财富激增的，是比亚迪股价神话般的疯涨。比亚迪2002年在香港主板上市，43岁的王传福拥有27.83%的股份。2008年，巴菲特宣布将以18亿港元认购比亚迪10%的股份。比亚迪股价从2008年9月的每股8港元左右，涨到目前的每股80多港元。比亚迪是新一代"绿色汽车"的领导者，正好顺应了"科技"、"环保"、"创新"、"新能源"全球之势。而股神所看中的，正是比亚迪的"新能源汽车"概念。也就是说，是"新能源"成就了王传福的首富传奇。

通观10年来中国富豪榜可以发现，首富位置上主角的更迭，成为观察经济走势的一个窗口。此次王传福凭借新能源登顶，无疑预示着新能源行业开始在经济生活中扮演越来越重要的角色。

值得庆幸的是，尽管通过资本市场将自身价值得以最大化，但这些首富们并没有停留在简单的玩概念阶段，他们都有比较坚实的基础业务，在各自的行业内都处在领先地位。打通产业链和资本链，这是成熟市场上的游戏操作过程。如今，中国的富豪们也开始具有类似素质，尤其是黄光裕在国美电器借壳过程中表现出来的纯熟技巧，更令专业投资人士叫绝。

中国首富十年变迁与悲喜

《福布斯》杂志首次推出中国内地富豪榜单时，他们在封面上设计了一个人物，脸的两边风格迥异，一边是中国旧时的"毛式穿戴"，一边是拿着大哥大、戴着金表的新形象，以此来展示中国发生的巨大变化。

10年间，《福布斯》和《胡润百富》年年都会捧出一位首富，从最早的荣毅仁、刘永好兄弟，到中期的IT精英丁磊，再到最新的科技英雄王传福，中国经济发展的潮流和热点，尽在其中。

对于个人来说,十年生死两茫茫;对于一个发展中的社会而言,十年更是沧海桑田的巨变。中国民营企业走过了 32 年历程,艰难困苦,玉汝于成。32 年求索沉淀,32 年磨砺成长。在中国民企的世界里,春花秋月,沧海桑田,10 年一次轮回,浪花淘尽英雄。成功抑或失败,荣耀的光环或者艰辛的步履,32 年来中国民企走过的路途,暗合着中国改革历史的节奏,创造着"草根"的神话、暴富的传奇、惨烈的败局和东山又起的复活。

荣智健、刘永好、刘永行、丁磊、马化腾、王传福、黄光裕等首富就像一张张沉淀岁月的老照片,折射着中国社会的变迁。而照片上的每个人则或个体、或具象地代表着中国的经济和财富走向。如果没有改革开放,没有"让一部分人先富起来",就没有这些富人。而由此回溯来时路,就不难理解,正是经济体制上的日趋灵动、兼收并蓄的开阔和政策的日渐佳境,才在很大程度上助推了上榜富豪的财富积累速度。1995 年,"福布斯中国富豪榜"上榜富豪的全部财富加起来仅 41 亿元人民币,而今,仅王传福一个人的财富就超过了 300 亿元人民币。2009 年,"胡润百富榜"上榜 1000 位富豪的平均财富达到 38.8 亿元。

尽管近年来在一些行业出现了较为明显的"国进民退",但《福布斯》的一项调查发现,中国成功的民营企业家,在积极配合国家的刺激经济计划、应对危机方面表现得更为成熟。中国私营企业在应对市场变化进行调整、创造就业、把握机会、寻求产业转型与升级等方面,表现出优于国有企业的韧性,因而总体上能持续地为股东、社会创造价值。

在这其中,民营经济和民营企业家的"沧海横流,英雄本色"无疑更引人注目。然而,正所谓其兴也勃,其亡也忽。体制转型期太快的发展速度也带来了许多问题。关于富豪榜的一个有趣的现象是,每年上榜的人群中总有三成左右是新人,而最引人遐想的则是,几乎每年都有"问题富豪"下榜。

成功的企业家都是相似的,失败的企业家各有各的败因。他们或陷入产权纠纷的泥淖,或卷入政商关系的旋涡,或"死"于盲目并购的陷阱,或困于家族管理的弊病……除了其自身素质的缺陷、社会氛围的浮躁外,由于金

融及资本市场体系改革滞后而遭遇融资瓶颈是一个重要的外部原因,资金链的断裂则是其共同特征。身处巨型国企与跨国公司夹缝中的民营企业大多身处边缘的低端行业,过度竞争又导致产业周期极为短暂,一些无明确战略的企业往往选择跟着"热点"走的无边界扩张。然而,正如有识之士所指出的,企业家能力和企业组织形式决定了企业的内部边界,而制度环境等则决定了企业的外部边界。一些企业家却偏偏不愿正视眼下的现实"约束条件",怀着"给我一个支点,就能撬动整个地球"的雄心,试图"超常规""跨越式""做大做强",结果反而折戟沉沙。首富黄光裕的陨落再次为企业家们敲响了警钟。

一沙一世界,一花一天堂。虽然十年富豪榜饱受争议,但它确实在某种意义上承载了个人命运的沉浮荣衰和中国经济的裂变得失。审视它,阅读它,就仿佛看到了过去十年整个中国社会走过的背影。然而,当我们从"先富"坚实地迈向"共富"时,很容易地联想到,下一个十年的中国富豪榜会面临怎样的变迁呢? 一切尚未可知,但有一点——我们终究会闻到越来越浓郁的"共富"所散发出来的和谐的味道。回望是为了前方。

刘永好、刘永行:信仰让基业长青

财富不仅是金钱,更代表着一种信仰和品质。如果财富失去了信仰和品质,"富豪"必然会缩水。

刘永行、刘永好兄弟俩,是中国改革开放后第一批发家致富的典型代表,也是中国最活跃、最受关注的企业家之一。他俩早在 2001 年就成为"福布斯中国富豪榜"首富。

28 年前,奔着能让孩子过年时吃上一点肉的希望,兄弟四人卖掉了自行车和手表,凑了 1000 元开始创业。近 30 年来,面对数轮让无数企业沉浮起落的商业周期,一个又一个"明星企业"交替登场,一个又一个"问题富豪"黯然倒下,一个又一个暴利产业冷热轮回,而刘永行、刘永好兄弟却一路走来,30 年屹立不倒、事业长青,谱写了最为成功的故事,堪称中国民企发展史上的奇迹。他们基业长青的秘诀也许可以用两个字概括：信仰。

改革开放 30 多年来，民营企业家无疑是这个舞台上最活跃、角色最鲜明的一个群体，他们出生于不同阶层，选择了不同路径，展现着不同姿态，但都是为了一个梦想在"狂飙突进"，那就是获得更多的财富。然而在中国这个特定的经济市场环境下，他们不得不去适应已有的游戏规则，结果却往往成为游戏规则的牺牲品和替罪羊。这是一群惶惶然不知如何自处的商业"迷羊"：他们选择了道路，却没有选择信仰。

笔者在《希望集团三十年》一书中看到这样一个细节：1988 年，当时的刘永行、刘永好兄弟准备从养鹌鹑转型到生产饲料，因此急需一块土地来盖新厂房。他们的发展计划得到了当时的县委和县政府的大力支持，但却卡在当地的县国土局手上。为什么呢？因为那个县国土局的某位领导曾经提出过索贿要求，却被刘氏兄弟拒绝了。在索贿没有得逞之后，那位领导恼羞成怒，坚决不给他们修建厂房的土地。一气之下，他们只得忍痛割爱，杀掉了当时价值几百万元的鹌鹑，腾出地方来盖厂房。

即便损失了在当时已经算作天文数字的几百万元资产，但刘永好兄弟却仍然是幸运的，因为有更多选择"不作恶"的企业家却湮没于那些官场腐败的深渊中。而作者在书中惊叹刘氏兄弟是"贫瘠土地上长出的商业奇葩"之时，实际已是相当辛酸的叹息。在书最后，作者引用茅于轼先生的话："他们的曲折道路唤起我们对其他没有那么幸运的私营企业家的关注……一般人只看到企业家只是为了自己，可是，国家的实力最终取决于企业的好坏。大家善待企业家，就是帮助国家的壮大，最后也是帮助了自己。"

刘永好曾对笔者说过这样一句话："企业家都忙着赚钱，不知所累，我们赚了很多钱。赚更多的钱没有太大意思，当财富和个人事业关联不大时，一定要寻找支撑上升的动力。没有信仰的企业家，或者是没有寄托的企业家，心态肯定不好，肯定会出问题。"

一个人真正的财富，是他的信仰和信念的力量。著名的社会学家周孝正用四句话概括了信仰的真谛：对大自然的心灵感受，对未知领域的敬畏心情，对社会公正的内心追求，对美好人生的情感寄托。

刘永好的身上有着十几个头衔：全国政协常委、全国工商联副主席、中国饲料工业协会副会长、中国乳业协会副会长、中国光彩事业促进会副会长……在众多的头衔中，他最看中的是"中国光彩事业促进会副会长"。

对寻找"生命中主要支配力量"，刘永行、刘永好兄弟有着强烈的渴望。他们不是信教徒，但他们知道企业家的责任和信仰是获得生命尊严的唯一途径。没有信仰，一切价值观都将无所依托。更为严重的是，社会价值体系一旦坍塌，世俗的脚步就会在文明的地毯上撒野！人活在世上，自然会形成对人、对事、对世界的某种态度，而尤其需要解读生活的意义。信仰，就是我们内心存在的一种根本信念，一种"终极眷注"。

刘永好、刘永行兄弟的觉醒和努力让我们感受到了信仰的伟大力量。我们希望企业家们在努力获取财富的同时能够像刘永行、刘永好兄弟一样去探寻一下人生最根本的问题，尝试将神圣的义务、有尊严的价值观、简单的生活方式与事业的发展融为一体。只有这样才能基业长青。

丁磊、马化腾：崛起的"知本富豪"

与房地产商云集富豪榜相对应的，是近年来一批年轻的 IT 新贵在富豪榜上崭露头角。

丁磊、马化腾都是中国互联网的先驱之一。他们的财富传奇，是"知识创造财富"在信息时代的最佳演绎。

丁磊和马化腾是 1971 年 10 月出生的好朋友，是中国第一代网民，有着相同的人生经历和爱好。如今，10 年过去了，各自创建了中国 IT 业的标杆企业。

1997 年 5 月，26 岁的丁磊怀着"让中国的互联网变得容易起来"的梦想在广州创办网易公司。在人生的经历上，从开始读书到大学毕业，丁磊的身上有着同龄人相同的轨迹。他有着孩子般的天真和率直，时而又显老成，没有商人的城府和狡猾，寻找丁磊的表象交集，这些词语比较恰当。

1997 年年底，丁磊耗时半年多终于写出了网易免费邮箱系统，由于资金紧张，他忍痛割爱将免费电子邮箱系统及 163.net 域名以 119 万元卖给了位于广州的一家网站。后来，在丁磊的主导下，网易先后推出了免费主页、免费域名、免费信箱、虚拟社区等服务，网易通过实实在在的努力让中国的互联网变得容易起来。

2000 年 6 月，网易在美国纳斯达克上市。当 2001 年中国互联网行业陷入寒冬之时，网易与新浪、搜狐股价类似，皆徘徊在一两美元之间，网易还一度被摘牌。已故继任者孙德棣，在任期间先后抓住短信和网络游戏两大业务，这成为改变网易命运的两大法宝，也成就了网易。

丁磊在开发中文搜索引擎失败的情况下，敏锐地抓住了市场的脉动，转向开发免费邮箱系统，进而使网易成为中国门户之一。

丁磊退隐后，带领一班兄弟卧薪尝胆，一年后终于推出了《大话西游》online，同时，网易还引入韩国全 3D 的 Q 版网络角色扮演游戏《精灵》，从而确定了网络游戏在战略规划中的重要地位。网易在中国三大门户网站中脱颖而出，股价一度冲到 72 美元每股。2003 年，丁磊以 75 亿元个人财富，名列"胡润百富榜"首位；2009 年，以 190 亿元财富名列"胡润百富榜"第 27 位、"胡润 IT 富豪榜"第 2 位。

1998 年 11 月，马化腾在深圳创办腾讯。创业之初，推出无线互联网寻呼解决方案。1999 年 2 月，腾讯公司即时通信服务开通，正式推出"腾讯QQ"，与无线寻呼、GSM 短消息、IP 电话网互联，从那天起，QQ 开始改变国人的沟通方式。

2000 年，互联网遭遇泡沫危机，当时全国 60 多个即时通讯软件企业在这场危机中被迫关门，有的被整合或转行，只有四五家勉强存活下来。这时，腾讯趁机占领了 30％左右的市场。到 2004 年 4 月，QQ 注册用户数量再创高峰，突破 3 亿大关，成为华人群体最大的即时通讯网络。

2004 年 6 月 16 日，腾讯在香港上市。2009 年，马化腾以 239 亿元财富成为"胡润 IT 富豪榜"首富。从一款单一的即时通讯软件，发展到涵盖门户、游戏、电子商务、第三方支付、搜索引擎、社区、C2C 等多种业务在内的互联网在线生活平台，马化腾只用了 10 年时间完成了互联网产业几乎全业务的布局，在中国互联网界几乎无人出其右，成就了无往而不利的神话。

正是凭着这份坚持的耐力，马化腾终于建立起自己的网络帝国，成为新一代企业家中面向全球的中国符号。

类似"知本创富"的故事，还可以追溯到无锡尚德的施正荣、盛大的陈天桥、分众传媒的江南春、阿里巴巴的马云、百度的李彦宏、搜狐的张朝阳等人。在近几年的富豪榜上，他们构成一个新的富豪群体——"知本富豪"。

"知本富豪"是一个年轻的中国富豪群体，其背后都有一个个"科技创新、知识创业"的生动故事。他们的财富，有别于"权力寻租的灰色积累"与"机会经营"。

尽管他们个人的财富常常会因为资本市场的波动而变化，但由于他们拥有的是一种凭借卓越智慧和扎实奋斗而得来的、说得清道得明的"阳光财富"，因此，他们的财富积聚过程，具有积极的示范效应。

由于国内资本市场的日益完善和创业环境的日渐宽松，未来将有越来越多的创业精英，通过国内的资本市场而跻身"第三类财富"的富豪群体之列。

"知本富豪"伴随着中国信息时代进程的加速而崛起，作为近年来中国"富豪榜"的一大明显特征，是当今中国经济发展越来越充满活力的生动体现。

杨惠妍：典型的"富二代"

碧桂园执行董事、现年 29 岁的杨惠妍是"富二代"的典型。她的财富来自于父亲杨国强的股份赠予。

2007 年，杨惠妍以 1300 亿元身价成为"福布斯中国富豪榜"首富，但让人始料未及的是，由于受金融危机的影响，到 2009 年，杨惠妍从"福布斯中国富豪榜"第 1 名跌落到第 5 名，身价仅为 266.3 亿元人民币，两年财富缩水高达 1000 亿元。大喜大悲、大起大落，这样的压力对于年轻的杨惠妍来说也许有些沉重。

但其实杨惠妍最初并不想接班，她的理想是当一名老师。

杨惠妍并不像其他"富二代"一样张扬、奢华。她为人实在、低调。她至今未接受过任何媒体的采访。人们对她的直观印象，多来自于几年前在网上流传的杨惠妍结婚视频，有人这样评价："一看就是特有福气的女人"。

其实，杨惠妍并不像她给人的第一印象那样柔弱。她渴望父亲不要坐在旁边，希望父亲放手让她驾驶"汽车"上路。进入碧桂园不久，杨惠妍就静悄悄地对碧桂园展开了变革。

据碧桂园公司内部人士透露，早在 2005 年杨国强去美国治病时，杨惠妍杯酒释兵权，碧桂园集团管理团队就由杨惠妍全面接管。她用从美国带来的管理团队替代了杨国强时代的创业团队。与此同时，她曾向碧桂园混乱不堪的财务账目和采购程序开战，很快就将这一团乱麻理顺。

杨惠妍带领着碧桂园从纯粹的家族企业向现代企业治理结构悄然转变。碧桂园过去一段时间在天津、北京等城市及江苏、湖南等省拿下相当多的郊区地块，开始真正地突出广东的重围，进入全国性房企的行列。同时，人们发现，碧桂园的开发模式在静静地发生着变化，以前那个"卖房子像卖白菜"一样的碧桂园开始向高端小试牛刀，快进快出的工厂生产模式开始向个性化生产稍作转变，设计风格开始突破"社会主义新农村"式的乡土风格，呈现出个性与品位。

经过 4 年的磨砺，一个做事干练、机敏、有控制能力的新财富知识女性开始呈现在人们面前。人们意识到，也许她并不像外表看上去那样简单。的确，在杨惠妍的推动下，碧桂园的管理变革之路受到业界认可。尽管在 2009 年，老大万科销售业绩直逼 600 亿元，同一梯队的绿城、恒大也迈入 300 亿元门槛，碧桂园只实现了全年 200 亿元的目标，但是在以公司治理为评价体系的蓝筹地产企业榜单上，碧桂园与万科、中海、金地等标杆站在了一起。也有人因此担心，碧桂园会不会就此失去第一代掌门人主政时的锐气。

业内人士认为，近年来碧桂园发展速度"慢"了下来或许并不能怪杨惠妍，这种局面很大程度上是金融危机和行业调整所带来的，同时也和碧桂园以往的开发项目多以郊区低价大盘为主有关。即便是杨国强亲自掌舵，面对这样的局面其调整过程也未必会顺利，何况是初出茅庐的杨惠妍。

也许杨惠妍给碧桂园带来的变革还需要更多的时间来检验其成效，但当下，其规范化管理和开发模式的转变是未来的必经之路，无论如何，在行业的变局之下，碧桂园要继续走杨国强时代低价拿地、大规模开发的老路恐怕是不行的。我们期待着做事干练、机敏、有控制能力的杨惠妍，能使碧桂园完成从家族企业向现代企业的转变。

卡内基说："我给儿子留下了万能的美元，无异于给他留下了一个诅咒。"

"富二代"三个字就像一个密码，一旦开启，则无人能预测其命运。我们应该期待有着现代化管理知识的"富二代"给整个社会注入新的血液，带来新的力量。毕竟，"富二代"的破茧而出代表着行业脱离草莽时代，代表着行业的新黎明的到来。

王传福：改变汽车行业格局

2009 年，王传福以 350 亿元荣登"胡润百富榜"榜首。

胡润在"胡润百富榜"新闻发布会上向媒体表示："在全球汽车行业走下坡路的大环境下，而 2009 年中国的新首富产生于汽车行业，这在意料之外，也在意料之中。因为王传福顺应了科技、新能源、创新和环保的趋势，从而引导一个新的世界汽车行业格局。"

据《南方日报》报道，当初王传福之所以选择进入汽车领域，是因为比亚迪在电池领域拥有核心技术，可以将比亚迪电池的优势应用于电动汽车行业。2007—2008 年石油价格飙升，加上低碳概念的盛行，使得清洁替代能源成为全世界的主题，新能源汽车概念也成为最受关注的明星之一。

1995 年 2 月，王传福和他的表哥吕向阳一起创立了比亚迪，当年即获得台湾最大无绳电话制造商大霸的电池订单。此时,郭台铭的鸿海集团在台湾岛内如日中天,他不会想到,一个正在挤进代工市场的"小家伙"日后会成为他在电池行业的劲敌。

1997年,金融风暴席卷东南亚,全球电池产品价格暴跌20%~40%,日系厂商处于亏损边缘,比亚迪的低成本优势突然爆发。如今,比亚迪已成为三洋之后全球第二大电池供应商,占据了近15%的全球市场。

正当人们为王传福在电池行业咄咄逼人的态势惊叹时,他鸟枪换炮,又一头挤进竞争白热化的汽车行业。

有人评价,王传福蔑视现有的商业秩序和游戏规则,"他信赖年轻的工程师胜过资深的欧美技术专家,他认为什么都可以自己造,而且造的比高价买的更管用,他觉得技术专利都是'纸老虎'"。

王传福改变了中国企业家的形象。那些在全球产业分工链条上苦苦挣扎,为了获得一份低端打工仔职位而不断压低身份,不惜血本甚至自相残杀的人群中,终于走出来一位"技术派"领军人物。他以拆解跨国公司的技术壁垒为己任,狂热追求技术创新,并组织起了一支真正能征惯战的本土化的技术研发和制造队伍。

"我们从不对核心技术感到害怕。别人有,我敢做,别人没有,我敢想。比亚迪每个单位遇到问题,我们都会说,你解决不了,不是因为没有能力,而是因为你缺少勇气。"比亚迪一位副总裁这样解释他们的企业哲学。

针对中国企业普遍面临的"技术恐惧症",他说,这种恐惧正是对手给后来者营造的一种产业恐吓,他们不断地告诉你做不成,投入很大,研发很难,直到你放弃。汽车?说穿了不过就是"一堆钢铁"。

仅有这些还不够,最终将王传福捧上天的是巴菲特。2008年,巴菲特以18亿港元认购比亚迪10%的股份。在2009年的巴菲特股东大会上,巴菲特称王传福是"真正的明星"。

接着发生的一切,就显得顺理成章了。

2010年3月1日,王传福在参加第80届日内瓦国际车展时表示:"在

开发新能源方面,中国一定会走在世界前列,新能源发展是一个新行业,需要政府支持、政策引导以及有利的社会环境。发展电动车不但解决了排放问题,也是减少石油依赖的好方法。目前,中国有很多政策、法规鼓励新能源开发。这些政策和发展战略,加上中国汽车市场不断扩大的因素,使中国具备了发展新能源车最好的土壤。从这个意义上说,未来中国新能源汽车市场一定能走在世界前列。"

在日内瓦车展开幕当日,比亚迪与戴姆勒汽车集团就达成意向,双方将合作成立一家研发公司,共同开发电动汽车。比亚迪主要负责电池和驱动技术,而奔驰则承担整车开发。王传福介绍说,双方还将创立一个全新的品牌,介于比亚迪和奔驰品牌之间。戴姆勒集团董事长蔡澈也高调评价了此次合作。蔡澈认为,双方都将从电动汽车市场的巨大潜在增长中获益。

由此可见,王传福的梦想是做中国新能源汽车领导者,他的产业正好顺应了"科技"、"环保"、"创新"、"新能源"的全球之势。

王传福是一个善于抢抓机遇的人,他仅仅用了十多年的时间,就将比亚迪扩展为一个在全世界拥有广泛影响力的制造商。王传福的"比亚迪奇迹"既属于他个人,也属于这个时代。

黄光裕:"资本玩家"

当"地产大鳄"和年轻的财富新贵们争相登上富豪榜时,富豪榜上昙花一现的"暴发户"故事也从来没有间断过。

故事的主角,都长袖善舞,一边在中国还不完善的资本市场上叱咤风云,一边在风云激荡的商业领域纵横捭阖,以所谓高超的财技,将"资本运作"玩弄于股掌之间,在极短的时间内,实现个人财富的激增。然而,没有根基的"暴发",终究只能如流星般从富豪榜上陨落。

从20世纪90年代后期至今,中国资本市场急剧发展,而监管缺陷也成全了富豪左手倒右手的敛财游戏,但最终又将他们拖入了以身试法的泥潭。

黄光裕曾是中国首富,他一手打造的国美帝国为他创造了几百亿身家。

然而,财富宛若诅咒,2008 年,他因涉嫌"操纵股价"被警方拘查。

2010 年,黄光裕因犯非法经营罪、内幕交易罪、单位行贿罪,被法院判处有期徒刑 14 年,同时处以罚金 6 亿元,没收财产 2 亿元。

黄光裕,1969 出生于广东省汕头市的一个小村庄,家里非常穷。他 16 岁就开始外出谋生,17 岁时怀揣 4000 元到北京创业。凭借自己的聪明,靠倒卖电器赚取了第一桶金,从小店老板一跃成为身价 300 多亿元的大富豪。他曾三次登上"中国首富"宝座,他与其他首富相比最大的差别在于,强硬而霸气,大胆冒进。

中国经济的高速增长给黄光裕创造了条件,经过十多年的经营,他的国美电器成为中国家电连锁第一品牌。英国《金融时报》说:"在中国的城市,红蓝相间的国美标识与麦当劳或耐克一样与众不同。"

到今天,鹏润投资的国美电器已占有国内家电分销市场的 35%。倚仗 1300 家门店赋予的资本与影响力,黄光裕对供应商开出的条件很苛刻,很多人都说他是"价格屠夫"。为了整合电子电器零售行业,他还收购了排名第三和第四的公司以及两家手机零售商。

近几年,黄光裕觉得从事零售业赚钱"很辛苦",他更想成为一名资本运作行家。所以,他对具体业务已没多少兴趣,而把大量精力放在了资本运作和房地产上面,尤其是国美电器借壳上市身价暴涨 40 多倍后,他更是迷恋上了资本——一个套现与投资,左手倒右手的游戏。这个游戏让他在短短 5 年间三次问鼎"中国首富"。

众所周知,黄光裕近几年的扩张之路,是一条由实业走向资本的变形之路,基本代表了他的资本运作轨迹。1999 年,他以创办总资产约 50 亿美元的"鹏润投资"作为资本运作的起点。2004 年,他把"中国鹏润"更改为"国美电器"在香港上市;2005 年,他在鹏润地产的基础上又成立了明天地产、国美置业和尊爵地产;2006—2007 年,他又陆续收购了永乐电器、大中电器、三联商社和中关村,成为大股东。

在此期间,已经有很多投资者不信任这种疯狂的扩张模式了——它充

满了隐患和不确定性。中国经济放缓，让黄光裕过度膨胀的资本链条显得脆弱不堪，结果又因地产不景气和短期信贷双重压力现了原形。

其实，黄光裕案发来自于向官员行贿，他供出行过贿的省部级高官就有上十位。为了让国美去香港上市，他曾向多名官员行贿，经济权力与政治权力的结合，在黄光裕身上再一次发生了，但灾难也因此而来。

近年来，张荣坤、周正毅、唐万新、顾雏军、黄光裕这些富豪的陨落，我们似乎看到了在这幅中国经济版图的"微缩景观"中，"资本玩家"不断式微。但愿像黄光裕这样的悲剧不再上演。

财富时代的觉醒与价值

改革开放 30 多年来，中国已成为财富涌流的热土。尤其是近 10 年来，中国社会在创造财富方面迸发出了无穷的力量，涌现了大量亿万富豪。据《福布斯》统计，到 2010 年，中国的亿万富豪总人数在全世界排名第二，仅次于美国。从目前发展趋势来看，未来几年中国经济仍将持续处于高增长周期，我们可以期待一个新的造富高潮的到来，这将给全世界带来更大的震撼。然而从历史经验来看，一个国家和社会的长治久安与良性发展，仅仅靠拥有巨额的社会财富是难以达到平衡状态的。换句话说，和谐社会的建立不仅仅是个经济问题。未来，富有阶层人士如何看待财富，如何使用与处置财富，这对中国经济与社会的健康发展以及构建和谐社会具有重要而深远的影响。

马克思曾有"资本来到世间，就是从头到脚，每个毛孔都滴着血和肮脏的东西"的著名论断，这其中的资本，恰恰是指那种以最快的速度、最不规范、最不道德甚至不合法的方式积累的资本。这一代中国人有幸看到飞速积累的财富、层出不穷的"富豪榜"，而频频落马的富豪则让国人看清了一些富豪在财富积累过程中的"原罪"和"现罪"现象。

中国富豪们发家的历史过程不过30年,他们集"学识、见识、胆识"于一身,从起初有"投机倒把"经历的个体户,到今天的 IT 精英,从儒商到海归,从辞职"下海"到自主创业,历经了深圳建市、海南建省、炒房、炒地、炒股票、倒买倒卖、"国退民进"等几段历史过程,一大批富豪应运而生,新兴权贵阶层初步形成。但是大多数中国富豪发家方式过于简单、粗暴,利润的获取似乎过于轻松,财富的规模过于集中,财富的累积路径也似乎不太能让世人信服。这是目前整个社会"仇富"情绪居高不下的根本原因之一。

与此同时,在财富的占有和分配方面,也暴露出了一些问题。简单地说,在财富的占有和分配方面存在着不平等。旧的计划经济体制之下,以权力的不平等占有和分配社会财富的机制、体制和方式,以种种合法和不合法的形式延续到了今天,并造成了新的财富占有的不平等。

另外,在我国,富豪们过于明星化,喜欢摆阔、"作秀"的太多,不断转换身份,尘封发家历史,漂白企业污点,以所谓的企业"原罪"原谅和纵容自己。要么花天酒地,醉生梦死;要么"鸡飞狗跳",官司不断,惶惶不可终日。穿拖鞋、开大奔、吃鲍鱼、"包二奶"、购豪宅、买飞机,成为富豪身份的"名片"。我国每年自杀人数有 30 万人左右,其中不乏数目不少的富豪。

当前,人们对富豪榜有着各种不同的理解:有的人抱着幸灾乐祸的心态来看待上榜的富豪们,看看他们哪个会步当年周正毅、杨斌、唐万新、张荣坤、黄光裕等人的后尘;有些人可能持"仇富"心态,希望有关部门介入调查这些人的发家史,看是否有某种违法勾当;更多的人则是以对待娱乐新闻的心态去看待每年的富豪榜,去关注每个富豪后面那代表财富的数字到底有多长,以满足自己的好奇心。

人们对富豪榜的每一种理解和看法都有其自身的合理性,但如果公众以平和而动态的眼光来审视这些首富们所代表的财富,可能更符合我们这个社会的利益。

自 1999 年《福布斯》在中国推出富豪榜以来,富豪的"多事之秋"也宣告开始。近几年来,因仰融、杨斌、周正毅、顾雏军、黄光裕、兰世立等 50 多名富豪先后落马，使富豪榜落得个"杀猪榜"和"通缉令"的恶名。还有一度盛行的"原罪说"，因富豪榜的这种"点杀"作用而得到了证实。另外，连续多年占据富豪榜70％以上份额的房地产开发商，则因为集体暴富而暴露出这个行业暴利的惊天内幕，以致房地产业成了公众谴责最多的行业。房地产行业成为为富不仁、官商勾结、腐败滋生的重灾区。

可以说，在中国历史上从来没有哪个年代，人们对财富的追逐像现在这样痴狂；同时，也从来没有哪个时候，人们像今天这样对财富爱恨交加。

2007年，当杨惠妍以1300亿元成为中国首富，当富豪榜前十位有九位与房地产业有关时，"财富"二字开始让民众和传媒生厌。有人嘲讽道："大国崛起，还是首富崛起？中国曾经有过500强，可传下来的只有宅子。"

因此，众多富豪在人们心目中的形象似乎就从未高大过。据有关调查显示，中国富豪群体难以为青年人竖立榜样，近七成青年受访者认为中国富豪品质差。

中国社科院时卫干博士认为："自20世纪80年代以来，随着中国经济转轨过程的加快，经济多元化格局逐步形成。在这个过程中，的确有一批人通过各种不光彩的手段聚敛了大量财富，而这部分富豪支配财富的方式更是让人失望，无助于社会的进步。从那时起，富豪在中国更多的是以负面形象出现，而针对富豪们的'仇富论'、'原罪论'也皆因此而起，大众对财富的态度既爱又恨，暧昧难明"。

目前，中国不少富豪缺少"慈善观"，社会责任感缺失，这已成为一个不争的事实。在富豪榜上名列前茅的企业家在慈善榜上的排名却很靠后，有的甚至榜上无名。业内人士评价："这一现象从侧面说明，中国企业家在某种程度上对社会公益意识的缺位。"

当然，我们讲"原罪"，讲"赎罪"，并不是要均贫富，并不是要大锅饭，也不是要企业家个个成为慈善家而把财产都捐给社会。只是期望在社会主义法制日益完善的今天，新创业的人们不再有"原罪"，已经富有的人们不再犯"本罪"，使富豪群体真正能受到社会的尊重，成为社会的中坚，而不是财产的巨人、道德的侏儒。合法的劳动收入和资产都应该受到保护,光明正大地创造财富的人才能得到人们的尊重和认可。

民众对富豪群体的认识和评价,体现着一个社会的文明程度和价值取向。不同的社会评价与富豪们的社会责任感、发家路径等因素相关。如在日本,具有"仇富"心态的人并不多;相反,他们感激富豪,因为富豪不仅为国家创造了税收,也为他们提供了更多的就业机会,生活贫困的人对来自富豪的专项捐助更是心存感激之情。

改革开放 30 多年来,中国经济发生了翻天覆地的变化,如果没有一大批富豪和世界级的企业崛起,就不会有中国经济腾飞和全面小康社会的实现。肯定财富的价值,肯定富豪的贡献,对一个历史上长期将商业、商人视为末业、末民的国家来说,实为不易。

目前,我国正处在一个剧烈变革与转型时期,在知识经济时代或者说信息社会里,我们究竟应该具有什么样的财富观? 我们欣喜地看到,中国富豪的财富观念和赚钱的方式已经发生了一些变化。

首先,以正当方式获得财富正在成为富豪的主流。无论是"胡润百富榜"还是"福布斯中国富豪榜"上,凭一己之力并巧妙地利用现代商业规则而获得财富的人越来越多。这些富豪们白手起家,充分发挥自己的能力,通过合法途径而获得成功,他们应该得到所有人的尊重,而这部分富豪逐渐成为未来中国富豪榜的主流。同时,一个有能力的商人在中国能够实现自己的财富梦想,更多地提供就业岗位,依法纳税,这本身就充分说明了中国经济与社会的进步。

其次,尽自己的应尽责任和义务比享受生活更重要,这是世界上许多富豪们恪守的人生理念之一。目前,中国的富豪们对社会责任感有了更多的认识。随着民营经济发展空间的日益宽松,富豪们的心态更为透明、成熟、自信。许多富豪都公开表示,财富积累到了一定阶段,企业家更多地感受到社会责任感。有这种想法的富豪们平时生活节俭,回报社会的理念贯穿于其企业经营管理之中,而且这部分富豪的比例正在日益提高。

再次，中国的制度环境正在改善，富豪们的财富思维正在全球化。经济全球化之下，真正有作为的企业家必须要有全球化的思维，中国也不例外。按全球化的方式获得财富，对这个社会本身就是一种正向激励，就是一种财富。

全国政协委员、宝安集团董事局主席陈政立认为："我们提倡转变财富观念，更新致富思路，主要是呼吁全社会应当重视无形非物质资产财富的价值，将有形物质资产同无形非物质资产这两种财富统一起来。只有这样做，才能真正落实好科学发展观，建立创新型国家，变'中国制造'为'中国创造'，变'汗水工业'为'智慧工业'。在向市场经济过渡中，我们已逐渐认同了'那只看不见的手'。现在还必须认识'那笔看不见的钱'和'那股看不见的力'。世上许多'看不见的东西'，往往更有价值。"

我们当然可以批驳钱的肮脏与罪恶，但必须知道，那并不是钱的副产品。财富作为一种力量而存在，它带动经济发展和就业增加，推动着时代的进步，我们必须承认这种力量是客观存在的。平和而动态地来看待财富，看待拥有财富的这些富豪们，也许是我们这个社会进步发展的理性选择。

长江商学院院长项兵希望中国企业家们能超越"为己致富"的创业梦想和"家天下"的财富观，在努力打造伟大商业机构的同时，积极改造中国的商业文化——在财富的创造与使用上力争做到取之有道、用之有道。同时，重塑自我的心灵世界，以更多的人文关怀和一颗感恩的心去回馈社会，为中国经济和社会的发展缔造更美好的未来。特别是受益于改革开放先富起来的阶层，如果能更自觉地关心自己家族财富以外的经济和社会问题，在更大的范围内承担起更多的责任，如员工的工资福利、环境污染、文化建设等，这将对构建和谐社会起到积极的作用。

2009年11月，福建首富、新华都实业集团董事长陈发树决定以个人出资的形式捐款83亿元成立"新华都慈善基金"，陈发树因此成为中国内地捐款最多的企业家。

邵逸夫说："一个企业家的最高境界是慈善家。"比尔·盖茨说："慈善让我富有成就感。"对于陈发树,我们应该给予掌声。这是因为陈发树看到了企业家的最高境界,也想从慈善事业中找到成就感,而不是其他。

企业家可分为五个层次:一是资本企业家;二是产业企业家;三是艺术企业家;四是社会企业家;五是灵魂企业家。灵魂企业家是企业家的最高境界。只有灵魂企业家才是最令人尊敬的企业家。正如卡内基所说:"一个企业家的最高境界是灵魂企业家,这种灵魂源于慈善。"

灵魂在深处、在高处,以至于我们常常不能触达。但引领企业家到达生命极致和价值之巅的,推动社会文明升级和镌刻历史的,恰恰是灵魂之光。

1911 年,美国钢铁大王卡内基借助灵魂的召唤和醒悟,创立了卡内基基金会,从而奠定了现代慈善事业的基础。最终,作为美国第一代的超级富豪,卡内基捐出了他的全部身家。更重要的是,他留下了一句触达企业家灵魂的话:"在巨富中死去是一种耻辱!"

这是一句经典,也是一个标志,更是一把灵魂之剑,悬在每一个巨富企业家心头。它像魔力无比的企业家心灵升级转换器,正在改变人类的财富观念和心灵密码,并臻于企业家的终极商业、终极财富、终极慈善和终极理想。

在"胡润百富榜"上,有不少的富豪没有寿终正寝,不是破产了,就是被抓了,所以人们戏称富豪榜为"杀猪榜"。最近,除了陈发树之外,中国超级富豪中想捐出大量个人财富的人还有不少。前有曹德旺,后有杨国强、陈光标和刘永好兄弟。在"新华都慈善基金"成立之日,中国富豪们能否改变宿命,能否告别"杀猪"时代,迎来盖茨时代?

从青涩走向成熟

"我很高兴当上中国内地首富,我不怕上富豪榜,因为我的每一分钱都是阳光的。"这是新希望集团掌门人刘永好 2001 年取代荣毅仁家族戴上首

富桂冠后，在接受记者采访时说的一句话。从此，刘永好兄弟成为最受人们尊敬的民营企业家。

但是到了2002年中国富豪榜发布时，这一年的首富没有刘永好兄弟那么幸运，情形突然发生了变化。上榜的富豪们因一份《关于富豪偷税的调研报告》而被带入"灰色地带"。

进入2003年，人们的"仇富"心态全面爆发：1月22日，山西海鑫钢铁集团掌门人李海仓在办公室被同乡枪杀；2月12日，浙江"皮革大王"周祖豹在家门口被乱刀捅死；8月17日，甘肃房地产开发商刘恩谦在兰州被枪杀……这一系列重大事件的发生更加重了社会的仇富心态，一些本来决定当"鲇鱼"的企业家，开始做起"乌龟"来。

2003年，丁磊以75亿元财富成为中国第一位技术出身的"中国首富"。7年过去了，如今39岁的丁磊与多年前的"青春偶像"相比，他的言谈间已经显示出了一个成熟企业家的风范。

作为首富的丁磊是如何看待财富的呢？他说："现在有各种各样的富豪排行榜，说实话，自己究竟排第几位我都感到淡泊和麻木了。"丁磊坦言，由于富豪榜是按照股票市值计算，他的个人资产很容易随着股市的跌宕而起伏。事实上，丁磊的账面财富曾在一个月内缩水1/3。不过，丁磊理解的"财富"与常人不一样："人的财富可以分为财富和才富两种，先有才富方有财富。我并不关心富豪榜上的人身价多少，而是有多少人具备长期创造才富的能力。"

从2003年至今，丁磊一直回避媒体的采访，这让人们对丁磊因低调而产生神秘之感，而作为网易直接对手的搜狐董事长张朝阳却以登珠峰赚足了眼球。对此，丁磊说，成功的企业与知名的老板之间没有必然联系。

网易公司人力资源部经理向记者坦言，他眼中的丁老板其实是个可以一起吃盒饭、直呼名字的朴实之人。

不过最典型的例子还是玖龙纸业的掌门人张茵。当她以270亿元财富成为2006年中国首富时，她感到浑身不自在。最主要的原因是，人们开始紧盯着她的行踪、她的工厂。直到 2008 年 4 月,在全国"两会"期间,张茵身陷"三门事件"(即提案门、血汗门、破产门),她被一次次地推向风口浪尖。特别是香港民间团体发布的一项名为"大学师生监察无良企业行动",将玖龙纸业列入了"内地血汗工厂"的黑名单中,张茵勃然大怒,称这一组织为"不良组织",遂引发了一场不小的风波。

不过,一向沉着冷静的张茵最后还是"软"了下来,承认自己的企业有不完善之处。尽管张茵觉得自己有些委屈,但公众的力量正在于此,许多时候鞭策你以一种开放而非排斥的心态面对质疑。

有学者认为,即使有的首富在财富积累过程中有不光彩的发家历史,社会也不会采取过于强烈的质疑反应。毕竟,国内外不少富豪都有过同样的人生"灰点"。但是,它首先有助于人们对财富的去魅化,避免过度盲目的物化崇拜,形成对财富客观清醒的对待态度,这恰恰对曾经泛滥的"以钱为大"的极端功利主义是一种观念矫正。

在成熟的市场经济体系中,将逐步形成一种被广泛认同的伦理观念与财富意识,即人人要努力致富,但是每个人只是财富的托管人,财富只是给了我们回馈社会的能力。以这个价值标准衡量中国首富,媒体的报道首先满足了公众对其财富来源的知情权。作为一家上市企业的领导者,其财务流向阳光化是不可或缺的信息对称要素,可以使花费血汗钱购买其股票的广大股民安心。而其发家阶段的点点滴滴能为人所知,其意义也绝非停留于人们"猎奇"心理的满足,更是对其财富本原的追溯与认知,是一种更广泛意义的知情权享有。

首富们肯定不希望自己的公司沦为只为圈钱牟利的"垃圾股"企业,而舆论及社会对其财富发展路径的充分了解,有利于首富与公众之间的良性互动。财富发展轨迹越阳光化,就越能消解公众因隔膜造成的"仇富"情结,这对首富以及中国民营企业家无疑是大有裨益的。

财富是个积累过程,是种生活态度。任何个人财富最终都必然回归于社会,成为社会财富的一部分。正如刘永好所言:"财富对于我个人已经失去了意义，现在积累财富就意味着对社会的贡献。对我而言，钱已经不是追求的最终目标。当一个人把挣钱当作他追求的唯一目标时，正是他最悲哀的时候，支撑一个人前进的应该是不断地追求、奋斗的精神。"

2006 年诺贝尔和平奖获得者、孟加拉国乡村银行创始人穆罕默德·尤努斯，在博鳌亚洲论坛上提倡社会责任感、发展慈善事业，他认为："人可以做许多事情，如果只是赚钱，那实在是对人生的毁坏。"

很显然，中国的首富要达到尤努斯的思想高度，要从"有力的领袖"走向"有效的领袖"还有很长一段路。那么，如何才能走好这段路呢？关键的一点，就是中国的首富需要在个人信仰上迈出跨越性的一步，不仅不做财富的奴隶，甚至也不会成为财富的主人，而是要做财富的好管家。所谓"财富管家"的哲学，说的是财富的来源是社会，企业家要为社会打理财富。既然企业家只是财富的管家，而不是财富的主人（当然更不是奴隶），那么，企业家就既不会被财富所役使，也不会浪费财富或滥用财富，而是要尽可能地管理好财富，并按"主人"所喜悦的方式去支配财富。

（2001 年"福布斯中国富豪榜"中国首富；2007、2008 年"胡润金融富豪榜"首富）

1. 刘永好：与希望同行

刘永好 档案

出生时间： 1951 年 9 月

性　　别： 男

籍　　贯： 四川省新津县

文化程度： 大学

现任职务： 新希望集团公司董事长、中国民生银行副董事长

从事行业： 农业、房地产、金融、乳制品、化工

公司总部： 成都

创业时间： 1982 年

创业资本： 1000 元

上市情况： 1998 年 3 月新希望在深圳上市；2000 年 12 月民生银行在上海上市

行业地位： 中国最大的农业产业化企业

拥有财富： 2001 年刘永好兄弟以 83 亿元资产名列"福布斯中国富豪榜"首位；2008 年刘永好以 190 亿元资产成为"胡润金融富豪榜"首富；2009 年财富达到 220 亿元，名列"胡润百富榜"第 20 位。

人生经历： 刘永好曾是四川省机械工业管理干部学校讲师，1982 年辞掉公职，同兄弟 4 人一起创业。他们以 1000 元作为投入，从养小鸡、养鹌鹑起步，历经磨难，坚持不懈，经过 6 年时间，积累了 1000 万元，并在 20 世纪 80 年代末期转向饲料生产。1995 年 4 月，刘氏四兄弟按照"资产平均分配"原则，进行了分家，刘永好创办新希望集团。

社会职务： 第十一届全国政协委员及常委、全国工商联副主席、中国饲料工业协会副会长、中国乳业协会副会长、中国光彩事业促进会副会长。

主要荣誉： "中国改革开放十大风云人物"、"中国十佳民营企业家"、"CCTV 2006 中国经济年度人物"、"安永企业家奖"。

经典语录： 你在进步的时候，别人也在进步，所以你要保持领先的地位就得不断地创新。

新希望集团公司董事长刘永好是中国改革开放后第一批发家致富的典型代表，也是中国最活跃、最受关注的企业家之一。他经受了创业途中的千般磨难和万般辛酸。在 20 岁之前，他没有穿过一双像样的鞋子，没有一件新衣服。为了让孩子过年的时候能够吃上一点肉，他和三个哥哥一起被逼上了创业之路。他们兄弟四人靠 1000 元起家，养鹌鹑，做成了世界第一；改行做饲料，又成为中国饲料大王。2001 年登上"福布斯中国富豪榜"中国内地首富宝座；2007 年和 2008 年蝉联"胡润金融富豪榜"首富。

他创办的新希望集团是中国十大民营企业之一，涉足农业、乳制品、房地产、制药、金融、保险、外贸等多个行业。他一直把饲料业视为新希望的基础，同时把先富带动后富看做企业家的本分，致力于发展光彩事业。刘永好用自己的光彩点亮了人们的财富梦想，把"新希望"播种在中国的新农村。刘永好的成功，对于中国经济的发展产生了巨大的影响力。

没穿过鞋子的苦孩子

刘永好称得上中国创业者中最成功的典范。1951 年 9 月刘永好出生

于四川省新津县农村，小时候家里非常贫穷，以至于他在20岁之前没穿过一双像样的鞋子，没有一件新衣服。

据《赤脚首富刘永好》一书记载：

童年应该是人生中最美好、最无忧无虑的时期，但刘永好恰恰相反。从记事开始，生活展现给刘永好的就是贫穷和苦难。

刘永好的父亲刘大镛是重庆巴县人，出生于贫寒家庭，从小因陪地主家的少爷读书，结果竟以第一名的成绩考上重庆高等工业学校。抗战时义无反顾地冒着生命危险参加地下党，抗战初期是名声享誉重庆的救亡宣传队——"暴风歌咏队"的指挥，后因身份暴露转移到了成都。之后他因与组织失去联系而参加了民盟。解放后在新津县农业局工作，后任局长。"文化大革命"期间，刘大镛被打成叛徒、特务、走资派、牛鬼蛇神，遭到造反派的批判，并被遣送上山放牛。那时，刘永好只有十二三岁，他几乎每天都要上山给父亲送饭。每天中午到吃饭的时候，刘大镛就会不停地向山下张望，只要一看到刘永好，他就特别高兴。后来刘永好回忆说，当他每天打着赤脚，提着一个铝饭盒，走30里地，见到父亲，然后把饭打开，父亲吃一小半，自己吃一大半，那是他最幸福的时光。既能见到父亲又能吃饱饭。父亲不幸过早被病魔夺去生命，没能亲眼目睹刘永好的创业历程，这是刘永好深感遗憾的事情。

刘永好的父亲一生有很大的抱负，他总是跟刘永好讲要不畏困难，敢于去闯，还要有社会责任感。如果不是父亲当年敢闯才会赢的教诲，也许就不会有刘永好后来砸锅卖铁也要创业的举动。

刘永好的母亲早年曾在黄埔军校护士训练班学习过，后来在新津县平岗小学任教。当母亲从小学教员的岗位上病退后，一家老少七口全靠父亲那点微薄的工资维持生活，极为拮据。

刘永好共有兄弟四人，他排行老四，在那个年代，他们的父辈有一个特别美好的祝愿，所以为四个孩子分别起名叫永言、永行、永美（小时候由于家庭生活困难，被过继到新津县顺江乡古家村陈耀云家，改名为陈育新）、永好。名字合起来就是言行美好红，这几个带有时代烙印的名字，在兄弟几个出生的时候，父母就已经定下来了。刘永好解释说，是父母希望他们会说话，会做事，心灵美。

刘永好排行第四，作为家里最小的男孩，从小并没有得到一点溺爱和娇宠，更没有享受到丝毫"特权"。他从懂事那天起就帮助母亲做事补贴家用，是一个老实、肯吃苦的孩子。

当刘永好十三四岁的时候，每天早晨必须在5点钟就起床，既不是读书，也不是背单词，而是拣煤渣，以补贴家里的生活。因为街边的一些小饭馆，每天早晨从5点起就开始生炉膛卖早餐。熊熊的炉膛燃烧起来，自然就会有许多煤渣掉下来，谁先去谁就拣得多，去晚了就拣不到了。因此，刘永好每天早晨5点必定会准时等候在炉膛前。

最让刘永好高兴的是刮大风、下大雨的天气。那样的话，他会兴奋得一晚上睡不着觉。因为大风把树叶吹落，可以捡不少柴火。特别是在涨水时分，大量的雨水涌入岷江，江面波涛滚滚，气势磅礴，壮观极了。不时还会有树枝或木头随着湍急的江水漂到水面上，这时，其他人家会因为担心大水损害家中的物品，都躲得远远的，把家中的东西看得好好的，而刘永好则会和小伙伴们一个猛子扎进水里，游过去将木头搬回来。在波涛汹涌的江河中捡柴、游泳，是刘永好最开心的事。

就这样，年复一年，刘永好每天除了上学的时间，其余时间都要忙着拾柴火，他要将全家人一年烧火做饭的柴火拾够。运气好时，拾得多了，留够家用的，剩下的还要挑到集市上去卖。有一年夏天，他居然卖了3.5元，这在当时来说，已经算是一笔不小的收入，这是他为母亲挣来的第一笔生活费。当他把这笔钱交给母亲时，母亲怜爱地摸着他的头说："永好，这可是男人才做的事啊，你毕竟还只是个孩子。"刘永好自豪地回答说："妈妈，我长大了，应该帮妈妈做些事了。"

刘永好在20岁以前的生活十分艰苦，当时四川有段乡间民歌，可以反映出那段时期的艰辛生活："今年的红苕硬是好耶，大窖小窖不够装，红苕拌起九斗碗耶，那才是小姑娘吃得口流水，老爷爷胡子带油花。今后我要结婚时，我还要用红苕办酒席来招待大家。"那时候，丰年的时候才能吃上红薯拌饭，要是遇到庄稼歉收，其生活的艰难就可想而知了。对于正在长身体的刘永好来说，如果每天都能吃上红薯白米饭，他就非常知足了。

那时，刘永好最渴望的就是赶快进入共产主义。因为母亲告诉过他，只要到了共产主义，"一周吃一次回锅肉，两天吃一次麻婆豆腐"的理想生活就可以实现了。也许是童年时期企盼已久而又始终不得的缘故，麻婆豆腐和回锅肉始终是刘永好最爱吃的菜，至今不变。

苦难经历是人生中最宝贵的财富。2009年，刘永好在接受记者采访时讲述了一段难忘的经历："我17岁的时候到四川新津县古家村插队，在农村当了四年零九个月的知青。那里的生活环境非常艰苦，吃不饱穿不暖，劳累一天只有一角四分钱，但我觉得非常幸运，因为这段经历锻炼了我的意志，锻炼了我的心态，锻炼了我的身体。在农村我学到很多东西，使我了解了中国的农民，了解了中国的市场，懂得了艰苦创业，我觉得这是非常重要的一课，这段艰苦的岁月和难忘的人生经历影响了我的一生。"

当记者问及刘永好成为中国首富的秘诀时，他不假思索地说："其实没什么秘诀，很简单，就两个字——吃苦。我在20岁之前的经历，感受最深的就是吃苦教育，这是人生最大的教育。假如没有吃苦教育，人生就不算完整。从某种意义上来说，吃苦的历程绝不亚于读MBA和博士学位。这些苦难，给了我信念、力量，同时也赋予我雄视天下、克服困难和坎坷的毅力与勇气。"

正是因为刘永好有了童年时期的吃苦经历，他在后来近30年的创业过程中，无论遇到什么样的困难和挫折，都能以一种胜似闲庭信步的心态，轻松应对。

为"万元户"辞职创业

20 世纪 80 年代初,刘氏四兄弟中的老大刘永言在成都"906"计算机所工作,老二刘永行从事电子设备的研究设计工作,老三刘永美在县农业局当干部,老四刘永好是四川省新津县一所中等专业学校的教师。他们四兄弟常常聚在一起谈论天下大事,因为在农村插过队,他们对农村的发展形势比较敏感,当时《光明日报》关于真理标准的大讨论引起了他们的思考,他们意识到——实现人生梦想的机会来到了。

1982 年,农村开始实行联产承包责任制,出现了专业户。于是刘永好与另外三个兄长,各自辞去公职,卖掉手表、自行车,凑了 1000 元创业资本。他们就拿这 1000 元开始了共同创业。当时,刘永好最大的梦想是希望自己能够成为"万元户"。

当时,"当万元户"是刘永好最朴素的理想。刘永好和三个哥哥决定从熟悉的养殖业着手,创办一家育新养殖场。

创业从孵小鸡开始。可是他们的育新良种场刚开办不久,就遭受了一场"灭顶之灾",险些让几兄弟倾家荡产。

1984 年 4 月 21 日,四川资阳县的一个专业户找到刘永好,当即下了 10 万只小鸡的大订单。因为兄弟四人刚开始创业,没有经验,看人家是大客户,既不签合同也不收客户的订金,仅凭一个口头协议,刘氏兄弟就马上找人借钱,购买了 10 万只种蛋孵化小鸡。但他们万万没有想到的是,当 2 万只小鸡孵出来交给这个专业户之后不久,他们便得知这个专业户因没有养鸡经验,结果 2 万只小鸡全都死光了,老板也为躲债逃走了。刘氏兄弟来到这个客户家追讨那 2 万只小鸡款,客户的老婆连忙跪在地上,请求刘永好兄弟们饶了她丈夫。心慈的刘永好当时看到这样子,就没要人家的钱,因此损失惨重,刘氏兄弟只能自认倒霉。

"回到良种场后眼看剩下几万只小鸡马上就要孵出来了，而我们又没有饲料，这时候又是农忙时节，农民不会要，借的钱又要马上还，我们真的是绝望了，当时真的想从岷江大桥上跳下去。"回忆起当时的情景，刘永好的语气中还是透露出一丝悲凉。

刘永好思来想去，既然农民不要小鸡，就干脆把剩下的鸡蛋和小鸡送到城里去卖。于是，刘永好和他的三个兄长一起连夜动手编起了装小鸡的竹筐。

第二天刘永好便用自行车把小鸡驮到成都市一家大型农贸市场去卖。一竹筐小鸡加一个瘦弱的男人，占不了多大地方，但农贸市场上的商贩们一个个都有自己的势力范围，彼此寸土不让。刘永好初来乍到，想在他们身边借一个落脚的地方，门都没有！在市场上转了一天，刘永好也没有找到安身之处。但是，鸡仔是不能带回去了，晚上向一位好心的大爷借了条长板凳，坐了一整夜。

天亮后，一位在农贸市场做生意的老乡觉得刘永好实在可怜，就在摊位前腾了一个空位给刘永好卖小鸡。这一天，一竹筐的小鸡仔都卖完了。

其他三位兄长和刘永好一样，每天都是凌晨四点起床，风雨无阻，蹬3个小时的自行车，赶到20公里以外的农贸市场扯起嗓子叫卖小鸡。连他们也没有想到，仅用12天时间就把8万只鸡仔全部销售一空。

初战告捷后，刘氏四兄弟开始饲养鹌鹑。经过三年艰苦创业，到1986年，刘氏兄弟的鹌鹑年产量达到15万只的规模，产品除了销往国内10多个省市，还出口到苏联、中国香港等国家和地区。刘永好则在这个过程中实实在在地显露了他的销售才能。

在办养殖场的时候，刘永好由于能言善辩，便在兄弟中充当了市场销售的主角。"当时所有的鹌鹑和蛋都是我卖出去的。"刘永好显得十分得意，"一开始，我在成都青石桥开了一个鹌鹑蛋批发门市部，后来生意越做越大，我们又在成都最大的东风农贸市场开了一家奇大无比的店，每天都堆放着数十万只蛋，近的是重庆、西安，远的是新疆、北京，还有老外的订单。那时候，我们成了全国鹌鹑蛋批发中心，我们已经把养殖鹌鹑扩大到了所能达到的最大规模。在我们带动下，整个新津县有三分之一的农户养鹌鹑，最高峰的时候全县养了1000万只鹌鹑，比号称世界鹌鹑大国的德国、法国、日本还要大，我们是当之无愧的'世界鹌鹑大王'。"回想创业之初取得的成绩，刘永好感到很自豪，内心充满了成就感。

刘氏兄弟由1000元起家，从种植、养殖起步，历经磨难，坚持不懈，经过六年时间，积累了1000万元的财富。

转产猪饲料

1988年4月，刘永好到广东深圳出差，在路过广州时突然发现一条街上有很多人排着长队买东西。刘永好出于好奇，连忙上前问道："老乡，卖什么好东西？"那人回答："卖猪饲料。"刘永好听了一愣，心想："自己生产的鹌鹑饲料还要到处找客户，怎么猪饲料需要顾客排长队来抢购？看来猪饲料比我的鹌鹑饲料销量要多得多！"

刘永好要取了几份产品说明书，还与排队的农户拉起家常。刘永好敏锐地意识到猪饲料在中国有着非常广阔的市场，于是他迫不及待地返回成都，立即向几位兄长介绍了自己在广州的所见所闻和生产猪饲料的美好前景。刘永好说："四川是全国养猪大省，养猪，才是赚大钱的行当。泰国正大的猪饲料改变了我国落后的传统喂养方式，应该把目光放到更广大的市场上，去搞饲料，搞高科技廉价饲料系列。"

刘氏四兄弟经过认真研究后，决定放弃养鹌鹑，转产猪饲料。

1989年，刘氏兄弟商议后决定将1000万元的积累全部投入到饲料生产之中，创办了希望饲料厂和饲料科研所，聘请了30多位专家、教授担任希望饲料厂科研人员和顾问。在专家的指导下，经过反复试验，他们很快就开发出"希望牌"1号乳猪颗粒饲料。经有关部门检测，"希望牌"猪饲料的质

量可与泰国"正大"饲料相媲美,每吨价格却比泰国饲料低 100 多元。产品投放市场后深受农民欢迎,供不应求,一下子就打破了洋饲料垄断市场的局面。自此,希望饲料一举成名。

紧接着,刘永好又抓住机遇不断扩大生产能力,到 1990 年年初,希望饲料的月销量突破了 4000 吨,大大超过了成都正大有限公司的销售量。刘永好不仅实现了"万元户"的梦想,还为自己今后的事业开辟了一片新天地。

1992 年,刘永好兄弟在希望饲料公司的基础上组建成立了中国第一家经国家工商局批准的私营企业集团——希望集团。

据刘永好介绍,"希望集团"的名字取材于当时的国务委员、国家科委主任宋健对公司的一句题词:"中国经济的振兴寄希望于社会主义企业家"。

1993 年,刘永好作为非公有制经济界推选出的全国政协委员,出席了全国政协第八届一次会议。同年 11 月,他赴香港参加第二届世界华商大会,开始有机会与全球企业家们交流。"也许命运对我格外垂青。"刘永好感慨地说。

希望集团成立不久,兄弟四人按照各自的价值取向和特长,将公司的产业划为三个领域:老大刘永言向高科技领域进军;老三刘永美负责现有产业运转,并且开拓房地产;老二刘永行和老四刘永好一起到各地发展分公司,复制"新津模式"。

刘永好和二哥刘永行在希望集团的合作堪称是最完美的组合。刘永行擅长内部管理,刘永好擅长对外公关与谈判。1993 年,第一次产权明晰之后,在 5 月份,仅用 7 天的时间,兄弟俩便横跨湖南、江西、湖北三省,签下建立 4 个饲料场的协议。这一年他们共建立起 10 家饲料场,家家盈利。到了 1993 年,"希望"饲料生产能力达到了 15 万吨,一下子跃居四川省乃至整个西南地区第一位。到了 1994 年年底,希望集团在各地的分公司已经发展到 27 家。

直到现在,在川西农村的墙壁上仍然能看到许多希望饲料公司的广告:"要致富,养牲畜,希望帮你忙";"猪吃一斤希望饲料长两斤肉"。

兄弟四人分家

经过四年的艰苦努力，刘永好四兄弟创办的希望集团已发展成为当时全国最大的私营企业，在全国声名鹊起。1995 年，《福布斯》第一次发布的"福布斯全球富豪龙虎榜"上，共有 10 位中国民营企业家进入榜单，其中刘永行四兄弟以 6 亿元资产独占鳌头。

1995 年 4 月，刘氏四兄弟按照"资产平均分配"原则，进行了分家：老大刘永言创立大陆希望公司，老二刘永行成立东方希望公司，老三刘永美建立华西希望公司，而老四刘永好成立南方希望公司（后改为新希望集团公司）。他们没有忘记自己的妹妹刘永红，也给了她一部分股份，这可以说是中国企业史上最精彩、最完美的"亲兄弟，明算账"。

刘氏四兄弟的分家很简单，兄弟四人丝毫没有在"创业之初投资多少"和"创业之时作用大小"等方面斤斤计较，他们选择了最简单的方式——平均划分资产，兄弟四人各占整个产业 25％的股份。就这样简单，将复杂的事情简单化，而这正是成功的企业家和不够成功的企业家非常不同的一个地方。

对于分家，刘永好这样评价："我们兄妹几个都很优秀，有创业激情，能吃苦耐劳，很多地方都值得互相学习。正是这种互补型的团队组合，保证了原始积累的实现。创业时，我们考虑的是如何不倒下去。企业发展壮大了，面对着金钱、荣誉和掌声，看法就会不一致。两次调整，是从家族企业向现代企业过渡和规范，是谋求更大的发展。虽然是亲兄弟，也不可能每件事情都磨合得很好，何况每个人都很能干。经过两次调整，有分有合，大家都发展得很好。合的部分是希望集团，作为存量一直都没有变，永行是董事长，我是总裁。在上市公司新希望中，以我为主，大哥永言和三哥永美都有股份。实际上，我们分的只是产业发展方向和地域。"

在金融业务方面，刘永好是进入金融业的先锋。在中国私营银行发展的初期，刘永好就扮演着十分重要的角色。1994年，刘永好在出席全国政协会议期间，与41位政协委员共同提案，要求成立一家主要由民营企业家投资、主要为民营企业服务的银行。中国民生银行于1996年1月27日在北京成立，刘永好担任中国民生银行副董事长。该银行是中国第一家由非政府企业拥有的银行。这一事件至今仍让刘永好"感到骄傲"。

从1999年5月起，刘永好用了一年的时间，动用资金1.86亿元，完成了对民生银行一些股份的收购，持股量达到1.38亿股，成为占股比9.99%的第一大股东。

关于成立民生银行，在民间流传着这样一段趣话。当年刘永好创业的时候，因刘氏四兄弟家里贫穷，银行连1000块钱都不肯贷给他们。无奈之下，刘永好四兄弟只好卖掉手表、自行车，凑到了1000元创业资本。于是有人戏言，"君子报仇，十年不晚"，10年之后，刘永好就要创办一家专门为民企服务的民营银行和国有银行抢饭碗。当然，这只是说笑。实际上，自中国民生银行成立至今，身为民生银行的第一大股东、副董事长的刘永好从没有在民生银行贷过一分钱。

资源掌控在自己手中而不去运用，这是无形的浪费。利用自己手中的资源为所欲为，那又成了冒险。审时度势，正确地运用手中的资源，这才是英明的人最应该做的事。对于刘永好来说，左手握着政治资源，右手捏着企业资源，不该做的事情，他一件都不做，该做的事情，再困难也要做下去，这才是中国企业家最缺乏的"大智慧"。

到1999年年底，新希望集团已发展成为以饲料为主，涉足食品、高科技、金融、房地产、生物化工等行业，拥有140多个工厂的全国性集团公司，是国内最大的民营企业之一。

2001年，刘氏兄弟以83亿元财富成为"福布斯中国富豪榜"第一名。其后，刘氏兄弟的财富仍在快速增长，2008年刘永好以190亿元资产蝉联"胡润金融富豪榜"首富，到2009年刘永好的财富达到220亿元。

刘永好最能给人启示的一点就是："顺潮流而动事半功倍"。20 世纪 80
年代初，中国刚刚实施改革开放，许多看准机会，投身"下海"潮流中的人都
取得了非凡的成就，刘永行、刘永好兄弟则是其中最杰出的代表。

十年多元化发展之路

从饲料中掘到的第一桶金，大大地激发了刘永好的投资冲动，使其不断
拓展事业版图。1997 年，刘永好剥离南方希望集团中部分资产并追加投
资，以 1.6 亿元注册资本成立了具有独立法人资格的新希望集团公司，刘永
好担任集团董事长。

"希望集团"成立后开始完善法人治理结构，调整经营方向，进入资本市
场。1997 年 1 月，刘永好果断决定，将新希望集团控股的四川绵阳希望饲
料有限公司改制成四川新希望农业股份有限公司，"新希望农业"于 1998 年
3 月 11 日在深圳证券交易所挂牌上市，成为内地民营企业第一家上市公
司，也是当时全国唯一的一家以农业为主体的上市公司。新希望上市时总
资产只有 4.54 亿元，年主营业务收入为 5 亿元，净利润为 5700 多万元，股
本只有 1.4 亿股。而经过 10 年的发展，到 2008 年，新希望的总股本增加到
7.57 亿股，市值逾 83 亿元。新希望集团公司总资产已经达到了 70 亿元，
为 10 年前的 15 倍。

从 1997 年开始，新希望的业务就开始向多元化方向发展。刘永好曾经
用飞机来形容自己的事业："公司总部是这架飞机的头，确定方向和实施决
策；饲料业是这架飞机的身子，处于主要产业的位置；金融是飞机的左翼，房
地产是飞机的右翼，而正在初步踏入的高科技等领域是机尾。"

1998 年，刘永好开始涉足资本密集型、利润丰厚的房地产行业。房地
产是新希望真正意义上的第一个大举进入的行业。1999 年 7 月，新希望投
资开发的"锦官新城"开盘，成为成都少有的高档社区，创下三天销售 1.4 亿

元的纪录。但之后由于资金问题，进展缓慢。同时，由于房地产行业耗资巨大，令刘永好望而生畏。在对集团重新定位后，他表示，新希望把现有的土地储备开发完后，将不再购置开发用地。

至于金融投资，现在已经成了新希望的"现金牛"。作为中国民生银行的第一大股东，新希望集团每年得到的分红就不菲。新希望集团还是中国民生人寿保险公司的主要发起股东之一、联华国际信托投资公司的主要投资者和最大股东。据《中国证券报》报道，刘永好在金融业及多家拟上市公司所持有的优质股权，市值已近300亿元。

2002年，刘永好宣布进军乳业。新希望公布其在乳业上的并购规划：投资10亿元，最终形成100万吨产量的规模。事实上，此后新希望一路扫荡，向北收购长春苗苗、河北新天香、青岛琴牌；向东收购杭州美丽健、杭州双峰、安徽白帝；向南收购云南蝶泉、昆明雪兰；而在新希望的家门口，更是一举将四川新阳平、四川华西、四川新华西、重庆天友纳入麾下，其势直逼老牌的光明、三元、伊利。2003年伊始，他在上海成立了注册资金为5.7亿元的新希望投资有限公司，专门用作金融领域的投资，同时开展国际合作。在这一系列令人眼花缭乱的收购中，我们已能感觉到资本大鳄刘永好的霸气。

但刘永好这样认为："我们新希望集团虽然涉足农业、金融、房地产、旅游、乳制品等多个行业，看上去是多元化经营，其实我们的多元化只是一种'有限多元'，是在立足农业产业的基础上和管理框架结构允许的情况下发展的多元格局。在规范市场条件下的企业，要把自己熟悉的行业做好、做精、做专、做大、做强，这是必然的、符合潮流的。但是在转型期的地区和国家会有一些新的机会，这些机会是可以带来巨大财富的。我们有能力去把握一些新的机会，发展有限多元。我们会继续以农业为主，加大农业投资，在化工业、金融方面也有些投资，但像媒体、纺织、汽车和国家垄断的行业我们不会去涉足。"

新希望集团作为中国农牧业的领跑者，于2007年8月计划投资50亿元打造一个年产2000万头生猪的"养猪集群"，让数千万农民和消费者从中受益。

刘永好认为，从整个农业养殖产业链体系建设来看，我们将充分发挥新希望的品牌、技术、资金和市场渠道等优势，以帮助全国各地农村建立养殖合作社，与合作社、农户共同搭建一个产业链平台，统一协调养殖、技术、金融、保险、市场销售等方面的问题，帮助降低农民养殖的风险，为农民增收。

在打造大农业产业链的过程中，新希望采用了与各地龙头企业强强联合、股权合作的方式。未来几年，新希望农牧产业将做到 500 个亿，在现有250 个亿的基础上翻一番，把新希望集团打造成为国际化的农业企业。

2003 年 2 月，新希望集团斥资 3.5 亿元进军零售业，刘永好还挖来了台湾乐购卖场的元老沈建国担任总裁。但由于发展不顺利，新希望在两三年之内便退出了。刘永好当时进入零售业的本意是，通过对零售业的开发和控制，为自己的乳制品、肉食产品打开销路。但这是一厢情愿的事情，他不可能通过控制几家超市，就能建立起自己上下游完整的产业链。作为零售业领域的"迟到者"，刘永好退出零售业应该是明智之举。

进军天然气一役也是如此。2003 年，新希望雄心勃勃地买下深圳燃气公司 10% 的股权，但天然气市场在新希望之前已经有大量的公司进入，加之与政府工程相关，寻租的风险和代价都太大。两年之后，刘永好也只好无奈地表示，天然气领域现在"只是新希望的一个小投资，也是边缘的一个产业，今后可能会有部分调整，但不会成为投入重点"。

2009 年 11 月 8 日，新希望集团投资 6 亿多元创办的新川公司 20 万吨/年 PVC 项目一次性投料试车成功。凝聚着新希望建设者几年心血和汗水的新川化工有限公司、新川肥料有限公司以崭新的姿态耸立在茫茫戈壁滩上，一袋袋 PVC 产品骄傲地向世人宣告着诞生的喜讯。

刘永好介绍说，新川化工公司是金昌市最大的民营企业，20 万吨/年 PVC 项目于 2007 年 8 月正式在新材料科技园区开工建设。PVC 项目采用了目前行业内最为先进且社会效益和经济效益显著的"干法乙炔、浓硫酸清净、变压吸附、离心母液回收、盐酸脱吸工艺"等五项新技术。新技术

的采用增加了设备投资，但提高了生产效率，降低了生产能耗。项目涉及各种设备装置 760 多件套，各类管道长度 10 千米。整个包装线布局严谨，一气呵成。

紧接着，2009 年 12 月 17 日下午，刘永好与贵阳市政府在金阳签署战略合作框架协议。未来几年，新希望集团拟斥资 200 亿元，在贵阳开展现代农业、化工农业、城市综合、金融服务等项目。

据贵阳市政府新闻发言人介绍，新希望集团拟参与贵阳市金阳新区城市建设，在开阳投资磷化工项目，在花溪清镇兴办新农业产业化项目，并将参与贵阳市旧城改造项目，还将设立中国民生银行贵阳市分行。这些项目将对贵阳市经济发展起到较大的推动作用。

在 20 世纪 90 年代中后期、饲料经营困难的时候，新希望向金融和地产伸出了两个拳头，几年后变成了新希望的一双翅膀。而当金融和地产 2006 年、2007 年站在丰收的田野上时，刘永好并没有冲动，反而将"一双翅膀"的投资收益用来实施打造世界级农牧企业的计划。

经过十多年的探索，刘永好在产品、品牌与资本运营等方面，形成了自己独特的战略法则。从资本运作来看，刘永好的发展模式是多元化的，采取低价位强势收购，实行产业化整合，谋求赚取行业利润。从资本增值来看，仍在以产品赚钱，并逐步走向产业赚钱。以钱赚钱尚未成为其资本增值的主流，利润的主要来源仍然是金融、房地产和饲料三大板块。

新希望集团上市十几年来，从一家以生产和销售各种饲料为主，同时涉及生化复合肥加工及编织袋的公司，发展成为中国最大的饲料企业，从单一饲料产业逐步向上、下游延伸，以猪、禽、奶牛养殖、加工为主的产业链建设，并投资了金融、房地产、化工等行业，成为集农、工、贸、科一体化发展的大型农牧业民营集团企业，连续 5 年入围中国企业 500 强。2009 年，新希望销售额达到 500 亿元，成功实现了"世界级农牧企业"的目标。新希望集团在 2009 年中国 500 强企业中名列第 131 位；在四川企业中名列第 2 位，仅次于国企攀钢。

以商哺农

历经十余年的大胆摸索，如今刘永好已明确地表示自己将秉承"严格的专业化管理与有限的多元化发展"的企业战略，以农牧业为根基，以化工业为第二主业，用最好赚钱的房地产及金融业务来反哺农业。

早在 1995 年和 1997 年，新希望就分别进入金融和房地产行业。刘永好认为："这段时间，这两个产业收益很好，对我们发展农业是一个很好的支撑和补充，是后备力量。如果我们没有这两个产业的支持，说实话我们不敢做大农产业。"

在相当长的一段时间里，金融和地产行业的收益确实让新希望大农业进程获益丰厚。据成都地产界知情人士透露，以 1999 年 7 月新希望投资开发的"锦官新城"为例，三天就创下 1.4 亿元的销售纪录。不仅如此，在立足成都的同时，新希望地产把战略放到了上海、大连、呼和浩特等外地城市，然后又将大部分赢利用于农业产业化建设。

刘永好在 2003 年前后曾涉足百货超市、天然气等多个农牧业之外的项目，但最终能够作为赢利点的却只有化工、房地产和金融。

值得注意的是，虽然自诩为多元化发展，并先后在房地产、天然气和化工能源领域有过大笔投资，但经过十几年转型的左冲右突之后，新希望公司的主要收入仍来源于农牧业。2008 年，新希望上市公司的饲料收入仍占公司总收入的 45%。

2008 年，新希望集团年产饲料突破 1000 万吨，全球排名第四位；屠宰、生产禽畜产品 180 万吨，尤其是鸭产品屠宰，跃居世界第一位。

这就是与其他企业的不同，新希望一直知道自己的重点在哪里。事实上，农牧业一直是新希望着力发展的主业。新希望以饲料业起家，也是上市公司最大的资产，饲料业是其重点投资方向。在多元化的基础上专注于农

业，对介入其他领域则小心谨慎并懂得适可而止，最终目的还是来反哺、壮大农牧业，这就是新希望在 20 世纪 90 年代末狂飙突进的多元化浪潮后能够生存壮大的原因。

刘永好知道农业这个领域是他最熟悉的，也是事业长青的根本。在一番多元化以后，刘永好悄然转向，把公司的重点转向了农业。虽然新希望从来没有说取消多元化战略，但打造一个世界级农牧企业的提法更多地见诸报端。这个世界级农牧业应该是一个大农业的概念，把农牧业的关键产业链全部衔接好，企业就可以做大规模，实现利润最大化，成为这个领域的真正主宰。

在谈及农业、养殖业发展机遇时，刘永好认为："在宏观调控的大背景下，农业反而成为最受政策扶持的行业，更有利的是，搞农业我们轻车熟路。农业和养殖业周期性强，自然风险和政策风险也高。但另一方面，我们应对能力也强。如 2006 年禽流感，新希望拿出 1.6 亿元，以合同价收购农户销售困难的鸡。因为我们讲信誉，所以农民都愿意把鸡卖给我们，单单禽类就销售了 150 多亿元。另外，我认为现在是轮到农业产业大发展的时候了。我有几个依据：第一，中国农民工进城，3 亿农民转移到城市，他们由生产者变为消费者，扩大了城市消费群，使城市消费群增至 7 亿人口。另外，城市对肉禽的消费量超过农村。第二，农村空巢，散户肉禽养殖少了，为农业产业化龙头企业带来更多的机会。第三，农产品价格上涨，使政府意识到农业的重要性。政府工作报告提出，用现代农业企业做新农村，这些表明，国家将给农业产业化龙头企业更多机会。第四，城市消费市场需要安全、保险的商品。我意识到，农业发展变革开始，农业产业将由自给为主逐步向现代农业转型。"

自 2007 年以来，新希望集团开始从传统的单纯做饲料，转向实施大农业战略，打造世界级农牧企业。即，通过打造"三链一网"，建立包括养殖、饲料、屠宰、加工和销售等完整环节的现代畜禽产业链体系。"三链"是指生猪、禽类、奶业三大畜禽养殖产业链。"一网"是指农村电子商务网。新希望力求通过信息技术实现从传统的饲料供应商到农业综合服务商的转型。

刘永好的近期目标是，充分发挥新希望农业产业化龙头企业的优势，将分散到各个细节的农业产业链串联起来，构建一个大农业概念，但是这需要强大的资金来支持。新希望压缩房产业的投资，是继续构建大农业产业化的一步棋。

自 2008 年以来，由于受全球金融危机影响，刘永好开始收缩房地产行业的投入，将更多的资金更有效地应用于大农业产业化当中。同时，一向在资本市场长袖善舞的刘永好指出，在发展模式上，新希望欲通过联合、兼并、租赁、自己投资等，将竞争对手转化为合作伙伴，快速收回投资成本，在国内外同时发展。

2008 年，在刘永好以 190 亿元财富蝉联"胡润金融富豪榜"首富之时，与他同期创办的企业幸存的寥寥无几。改革开放 30 多年来，一个又一个民营企业家，或因盲目扩大而尾大不掉，或因故步自封而决策失误，抑或因恶性竞争杀得血本无归，而刘永好和他的新希望却一直没有陷入这样的窘境。

2009 年，刘永好实现了将新希望集团打造成世界级农牧业企业的梦想，他穿梭于世界各地，从农爱农无疑将成为其一生的行为准则。在刘永好看来，他从事农牧业 20 多年，始终没有离开土地、农业和农民。就连与世界首富比尔·盖茨见面时，他也要将中国的"新农村"问题告知对方。

扩展国外版图

新希望集团是中国民营企业和中国农业产业化的代表，也是中国最早走出国门的民营企业。多年来，新希望秉承"顺潮流而动，领先半步"的理念，加快企业对外开放步伐和国际化进程，开拓国际市场空间，在打造世界级农牧企业的宏伟战略下，迎来了第二个海外发展的高潮。

早在 1999 年，新希望越南胡志明饲料厂项目启动，迈开了新希望海外

事业的步伐。到 2009 年，已是进军海外市场第 10 个年头，新希望海外饲料项目取得了可喜的成就。

2002 年 9 月，越共中央委员丁世兄率团访问新希望集团。这是继 2000 年 6 月 16 日越共中央党校书记阮德平率团访问新希望集团总部、2000 年 9 月 28 日越南政府总理潘文凯率领有 8 位部长在内的 60 多人的团队访问新希望集团后，第三批来新希望总部访问的越南党和国家高级官员。

刘永好认为，民营企业在国外投资，企业还代表着整个国家，产品做得差，将损害"中国制造"的信誉。所以，企业的责任和风险会更大一些。作为一个有抱负的企业家，在把自身的企业做大做强的同时，也要为中国品牌和中国制造赢得国际的认同，积极去尝试，走出不断拓展的发展空间。

刘永好向记者讲述了他刚刚走出国门，到越南投资办厂的故事："我们希望集团越南公司生产的产品刚投放越南市场后差点把我们气坏了，没人要我们的产品。要可以，但是只能给一半的价钱。因为在越南市场，外国公司饲料行业占主导地位，比如日本公司、美国公司、欧洲公司，这些公司的产品卖 2000 元/吨，那些农民非要我们 1000 元/吨卖给他们。我们说不可能，新希望的成本都不止 1000 元，怎么卖 1000 元呢？他们说在越南市场中国的产品就是半价，中国的摩托车、衣服、鞋子在商店卖的都是半价，你是中国的产品，所以就应该卖半价。"

2007 年 4 月，刘永好以全国政协常委的身份率领广东 100 家民营企业赴越南胡志明、河内等地考察，并得到越南政府总理阮晋勇的接见。

新希望为什么选择越南？刘永好说："这是因为我们在周边的国家，通过前几年的边贸，新希望已经在当地有一定的影响。我觉得我们的技术、经验、市场营销以及产业链的配套，在东南亚地区都是有优势的。所以，我们就决定走出去，先去了越南。"

刘永好还坦言："中国的经济发展已经进入一个关键时期，有些领域的市场已经饱和，国内的竞争已经空前白热化了。特别是一些低门槛的产业，很多人都在做同样的事，毛利率相对比较低，竞争的压力比较大。而这个时候要求得发展，除了你的品牌要好、规模要大，能够在有条件的情况下，走国际化的道路，也是一个很好的选择。尽管新希望集团是非制造性行业居多，但是新希望一直在积极做准备，为中国制造、中国品牌获得国际的认同而奋斗。"

刘永好向记者举了一个例子，新希望在国外为了打响"中国制造"这块招牌，主要做了三件事情：第一，把产品的质量做得非常好；第二，新希望同时在越南很多省设立对比试验点，让农民试喂，实实在在地了解新希望产品的优点；第三，加大了技术服务的范围，使得农民感觉到新希望不但产品质量好，而且服务到位。越南的农民比中国的农民更讲实惠，喜欢物美价廉的商品。实际上，越南的市场空间比较大，竞争也没有国内那么激烈，只要品牌打响了，市场前景是很广阔的。

目前，新希望在海外已设立多家公司，其中包括越南河内公司、胡志明公司、新希望海防公司、新希望菲律宾中吕宋农业股份有限公司（原邦邦牙公司）。到2007年12月末，共有海外员工590人。上述几家公司均已取得长足发展，其中越南河内公司投资年回报率为40％，胡志明公司投资年回报率为21％，菲律宾中吕宋公司投资年回报率为15％。

新希望在海外的在建饲料公司包括：新希望胡志明第二期工程（楼层式机组），目前土建基本完工，设备已全部到厂并安装完毕，已开始试生产；越南同塔水产料公司，办理完国内外注册手续，现已开始土建工程；新希望孟加拉公司，2008年1月已开始试生产，情况反映良好；新希望印度尼西亚雅加达公司，目前正在进行设备安装；新希望印度尼西亚泗水公司，目前正在开展购买设备及土建等相关工作，2010年将全面投入批量生产。

到今天，土洋结合已经走过了10个年头，正如刘永好所说："筹划10年，考察3年，2年建厂，3年亏损，迄今终于盈利，毛利是国内3倍。"在多元化、国际化发展上，新希望已经找到了适合自己的模式，下一个高速发展时期，将会在海外市场出现。

从"饲料到餐桌"的转变

18 年来，新希望坚持"为耕者谋利，为食者造福"的经营宗旨，从单一饲料行业向上、下游延伸，逐步发展成为集农、工、贸、科于一体化，以农牧业为主业，适度多元发展的集团企业。

《环球企业家》杂志这样评价刘永好的新希望集团："如果要盘点过去 5 年来中国的农牧业企业，新希望无疑是最大的赢家。中国向来不缺乏单一产业链上的巨头，如肉制品加工环节的双汇、雨润，把持国内鸡肉加工处理的山东六合集团。但最终，依靠房地产和金融的反哺，新希望 2005 年并购全国最大的鸡饲养、屠宰、加工巨头六合集团，几乎擒获整条禽类生产链；通过控股华北地区最大的生猪饲养和加工企业千喜鹤，刘永好一举进入猪肉这一中国需求最大的肉制品行业，成功打造了一个年收入突破 500 亿元的大型企业集群。"

20 世纪 80 年代初，刘永好抓住了中国进行经济改革的时机，以饲料业起家，在 1995 年分立之前，他和他的三个兄弟创立了中国最成功的饲料企业之一。然而在 2000 年后，在房地产、钢铁、互联网等吸金行业竞争下，农牧业企业逐渐被边缘化，刘永好顺势进入房地产等行业，此后年年登上中国富豪榜，其财富大多是来自 1994 年参与发起的民生银行和房地产。相对于房地产业和金融业而言，农业投资长、回报慢。刘永好承认，2004 年前后，"有人也曾建议过，干脆把农业卖掉算了"。

最终，刘永好和他的智囊团队达成共识，认为中国的农业产业将迎来一快速增长的大曲线。这一判断来自于刘永好的观察：伴随城市化进程，农产品的生产者正越来越多地变成消费者，这必然造成小规模养殖在萎缩，而市场需求却在增加。他决定利用新希望多元化布局积累的资本重新打造一个新农业。金融和地产业曾稀释了这家老牌公司的主业标签，现在却成为刘永好达成"世界级农牧业企业"的跳板。

2005年，新希望开始了饲料行业向上、下游拓展至全产业链的转型。当年，新希望发布五年规划，不仅没有削弱农业产业在集团中的地位，还设定5年内将力争达到世界级农牧企业的初级门槛。刘永好明确在金融、房地产、投资方面的资金投入，将分别保持在20％、15％、15％左右，其余50％的资金将全部投入农牧业，在5年内致力触摸到"世界级农牧业企业"的门槛。到2009年，新希望的这一目标已经实现。

刘永好认为："世界级农牧业企业的内涵要远远大于国际化，不仅是走出去，而是全面达到世界级的标准。"他还对照美国农业巨头史密斯菲尔德公司制定了10个标准。其中，在规模上，这一门槛应该是年销售收入为500亿元。这就不仅要求增大规模，还要转变增长方式，打造贯通整个生产链的猪、禽、奶三条产业链。刘永好将其称为"从饲料到餐桌"的转变。

毫无疑问，"从饲料到餐桌"的转变，对新希望来说意味着巨大的挑战。通过不断并购和整合行业资源，补充自己事业版图上的短板，这是新希望过去5年的突出特征。不过，新希望需确保自己有足够的能力来消化新加入的业务单元。据新希望2009年的财报显示，除新希望乳业营收呈增长之势外，饲料业务和屠宰及肉制品业务营收同比呈下降趋势，其中屠宰及肉制品业务下降较大，新希望收购北京千喜鹤后一直未能扭亏，拖累公司整体业绩。

但这并不能阻止刘永好实施打造生猪和禽类产业链的宏伟计划。对于新希望集团而言，最为稳固的仍然是饲料行业。1999年，刘永好谨慎地选择与中国文化极为接近的东南亚地区试水，先后在越南、菲律宾等地投资兴建了10多家饲料公司。这些早年的布局不仅巩固了新希望集团在饲料行业的霸主地位，也大大增加了企业的利润来源。在继续整合生猪和禽类产业链的同时，新希望的另一个砝码是乳业。过去几年的持续投入，使其成为三聚氰胺事件的受益者之一。新希望发表公告称，2010年将投入3亿至4亿元对安徽新希望白帝新厂等奶源基地进行扩容。2009年报告显示，乳业

也确实成为新希望农业的"利润奶牛"，其经营收入增长达20%以上。

2010年年初，刘永好已制订了下一个"五年计划"，即饲料销售超过2000万吨，成为中国最大的肉食品加工企业，营业收入超过千亿元人民币。目标之下，刘永好希望在猪肉、禽类、乳业上实现专业化、规模化和产业链化，同时打通资本市场通道，上与优势企业通过股权合作，下与遍地开花的农业合作社达成利益共同体。

2010年3月，刘永好在"两会"上提出"新五农"的概念。以前的"三农"是指农业问题、农村问题、农民问题，刘永好认为还可以增加农企和农社，形成"新五农"。刘永好的这一提案引起了党中央和国务院领导的高度重视。

刘永好在接受记者采访时说：国家通过带动农企和农业专业合作社发展，就可以从根本上解决"三农"问题。他希望能让农民通过规模化种植、养殖成为农场主，这个过程就是农民收入提高的过程。而合作社则是农民自愿的市场化行为，把产供销、种子、市场整合起来，通过农村专业合作社，让企业和农民之间的利益得到新的界定，也便于国家扶持。此外，单个农民不便于金融担保，而通过农社就能提供规模化担保。

刘永好强调，要坚持发展畜牧业，畜牧业是农业的组成部分。发达国家畜牧业占农业的比重都比较大，这些以及它的加工权重比农业种植的收益要大，这是发达国家的格局。

在2010年的"两会"上，食品安全问题成为代表和委员们关注的热点问题。刘永好在谈及食品安全问题时认为，国家要想彻底解决食品安全问题，必须坚持走现代规模农牧业的道路，走产业链建设的道路。他指出，传统农牧业的生产格局是2亿多分散的农户提供肉蛋奶，食品安全很难保障。他建议，将相关助农资金集中起来去大力支持可追溯的、有系统保障的、绿色生态的、有规模的农牧产业链和食品安全链的建设，既彻底解决食品安全问题，又为现代农业的内生发展提供广阔的空间和平台。

打造完整养殖产业链

刘永好不论做什么都追求第一,创业初期他养鹌鹑成为"世界鹌鹑大王",后来生产猪饲料又成为"中国饲料大王",现在又要当"全国养猪大王"。2007年8月,刘永好对外宣布,新希望集团将投资50亿元启动养猪项目,兴办全国最大的养猪基地。这位饲料大王将告别传统的加工模式,试图打造一条中国独一无二的养殖产业链。

刘永好认为,近年来肉价飞涨主要由三个原因造成,即饲料原料价格上涨、生猪生产的周期性波动以及疾病风险导致生猪饲养量下降。但经过深入研究发现,更深层次的原因还是传统庭院生产方式落后,农村散养户正快速退出养殖业,而现代化规模养殖又未能及时跟上,导致养殖总量下降,最终造成生猪的供求关系失调,猪肉价格走高。刘永好分析,这种分散的家庭养殖同时也造成了食品安全监控根本无法展开,全国有上亿个家庭在养猪,监管部门根本无法监督,食品安全问题也就没法从根本上得到解决。为此,刘永好还特地写成了一个调查报告交给温家宝总理,得到了温总理的肯定和支持。

有专家分析认为,打造一条中国独一无二的养殖产业链对于全国最大的饲料企业和最大的养殖企业之一的企业家刘永好来说,这种供需矛盾的激化,将是一个天大的商机,谁要是能够巨额投资,快速建立起一个规模化、现代化的养猪体系,谁将获得高额的回报。不用说,新希望集团在这方面当仁不让,已经斥巨资抢先"杀入"这一领域。

刘永好对记者说:"我们的计划是在两三年内,达到一个年产2000万头生猪的规模,这个在国内应该是最大的。同时在全国各地建立一个涵盖饲料、育种、养殖、屠宰、深加工、销售的养猪体系。"届时,刘永好将成为"中国第一猪倌"。

在这个庞大的养殖产业链中，刘永好的具体布局是，新希望将承担其中的饲料、育种、屠宰、技术服务等重要环节，同时在全国各地，招募那些在城里挣到钱的农民回家养猪，承担养殖这个环节。以育种为例，新希望除了培育国内著名的荣昌猪，还直接引入世界最好的猪种加拿大海波尔猪，而且建立基因库。目前，新希望已在山东和四川建立起两个育种基地，投入过亿元。据刘永好介绍，有了自己的基因库之后，就可以彻底解决种猪问题，而这绝不是一般养殖户能做到的。在整个体系布点上，刘永好的安排是，在全国各地选址，建立核心部落，一个部落里面配套一个饲料厂、一个祖代种猪场和三五个父母代种猪场，同时动员几千户农民，每户养几百头到几千头，不超过5000头，形成年产20万头到30万头的规模。也就是说，新希望提供饲料、种猪、技术服务、质量监控，并保证收购，农户负责养殖，形成一个产、供、销一体化的养殖产业链。

谈及新希望用巨资打造的养殖产业链时，刘永好显得格外兴奋，他强调，这个养猪体系还包含着一个"名牌产业链"：饲料是"国雄"饲料，种猪是"荣昌猪"、"海波尔猪"，屠宰加工环节是"千喜鹤"、"美好"，每一个环节都是中国名牌，把这些品牌整合起来就形成了一个名牌猪肉产业链。今后，居民购买猪肉肯定要看一下，这是哪个牌子的猪肉，不会和现在一样，随便买都一样。相比之下，新希望的每一块猪肉都是可以追溯的："祖宗三代"是什么血统，在哪个养猪场养大，什么时候吃过什么，用过什么药，等等。这是真正、彻底的放心肉。

刘永好说："这就是我们新希望集团未来两三年内工作的重中之重，实际上最近一两年也一直在忙这个事情，整个新希望集团在这方面的储备，更不是几年的事情了，我们现在畜牧专业方面的人才就有4000多人，这都是多年有意识积累下来的。新希望把这个规模化养猪做起来了，猪肉供应紧缺、食品安全两大问题都可以得到根本解决，而多年来一直经营艰难的农牧业企业，也有机会得到一个大发展。"

过去几年，刘永好多次考察美国最大的猪肉企业史密斯菲尔德，后者利用需求快速膨胀期，借助资本市场，通过不断联合、兼并，迅速做大，打通整个产业链，形成销售上百亿美元的企业。刘永好说："中国是世界上最大的消费国，却没有一家世界性的龙头企业，在农牧业这一领域新希望有这个义务，也有这个实力来做到'让各种肤色的人群吃上中国产的猪肉'。这就是新希望集团发展的希望所在。"

2008—2009年，在全球金融危机的影响下，我国养殖业遭受沉重打击。2009年上半年，整个行业销售下跌5.5%，行业内很多企业不得不停产、减产、裁员。而新希望集团在全体员工的共同努力下，取得了良好业绩，实现了集团第一个五年规划的目标，销售额达到500亿元，跨入世界级农牧业企业之列，并保持了高速增长的发展态势。

谈到下一个五年规划，刘永好用"机遇"、"激情"、"创新"三个关键词寄语新希望人。

机遇：中国居民生活质量已达到较高水平，国家在一段时间内高速发展，这是许多企业发展的良好机遇。目前，我国的农牧业处在从散户养殖到规模养殖的转型期，规模化的畜牧业是大势所趋。未来，新希望饲料板块要将以前经销商式的营销变为服务式营销，并以饲料为原点，上下拓展，打通产业链。对于未来的5年，新希望制订了新的规划，规划的目标来自于对现在形势和未来态势的认同，来自于自信和激情，抓住机遇才能前进和发展。

激情：优秀的经理人不会叫苦和抱怨，用正向的思考方式，考虑如何培养人才，如何拓展市场，如何完善制度、优化流程。他对现状和未来充满激情。每个人的激情感和幸福观有关，和金钱不是正相关。新希望倡导充满激情和阳光的人生观，用激情创造未来。新希望集团提倡感恩的心，感谢改革开发和国家发展带来的机遇，感谢公司里我们的协同伙伴，感谢公司的合作方、供应商，感谢新希望产品的消费者对我们的信任，并要不辱这种信任。

创新：新希望集团在文化和管理方面有自己的优势，也从同行身

上看到了活力、挑战和竞争。这要求企业要在创新中发展，要持续进行科研创新、机制创新、营销模式创新、行业成长模式和发展的创新。所有的创新，都离不开"人"的参与。所以，新希望会引进和培养年富力强的、专业的、心态好的研发人才和管理人才。通过"新希望商学院"、"新希望青年干部培训班"、"MT 计划"等内外部相结合的培养模式，建立新希望干部梯队的培养制度。

突破民企生命周期

刘永好是中国民营企业家的杰出代表，从 30 年前的兄弟四人白手起家，辞职养小鸡、养鹌鹑的大胆创业青年，到今天家大业大、谨慎行事的中国首富，刘永好历经了沉浮坎坷，也造就了自己的成功。他创造了一个响当当的民族品牌——新希望集团。30 年来，面对数轮让无数企业沉浮起落的商业周期，一个又一个"明星"企业交替登场，一个又一个暴利产业冷热轮回。刘永好成为中国商界少有的屹立不倒的"常青树"，在中国改革开放的浪潮中，刘永好和他的新希望集团谱写了最为成功的创业故事。

2006 年 1 月 20 日晚，CCTV "2006 中国经济年度人物"评选在北京揭晓，刘永好等 10 位经济明星携手捧得"中国经济年度人物"奖杯。

有趣的是，在 CCTV "2006 中国经济年度人物"颁奖典礼上，首次出现了一对兄弟同台亮相的场面。刘永好的二哥刘永行是 CCTV "2001 中国经济年度人物"获奖者，他是为四弟刘永好来颁奖的。一对亲兄弟，一南一北，两家饲料大型企业的掌门人，在相同的领域，为中国农业的发展，各自尽心尽力打拼着，作出了杰出贡献。

刘永好在颁奖典礼上深情感言："从小我们兄弟几个受父母的教育很深，虽然父母早已过世，但每年我跟我的几个兄弟仍然会到我的父母坟墓前向他们汇报这一年我们做了什么，汇报下一年我们还要做什么。今年我汇报了很多，讲了很多，我感觉父母要求我们做事，第一要有良心，要对得起农民，对得起周边的人，对得起领导，我们基本做到了。"

刘永好经历了中国改革开放30多年来经济高速发展的全过程。他说："中国改革开放也只有31年，这31年对西方来讲不算什么，但对中国新一代的企业人来说，就是全过程。这个过程中，有不少企业倒下去了，至今尚存的企业并不多，但长江后浪推前浪，不断有一些企业又站起来了，他们做得也非常优秀，或许做得更好。我为中国这些新来的、优秀的企业家的成长而叫好。"

刘永好说："我觉得做企业跟做人一样，生命的意义在于这个过程。在这个过程中，你不断地给自己制定目标，不断完成这些目标，在这个过程中感到欣慰。我们去旅游，不在乎到了终点究竟怎么样，而在于旅途中的所见、所闻，在于整个过程中的享受。"

刘永好又说道："实际上，新希望也只有短短28年的历史。作为新一代的老企业家，怎么样保持旺盛的斗志，同时继续保持我们的企业家精神，显得尤为重要。"

当记者问刘永好20多年来屹立不倒的根本原因时，他没有正面回答，而是说了下面这段耐人寻味的话："20世纪80年代中期，我就开始参加国内企业家的一些重要活动。到了90年代出席这些企业家会议时，就发生了一些变化。现在再出席企业家们的活动，变化就非常大了。是什么变化呢？原来跟我们一起开会的老企业家越来越少了。他们到哪里去了呢？有很多原因，有的不干了，有的去世了，有的倒闭了，有的被抓了。记得两年前，我见到万向集团的鲁冠球，我非常尊敬他，也很佩服他，他见到我也非常高兴。他创业比我们还要早，脚踏实地从乡镇企业做起，后来转为民营，现在他们的企业在管理和技术方面已经非常专业化。我们聊了半天，也感慨了半天，我们两个人非常有同感：我们那个年代走过来的企业家，所剩无几了……"

刘永好感慨地说："做企业，就好像综艺节目中的孤岛生存游戏。有些人怕吃苦，倒下去了；有些人在独木桥上行走，没有踩好，掉下去了；有些人

在关键时候跑不动，被'老虎'、'狮子'吃掉了。总之，竞争就是这样，适者生存的游戏规则是明确的，所以应该有这样的思想准备。倒下去也没有什么可惜，因为他知道自己坚持不了。现实社会中有很多例子，从独木桥上掉下去，遗憾的是掉下去了之后，再翻过身来就非常难了。"

刘永好告诫民营企业家："现在有很多企业老板总是喜欢说，要在多少年内进入世界 500 强，我认为这是不切实的妄想。在 20 年前我就听到过这样的豪言壮语。可是，现在说这句话的企业都已经找不到踪影了。做企业要务实，一步一步扎实推进，想一口吃成个胖子是不可能的。越是要达到世界 500 强，倒下去的速度就会越快，如果你朝着这个目标不是脚踏实地去做的话，往往就奠定了失败的基础，失败的可能性就会更大。"

盲目发展，一味求大这也许是造成中国民企短命的根本原因。刘永好举例说："1995 年我到北京参加全国政协会议，有一位民企老总在发言时说：'我们企业每年的增长速度是 10 倍，多少年之后我们就可以达到世界 500 强。'他在上边讲，我在下边算，不得了，10 年之后，这个企业能把地球买下来！当时，我就觉得这个企业不会活多久。果然，3 年后这家企业就破产了。"

另外，中国的家族企业要做大做强，必须逐步摆脱家族的特色，要克服家族制管理，建立现代企业制度。决策要讲究科学，多听听别人的意见，集思广益。刘永好说，我的公司也有些人，经常说一些不太顺耳的话，来找我说这个问题怎么样。在私营企业，一般都是老板怎么说，下属就怎么做。如果企业完全这么做，那么这个企业肯定长不大，因为老板的能力是有限的，他的知识、信息和聪明才智毕竟是有限的。所以，企业做到一定的规模后，一定要克服家族制管理，要对企业忠诚，而不是对个人忠诚。比如，老板要做一件事情，有人对老板说："我做过调查，你这样做不可以啊。"从眼前来看，他可能对老板不够尊重，但是，从长远来看，老板最终要感谢他。

综观刘永好的创业历程，其间，他有成功的喜悦，也有失败后的痛苦，有敢为天下先的万丈豪情，也有如临深渊般的小心谨慎。不论怎样，刘永好始终以其谦逊姿态、平常心态，一直保持着敏锐的触觉和向上挺进的欲望，始终保持清醒的头脑，才让他屹立不倒，不断探寻财富的前沿和边际。

跟农民一样朴实的首富

1995年，世界已经把目光投向了中国的私营经济。那一年，刘氏四兄弟创办的希望集团被国家工商局评为全国500家最大私营企业第一名。2001年，刘永好及其兄长登上"福布斯中国富豪榜"中国首富宝座。2008年，刘永好成为"胡润金融富豪榜"首富。

作为中国内地首富的刘永好，在谈到他如何看待财富时坦言："财富对于我个人已经失去了意义，现在积累财富就意味着对社会的贡献。现在我每年光从民生银行的分红就有几个亿，我不做其他的公司，也可以活得很舒服。但是人不能只为金钱而活着。现在许多人在发财后就不思进取，忘记了对社会发展的责任，坦率地说我不是那样的人。对我而言，钱已经不是追求的最终目标。当一个人把挣钱当作他追求的唯一目标时，正是他最悲哀的时候。支撑一个人前进的应该是不断地追求、奋斗的精神。"

刘永好给我们讲了一个小故事："2008年，我去西昌考察，在一个山坡上，我看见一对老夫妻，他们在挖红薯，挖起来的红薯特别大、特别多，他们特别高兴，我就给他们拍了一张照片。我觉得，那个时候他们特别幸福，因为他们种的红薯丰收了，尽管他们可能卖不了多少钱。但那种丰收的喜悦，跟拥有亿万财富的喜悦，我觉得在内心的感受上是一样的，并没有什么区别。"

作为一个以农业为主导产业的集团公司，新希望大力支持"三农"，并投身新农村建设。近几年来，仅在农业方面的投入就高达100亿元，同时通过饲料、养猪、养牛、种草带动50多万人走上了致富道路，同时还解决了20万人的就业问题。

2008年3月，刘永好在四川启动了一项"新希望新农村扶助基金"，这一次，刘永好在这项基金上总计投入1亿元。到目前，刘永好和新希望集体向社会捐献钱物共计5亿多元。

近30年来，在刘永好的身上总是找不到亿万富豪和社会名流的"派头"。他始终操着一口懒洋洋的"川普"，很容易让人联想起福克纳笔下的南方土豪：执著、敏感又不失精明。尽管个人拥有巨额财富，却从不穿名牌服装，总是乘坐最廉价航班，顶着半个世纪不曾变换的发型，常与基层员工在餐厅共进午餐，最爱吃的依然是回锅肉和麻婆豆腐。

他每天工作10小时以上，生活的主色调就是学习。无论和谁交谈，他都会拿出随身携带的本子，碰到有用的便往上记。

接近刘永好的人这样向记者描述他："刘永好是一个到哪儿都睡得着，不讲究吃穿，跟农民一样朴实的老板。"

"经历就是财富"，"感恩的心离财富最近"。谦逊的刘永好说自己一辈子有"四大幸"：一是出身遇到好家庭。贫穷的生活，面朝黄土背朝天的父母，教会了他吃苦耐劳的精神。二是上学遇到好老师。老师教诲，使他明白了"天道酬勤"、"闪光的人生在于奋斗"等人生道理。三是创业遇上好时代。如果没有改革开放的好政策，就没有今天的新希望。四是事业中遇到了好伙伴、好员工。风雨同舟、患难与共的近10万新希望员工，无怨无悔地为希望而努力奋斗，使自己在事业道路上走得更加稳健。

这番话真实地道出了刘永好的人生境界。面对当前全球金融危机的袭击，我们有理由相信，曾经带领企业从"冬天"中走出来的刘永好，定会在市场竞争大潮中立于不败之地，续写新的传奇。

（2002、2004、2005 年"福布斯中国富豪榜"中国首富）

2. 荣智健:"红顶商人"

荣智健 档案

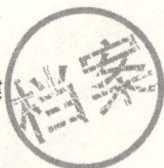

出生时间： 1942 年 1 月

性　　别： 男

籍　　贯： 江苏省无锡市

毕业院校： 天津大学

职　　务： 原中信泰富集团董事会主席

从事行业： 房地产、金融、贸易

公司总部： 香港

始创时间： 1978 年

创业资本： 100 万港元

上市情况： 1990 年 2 月中信泰富在香港上市

拥有财富： 2002 年荣智健以 70 亿元财富名列"胡润百富榜"首位；同时是 2002、2004、2005 年"福布斯中国富豪榜"中国首富；2009 年以 165 亿元财富名列"胡润百富榜"第 37 位。

人生经历： 1966 年，荣智健被"下放"到四川凉山彝族自治州，接受"劳动教育"。曾任吉林、四川、北京等地水电站工程师，并在清华大学从事电力稳定等课题的研究。1978 年，荣智健只身南下香港创业。1982 年，与人在美国创办加州自动设计公司。1987 年，荣智健加入中信在香港的子公司——中国国际信托投资（香港）有限公司，出任副董事长兼总经理。后来，荣智健又买壳上市。2009 年 4 月 8 日，荣智健因中信泰富炒外汇巨亏，被迫卸任中信泰富董事会主席职务。2009 年 9 月，荣智健另起炉灶，成立荣氏企业控股有限公司，进军房地产业和金融业。

社会职务： 第七、八、九届全国政协委员。1994 年至 1997 年曾被委任为港督的商务委员会成员。

经典语录： 对于个人来说，我没有想靠父亲来做些什么。靠别人的名望来做事，长不了。也许一时一事可以，但并不能解决自己的根本问题。

在过去的一个世纪里,荣氏家族伴随着中国经历了前所未有的磨难、变迁与复兴。其间,荣智健成为荣氏家族出色的继承人,续写了荣氏家族连续三代的中国首富传奇。然而,他的人生在年近古稀时发生了巨大转折——2008年中信泰富因炒外汇巨亏,2009年4月8日,这位67岁高龄的"红顶商人"被迫辞去了中信泰富集团董事局主席职务。

2009年9月,黯然谢幕后的荣智健另起炉灶,成立荣氏企业控股有限公司,进军房地产业和金融业,欲借此创造另一个"中信泰富式"的辉煌。

"红色"背景

荣智健,这个名字对于中国人来说并不陌生。他的爷爷荣德生是中国"棉纱大王",他的父亲荣毅仁是著名的"红色资本家"、"中国首富",曾担任中华人民共和国副主席,因此,荣智健被贴上了"红色"的标签。

传承祖辈们商业梦想的荣智健曾三次登上"福布斯中国富豪榜"中国首富的宝座,演绎了荣家三代中国首富的传奇,打破了"富不过三代"的魔咒。虽然荣智健是靠自己的智慧和努力而登上财富巅峰的,但他的这种来自世

家的背景始终和他形影不离，并让他显得更为神秘。

荣智健于 1942 年 1 月出生在上海，是荣毅仁唯一的儿子，他有两个姐姐和两个妹妹。

小时候荣智健在中西小学读书，只要祖父有空，就亲自教他读古书，反复给他讲解"大学之德在明德"。祖父还常以自己的创业经历来鼓励孙子：小时候家境贫苦，平日为邻家挑送热水，赚来几个铜板以贴补家用，十几岁时就去钱庄当学徒，后来靠办工厂一步步建立起荣家的事业。老人悉心教导荣智健，一个人必须努力奋斗，才能事业有成。

荣智健虽是荣家独子，但荣毅仁是一位严父，并没怎么宠爱他。有空的时候，他会跟儿子下围棋或象棋。小孩做错事喜欢撒谎，如果不讲实话就要打屁股。但在荣毅仁面前，只要孩子承认做错了事，就不会打屁股，也不会被关进"黑屋子"里。荣毅仁说，这涉及一个人的根本诚信。

一些当年认识荣智健的人回忆，17 岁的他是上海知名的"荣公子"，喜欢结交朋友，经常开着红色敞篷跑车，带朋友兜风，请朋友去国际饭店、红房子吃饭，出手很大方。

新中国成立前夕，国民党士兵常常在荣家门口架起机枪敲诈勒索，那时候的国民党兵不要美金就要大洋，一拨拨人来，拿了大洋才走。当时有人要荣智健的祖父荣德生外逃，老人说："我没有做什么亏心事，用不着逃到外国去，我死也要死在中国。"荣毅仁也说："中国是我的家，我不愿意离开。"

1948 年，荣家为避难，很多人夫了香港，荣智健也在香港待了一段时间。在新中国成立前夕，荣毅仁到香港把全家人都接了回来。

1956 年，荣家企业宣布全面公私合营。同年，14 岁的荣智健以优异的成绩考入上海南洋模范中学。南洋模范中学是中国人自己创办的最早的新式学堂之一，该校的校训是"勤、俭、敬、信"，要求学生勤奋学习，俭朴生活，有敬业精神，讲诚实，信用第一。在南洋模范中学，荣智健接受了三年正规、严格的教育，这对他以后的成长影响很大。

1957 年，荣智健的父亲荣毅仁当选为上海市副市长，荣家的地位更是显赫。这一切给"衔玉"而生的荣智健提供了成长为"贵族"的环境：宅院幽静如画；典雅古朴的厅堂内陈设着名贵家具、瓷器、古玩和名家书画；居有佣人，出有专车。大房子是私产，家里有很多个佣人和中、西菜厨师。荣智健第一次开汽车是 17 岁那年，开的是一辆红色皮座的英国产的敞篷 Singer 跑车。那时，连在国外的荣家亲戚都十分羡慕地说，荣毅仁一家在上海的生活不比他们差，甚至还要好一点。

大学时代的荣智健显示出他与众不同之处。他的业余爱好是许多中国人闻所未闻的棒球，曾代表上海队和天津队参加过全国比赛，还取得较好的名次。尽管如此，荣智健在其成长过程中，也经历了荣家上辈人从未经历过的磨炼。

1965 年，大学毕业后的荣智健，与那个年代的大学生一样，怀着满腔热情到了吉林长白山水电站实习。在那里干了一年后，"文化大革命"爆发了，荣智健被下放到四川凉山彝族自治州接受"劳动教育"。

下放的那段日子里，荣智健每天和工人一起劳动，抬路轨、搬大石、背氧气瓶上山下山、高空安装高压电缆，什么粗活重活都干过，但他从不叫苦叫累。

荣智健回忆说："六年下放，使我懂得了许多道理，学到了顺境中学不到的知识。不仅磨炼了我的毅力，让我读懂了各个阶层的人，也懂得了生活与现实，它教会我不自私、随和、包容。"

荣氏家族，可以被认为是中国近代史上唯一一个建立起跨世纪商业王朝的家族。荣智健的父亲荣毅仁在担任国家副主席前，曾担任过纺织工业部副部长一职。

荣家低调、优雅、神秘，充满了贵族气质。荣智健很好地继承了这种家族风格。即便三次被推上"中国首富"位置，他依然保持一贯的低调作风，抵住无数或好奇或窥探的目光。

可以说，荣智健的未来之路是在他儿时铺就的，但他相信后来的逆境才真正磨炼了自己的意志。荣智健曾多次在不同的场合这样说："我没有想靠父亲来做些什么。靠别人的名望来做事，长不了。也许一时一事可以，但并不能解决自己的根本问题。"然而他也承认，如果不受父亲身世的影响，假如没有新中国的背景，或缺乏他人的援助，他后来在香港就不会取得如此辉煌的成果。

只身闯香港

荣智健一直坚信自己传承了祖父和父亲的经商天分，他誓言要延续荣家百年基业，像祖父和父亲一样干出一番事业来。

1978 年 6 月，荣智健收到堂兄弟荣智鑫、荣智谦的信，他们邀请他到香港共同办厂。于是，创业心切的荣智健将妻子儿女留在了北京，只身闯香港。来到香港后，他就加盟其堂兄弟荣智鑫、荣智谦于 1963 年创办的爱卡电子厂。

爱卡电子厂因要扩大生产规模，三兄弟商议，大家合伙入股。荣智鑫、荣智谦在香港经商多年，他们筹足股份没问题，只有荣智健手头没有资金。没有办法，他只好给父亲写了一封求援信。

此时的荣毅仁已经从"文化大革命"中挺过来了。在 1978 年 2 月召开的五届全国政协会议上，邓小平复出，被选为全国政协主席，荣毅仁当选副主席。

身为全国政协副主席的荣毅仁，虽然在政治上重焕光芒，但荣家在大陆的资产却早已"充公"了，分文不剩。不过，荣毅仁在香港还留有少量的股份，主要是当初在香港开办九龙纱厂、南洋纱厂时都占有一定的股份。

据《荣毅仁传》记载：

1949 年后，荣毅仁留在大陆，他的钱在工商业改造时都合营给国家了。但是荣毅仁在香港还有一些股份，30 年没领过股息，30 年以后儿子要创业，荣毅仁让他去算一算，结果算了 600 万港币股息市红利。这 600 万港币就是荣智健在香港的起家资本。

于是，荣智健拿出其中的 100 万港元作为爱卡公司的股份，从此荣智健成为爱卡公司三大股东之一。

1978 年 8 月，荣智鑫、荣智谦、荣智健三兄弟在新界大埔合伙创办的工厂——爱卡电子（ELCAP）的新厂隆重开业了。最初产品包括电容器、电子手表和玩具等，后来转向以生产集成电路和电脑随机存储器为主。

荣智健加盟爱卡电子不久就显露了他过人的商业天赋。当时在美国采购电子原料的成本非常高，为降低生产成本、提高利润，在荣智健的提议下，电子厂投资兴建了一条先进的集成电路生产线，以减少对外国进口电子元件的过度依赖。1980 年，爱卡厂的效益有了大幅度的提升，产品甚至出口到美国。由于产品质量好、信誉高，1980 年在美国拿回的订单比 1979 年翻了一番多，发展前景喜人。

精明而有远见的荣智健把他所得的利润再一次投入生产经营之中，追加资本，从而占到爱卡总资本的 60%。换句话说，爱卡电子厂的主要股权已掌握在荣智健手里。这样，荣智健自然晋升为爱卡的总经理，真正开始了他当家做主的商业生涯。

荣智健分析了当时的形势后认为，美国在今后一段时间里，仍然会是香港所需的计算机元件和数据处理设备的主要供应者，其他电子元件和最终产品则主要从日本进口。而亚洲的韩国、新加坡和中国台湾也会逐渐成为美国的电子产品的供应者。随着亚洲国家和地区经济的快速发展，它们逐渐形成了依赖出口的外向经济。如果香港制造商继续依靠从这些国家进口电子元件，那么香港电子产品的出口在 20 世纪 80 年代将面临激烈的竞争。荣智健预见到了这一潜在的竞争威胁，为了战胜这一系列的挑战，荣智健带领技术人员在技术创新方面下了不少工夫。

同时，为了不断提高产品的竞争力，应对未来的挑战，荣智健首先对产品种类作了重大的结构调整，研发生产出适销对路的新产品，缩减了一些无线电收音机和其他一些低技术、低附加值的不具竞争实力的产品。

荣智健是个善于创造机会，不放过机会的人。正如他所料，到 20 世纪

80年代以后,香港的电脑普及率逐步上升,尤其是微型电脑。荣智健看到了电脑产品市场的巨大前景,当机立断,对爱卡厂生产的各类电子元器件进行结构调整,提出了以生产电脑配件为主的生产方向,集成电路和电脑随机存储器被列为爱卡的主打产品。当时爱卡生产的电脑配件主要还是依赖于美国、日本良好的合作关系。他们从生产集成电路板拓展到电脑记忆系统,包括磁芯和平面等配件,以供各种型号电脑的生产商配套使用。

随着香港电脑市场的飞速发展,睿智的荣智健已经看到了香港电子市场发展前景的潜在危机和内在困境。首先,电脑专业技术人员严重缺乏。其次,地价和工资上涨及通货膨胀导致了电子产品成本提高,在市场上的竞争力和吸引力下降,并影响企业的发展。荣智健开始筹划另一个新的发展计划。

荣智健毕业于天津大学电机工程系,在来香港之前,曾在四川的一个水电站和机电部电子研究所担任过技术员,比较了解我国电子工业发展的一些基本情况。在内地,电子产品市场十分广阔,方兴未艾。在改革开放之前,电子工业发展缓慢,市场上很难买到日用电子产品。在计划经济时期,工厂生产方式比较单一,企业缺少自主权和生产的选择权,往往不太可能根据市场需求进行生产结构的调整和产品类型的更新。随着内地改革开放政策的贯彻与实施以及经济特区的设立,荣智健敏锐地意识到,与内地合作是爱卡发展的新方向。于是,荣智健便把视线转向了与内地经贸往来的巨大市场上。

爱卡电子厂开始向内地出口一些电子元件和电子钟表、收音机等日用电子产品。在内地,这些电子产品是广大消费者从未见过的物美价廉的商品,再加上内地人口众多,产品销售十分火爆,供不应求。

随着改革开放的深入,电子工业被国家列入优先发展的产业规划,内地的电子厂如雨后春笋般发展起来,电子厂商纷纷与香港的电子厂商寻求业务合作。国家也积极倡导两地电子业的交流与发展,希望利用香港现有的技术基础以及它在国际上广泛的技术和贸易联系,更有效地引进外贸和先进技术设备，加速我国电子生产的技术改造和产品的升级换代。在这种经济形势下，荣智健加强了与内地电子厂家的业务合作。为抢抓机遇、降低生产成本，荣智健与内地的广东、上海、浙江等地的一些电子厂家建立了战略合作关系，同时还在内地合资办厂，由单纯的出口销售电子产品发展成长期投资、共同开发的新型企业。

因为爱卡产品品质优良、物美价廉，受到了国际和国内消费者与厂商的欢迎，国外不少同行都看好爱卡，他们为了拥有对爱卡的控制权而争相高价收购。1982 年，经过双方多次协商，美国的 Fitelec 公司最终以 1200 万美元的高价收购了爱卡电子工厂。后来，这家爱卡电子厂成为一家颇有名气的美台合资企业。荣智健占有爱卡 60% 的股份，因此，在这次出售过程中，他个人得到 720 万美元，按照当时美元与港元的汇率折算，荣智健净赚 5600 多万港元。这一收益是他当年 100 万港元投资的 56 倍之多。荣智健在商海初试身手，就大获全胜，淘得了他人生的第一桶金。

商海传奇

素有"红顶商人"之称的荣智健是一代商界奇才，其财富人生充满了传奇。

1982 年，荣智健将爱卡电子厂出售之后，回到了北京。可是没过多久，荣智健就再次离开妻儿和父母，前往美国。

荣智健第二次创业为什么选择美国呢？因为他在香港做爱卡的时候就认为全球未来的市场在美国，那里聚集着全球最优秀的 IT 专家，而他断定一个属于电脑的大时代即将来临。

"人脉就是钱脉"。在一个现代商业网络社会中，做生意有时靠的不是自己，而是亲友和人脉。做生意如果有广泛人脉关系就能顺风顺水，收到事半功倍的效果。荣智健到美国二次创业，荣氏家族的人脉关系又帮了他的大忙。他找到了当时在王安公司任副总裁的唐芙生。唐芙生是荣智健五姑父的女儿，她不仅是一名 IT 专家，在业界的人脉也非常广泛。

经唐芙生牵线搭桥，荣智健认识了当时在美国 IT 业界享有盛名的林铭和米歇尔·弗尤尔博士，这两位在微软担任工程师的电脑专家很快成了荣智健的朋友。在一次闲聊中，荣智健听他们说起 CAD 技术。CAD 是英文 Computer Aided Design 的缩写，是一种依托电脑的多维绘图技术。两位博士告诉荣智健这是一种全新技术，发展前景很好。在他们的一番解释后，荣智健断定这将是一个巨大的市场。和多年前创办爱卡一样，荣智健提出由他和林铭、米歇尔·弗尤尔博士三人共同组建一个 CAD 技术公司。

两位博士听了荣智健的建议后当即欣然同意。1982 年 8 月，由荣智健和林铭、米歇尔·弗尤尔在美国加州的圣荷西合资创办的加州自动设计公司宣告成立（公司简称 CADI）。CADI 公司最初投资为 200 万美元，荣智健个人投资 120 万美元，获得了 60％的股份，林铭、米歇尔·弗尤尔各占 20％的股份。

美国 CADI 公司创办后不久，就推出了一系列完全拥有自主知识产权的拳头产品，投放市场后深受用户青睐，前景一片光明。

1983 年 9 月，荣智健抱着对香港电脑市场勃勃兴起的期待，重新回到了香港——他要在这个发家之地找到新产品的销售渠道。

荣智健重返香港的 1983 年正是香港电脑的启蒙之年，各种用途的电脑流入香港，五花八门的电脑推介会层出不穷，让人应接不暇。荣智健凭借自己在当地的良好社会关系，CADI 公司出品的 CAD 技术产品均成为当年度香港最重要的三次推介会重点推介产品，因而一炮走红。

在 20 世纪 80 年代初期，美国和亚洲国家很少有做电脑辅助软件和辅助设备的机构，多以大型计算机为主，而荣智健的美国加州自动设计公司的系列产品的市场切入点正是很少有生产厂商关注的边缘产品。很快，加州自动设计公司的 CAD 技术产品抢占了先机，赢利能力大幅提高，各种产品的销售形势越来越好。

和当初的香港爱卡一样，加州自动设计公司很快引起了其他 IT 生产厂商的高度关注。此时，又一个关键人物出现在荣智健的面前。这次提出要参股加州自动设计公司的是一个叫蒙特的美国人，他是当时美国加菲克斯公司的总裁，该公司是一家较有实力的电脑硬件设计公司。

经过几次与荣智健接触后，蒙特提出了帮助加州自动设计公司扩大规模的设想，而扩大的股份由蒙特的公司来接手。荣智健愉快地接受了蒙特的条件。于是，加菲克斯公司收购了加州自动设计公司28％的股份。由此，加州自动设计公司不仅扩大了生产规模，还获得了一位在美国 IT 界具备一定影响力的重量级人物的青睐。

荣智健与加菲克斯公司合作半年后，提出了把加州自动设计公司和加菲克斯公司这两家公司合并上市的构想。荣智健告诉蒙特，把两家公司合并后，双方可以考虑上市，而一旦上市，双方公司的股价就可以上升几十倍。

1984 年，荣智健成功地将加州自动设计公司和加菲克斯公司合并。合并后的新公司在美国成功上市，并且成为当时美国第一家上市的电脑辅助设计设备供应商。股票一上市，认购疯狂，没过多久，和荣智健当初的判断一样，股价果然翻了 40 多倍。

"在美国的两年时间里，我感觉到了这里软件和其他高科技企业竞争的激烈程度，而作为我们这样一个公司，并不适合长期经营。"荣智健说。

1984 年 12 月，荣智健不失时机地出售了自己持有的加州自动设计公司的全部股份。作为原始股的 1 美元每股的价值在出售日已经升值到 40 美元每股，也就是说，当初荣智健投入的 120 万美元，经过 2 年的时间，已经变成了 4800 万美元。一个 2 年增值 40 倍的奇迹再度上演。对于这次出售，荣智健还是显得淡定自若。

荣智健是一位眼光敏锐的企业家。他凭借自己的智慧和胆略大赚了两笔：第一笔是出售爱卡得到的 5600 多万港元；第二笔是出售加州公司时获得的 4800 万美元。在短短 7 年时间里，他奇迹般地将 100 万港元变成了 4.3 亿港元，顺利完成了财富的原始积累。这一时期，荣智健的商业活动更多体现的是个人奋斗与家族荫护的色彩。

在出售了加州自动设计公司的股票后，荣智健又迎来了人生中另一个重要的转折点。1987年，荣智健顺利地加入了中信集团香港公司，并出任副董事长兼总经理。中信集团公司是由荣毅仁创建的，是中国改革开放的窗口，而中信香港公司则是窗口里的窗口。公司独特的政治背景给荣智健提供了大显身手的舞台。那一年，荣智健45岁。

1987年1月1日，荣智健走马上任。在出任中信集团香港公司副董事长兼总经理之前，荣智健提出的条件颇值得玩味，那就是"用人制度自主"和"相当的权力"，中信集团董事局同意了他提出的这两个条件（这叫"一企两制"）。从走马上任这一刻开始，荣智健就打算把中信香港打造成自己的独立王国。

荣智健掌管中信香港公司后做的第一单生意就是以23亿港元收购香港国泰航空公司12.5%的股份。国泰航空公司是老牌的英资公司，也是国际性航空公司。收购之前，为了说服董事会成员，荣智健花6个月时间做调研，北京总部在听了他的汇报之后，不到5天就批准了收购报告，国家有关部门还特批给公司8亿元人民币的贷款作为运作资金。此事震动之大、行事之隐秘，据1987年《南华早报》报道，连当时的中国民航总局领导都是事后才知道此事的。

1989年12月28日，荣智健以3亿多港元的代价收购当时曹光彪家族持有的泰富发展49%的股权，并通过注入港龙航空等资产，进一步扩大其在泰富集团的股权至85%左右。1990年2月，荣智健借用"泰富发展"这个"壳"，使中信香港成功上市。1991年，"泰富发展"正式更名为"中信泰富"，荣智健任董事长。中信泰富遂成为中信在香港的资本运作平台。1991年下半年，中信泰富增发3亿新股给中信香港，用于收购中信香港持有的国泰航空股份。同时，又增发3亿多新股给李嘉诚等香港富豪。红筹注资加李嘉诚效应，很快便使中信泰富的股票价格从每股5元多飙升到9元港币。

1996年，荣智健向当时的中信集团董事长王军提出分家请求，要求中信泰富的管理层获得股权。最后，荣智健的目的达到了，以他为首的管理层获得了 25％ 的股权,荣智健成为中信泰富第二大股东。后来,王军曾对媒体坦陈,这次股份的出让,是他的"独断专行"。

据《荣智健传》记载:

> 20 世纪 90 年代中前期,中国经济形成新一轮开放潮,而香港则处于"回归"前夕。香港富豪到中国内地投资,需要有人牵线搭桥。当年的荣智健作为一个身份特殊的人物,自然会成为香港富豪和高官们通往内地的重要"桥梁"。当时香港最富有的商人,包括李嘉诚、郑裕彤、郭鹤年等乐意成为他的合作伙伴,投资银行界叱咤风云的梁伯韬更成为其顾问。

借助"红筹"概念,荣智健在香港资本市场长袖善舞。通过一次次"蛇吞象"的并购,中信富泰在荣智健的手中不断发展壮大,从房地产、贸易到隧道,再到民航、发电……各种实业,包罗万象,中信富泰的股价也是扶摇直上,至 1997 年最高时接近 50 港元每股。

但是业内人士认为,尽管中信泰富拥有多家"蓝筹股"公司的股权,但其本身没有主营业务,而且投资经历尚浅,不适合作长线投资对象。外国人的不信任并没有妨碍中信泰富的发展。香港、北京,进可攻退可守,中信泰富愈长愈大,港人称为"紫筹股",即在蓝筹股的外面,还蒙有一层"红色"。

1997 年,是中信泰富股权变更后的第二个年头,这一年亚洲金融危机爆发,荣智健的应对措施与以往一样:"北上北京"。中信集团一如既往地支持他,给了他 10 多亿港元资金。直到 2008 年这次危机爆发之前,荣智健一直这样"稳健"地经营着他的中信泰富。

大手笔并购

真正让荣智健登上财富巅峰的,是 1991 年荣智健担任中信泰富董事长之后。在"一企两制"的特殊管理体制下，荣智健将"红"与"黑"发挥到了极致。他在政治中心北京和金融中心香港之间频繁往返，财富也在飞速膨胀。在一家国有企业任职，凭借个人持有的股份而三度坐上"中国首富"的宝座，荣智健是全中国唯一的一例。

进入21世纪，荣智健开始把更多的精力和财富投到企业收购上，并将投资重心转向内地，投资了大量基础建设，包括上海的隧道、桥梁建设，还有发电站、航空以及电信、房地产、钢铁等，和许多到内地淘金的香港公司没什么大的区别。

2003年，荣智健在无锡投资53.6亿元，建设一个水电站以及一项环境整治工程。同时，他将其中信旗下的泰富兴澄钢铁分拆上市。另外，他还出售其在上海所有基础建设的股份，变现65亿元。

2005年，荣智健以14.2亿港元收购石家庄的特钢，先后又控股湖北大冶特钢、湖北新冶钢、江苏兴澄钢铁、河北石家庄钢铁等。这些举措让中信泰富成为特钢冶炼业中一支不可忽视的力量。

2005年11月22日，荣智健以出价12.82亿元击败吕慧母女，最终博得国内最大的汽车合金钢生产企业——河北石家庄钢铁集团80％的股权，两大富豪间长达5个月的豪门争夺战就此收官。

2005年年底到2006年年初，中信泰富地产曾携20亿元杀入上海郊区朱家角打造"度假商业地产"概念，受到追捧。

2006年11月13日，荣智健收购全球第三大矿业公司、南非英美资源集团的股东奥本海默家族1/3的股权，交易金额达62.6亿港元。根据协议，荣智健私人拥有的公司将取得英美资源集团1.13％股权，奥本海默家族所持股权将减至2％左右。英美资源集团对中国市场的销售额每年大约是12亿美元，主要为铂金、钻石、铁矿石和有色金属。投行人士指出，荣智健入股英美资源集团也可以使其旗下特钢企业下游产品与上游进货渠道挂钩，令中信泰富在内地市场中更好地扩张。

2007年3月，荣智健到上海四川北路开发地铁上盖物业项目，预计整个项目的总投资将超过 10 亿元人民币。该物业项目的建筑面积为 6 万平方米，地块的购入成本约 5 亿元。

后来有人分析这次著名的收购战，认为荣智健之所以成功主要有如下三点：第一，战略意图明显。荣智健选择香港作为发展基地，是十分具有战略眼光的，并在多个产业进行渗透发展，不断扩大自身的实力。第二，抓住收购的最佳时机。收购恒昌之时，正是备贻收购恒昌失败之时，所以一旦选准收购对象之后，收购的时机掌握成为关键。第三，强强联合，增强收购实力。荣智健在收购时经常会遇到强有力的竞争对手，如在收购恒昌时，就有林秀峰兄弟的竞争。在这个时候，荣智健均倚靠香港几位大富豪的帮助，与他们的联合极大地增强了其竞购能力。这无疑又是以小搏大的典型例子。

荣智健，这个中国最后的"红顶商人"，这个被认为目前中国最强势的富豪，这个 68 岁的老人，有太多故事值得记述了。

作为荣氏家族第三代的代表人物，荣智健打破了"富不过三代"的魔咒，续写了这个家族连续三代的中国首富传奇，让荣氏家业绵延至今。

炒汇巨亏内幕

2009 年春节，对于曾经的"中国首富"、"红顶商人"荣智健而言，注定是一道坎儿。

在香港，荣智健掌管的中信泰富集团被股民戏称为"紫筹股"。之所以有这个奇怪的称谓，是因为中信泰富连年业绩优良，被视为"蓝筹股"，而同时由于荣智健背靠中信集团，又被看做红筹公司，红色配上蓝色，自然就是紫色。

但恰恰是这个被认为最安全的公司，在 2008 年年底爆出了惊天亏损的新闻，荣智健连夜飞往北京求援。这个习惯了胜利的荣家后代，这一次，栽倒在澳元的累计期权交易之上。

据《时代周报》2008年10月20日披露，中信泰富突然发出盈利警告，指出为减低澳洲西澳大利亚州铁矿项目面对的货币风险，集团与汇丰及法国巴黎银行，签订多份"累计杠杆式外汇买卖合约"，但后因澳元大跌而亏损逾150亿港元，预计全年业绩将连续亏损。翌日，中信泰富在香港股价暴跌55.1％，收市报6.52港元，跌至18年前的水平，创下1990年来最大单日跌幅，市值亦缩至144亿港元。

主席荣智健对外表态称，外汇公司外汇合约产生的巨额亏损他"事前毫不知情"，是财务部门绕过他所作的决定。但外界对这种解释并不认同，而后荣智健在财务部门任职的女儿荣明方被免职。随后，"澳元门"事件不断发酵，荣智健的麻烦接踵而至。

2009年10月21日，香港有立法会议员向传媒透露，中信泰富早于2008年9月7日已获悉公司因杠杆外汇买卖合约导致巨额亏损，但董事局一直未向公众披露，直到一个半月后，公司市值损失过半时才作公布。当中信泰富股价持续暴跌、荣智健赴京求援时，母公司中信集团向中信泰富注资15亿美元，将中信泰富挽救于既倒。最终中信泰富以亏损91.55亿港元的代价结束了这场诡异的投机。

然而，中信泰富炒汇巨亏事件并未就此平息。2009年1月2日，香港证监局确认对中信泰富展开正式调查，共涉及公司17名董事高管。更有消息传出，事件涉嫌虚假陈述、串谋欺诈。中信泰富巨额亏损的消息可能早于公告提前透露，而事先获取信息的内幕人士提前沽空，获取暴利。

目前，外人还不能准确描述中信泰富买入外汇金融衍生产品的详细经过。但有香港学者说，为了对冲投资这一涉及16亿澳元矿业项目的外汇风险，中信泰富购买澳元的累计外汇期权合约，做了一笔外汇衍生品的投资。在这次投资上，中信泰富实际上最终持有90亿澳元，炒汇金额比实际矿业投资额高出4倍多。公司与香港数家银行签订了金额巨大的澳元杠杆式远期合约，与欧元兑美元、澳元兑美元汇率挂钩，实际上是做空美元、做多澳元。由于澳元大幅跳水，持续贬值，跌破锁定汇价而严重亏损。

中信泰富犯下投资领域的低级错误，衍生产品条款很不平等，其中包括澳元和欧元两个货币，最终是以币值较低的一个币种结算，这使得风险无法得到控制。如果澳元汇率不能升到公司与银行事先约定的水平，中信泰富就必须定期购入大笔澳元，直到澳元汇率上升到某个水平为止。2008 年 9 月，中信泰富似乎察觉到合约的风险所在，于是中止部分合约，实时损失 8 亿港元。而按照当时澳元兑美元的汇率计算，中信泰富手上尚未中止的合约，账面损失高达近 155 亿港元。中信泰富玩的外汇 Accumulator，这种行内人又戏称为"I kill you later"（我迟些杀你）的东西，用香港人的话说，是"赢粒糖输间厂"，一夜蚀了 100 多亿港币，创下香港红筹公司有史以来之最。一场金融海啸，加上一场豪赌，令荣智健雪上加霜，损失惨重。

2009 年 4 月 8 日，在中信泰富炒外汇巨亏丑闻曝光之后的 5 个月，中信泰富正式对外发布公告称，公司主席荣智健、总经理范鸿龄辞职，即日生效，中信集团副董事长兼总经理常振明接任主席和总经理一职。67 岁的荣智健在辞职函上签上了自己的名字。或许，这是荣智健有生以来最痛苦的一次签名。

2009 年 4 月 8 日下午 18 时 20 分，荣智健的座驾驶出他奋斗了 20 多年的香港中信大厦，在闪烁不停的闪光灯下，这位 67 岁的老人一如既往地平和。直到车子开了很远，他才回头看了一下。因为他的爱女荣明方、长子荣明杰还在这栋大厦里工作，但荣家能否将中信泰富这艘航母控制得如臂使指，恐怕谁也难以预测。

荣智健曾拥有"衔玉"而生、叱咤政商两界、且富且贵的人生，而如今黯然挥别为之奋斗了几十年的中信泰富，有无奈，更不舍。

荣智健作为中国企业家群体中最特殊的一位，其所代表的荣氏家族的命运，成为大众最关注的问题，它甚至要远远高于中信泰富公司的命运。荣智健在人生暮年黯然谢幕，从某种程度上讲，这也是人生的一个悲剧。

黯然出局

对于荣智健的离任，我们恐怕很难用"成功"或者"失败"这样的词语为他作注解。

在风云变幻的商界来说，富豪的人生浮沉本不算什么。但是，荣智健的黯然谢幕引发了人们对荣氏家族的关注：那么显赫的背景，一个风云一时的红色贵族，他怎么可能？荣氏家族会就此衰落吗？"富不过三代"的魔咒难道真的如此灵验吗？

在荣氏家族辉煌百年的历史上，1949年新中国成立是一个分水岭。在此之前，荣家是纯粹的民营企业家；在此之后，荣家的身份和地位要复杂得多。郑也夫教授认为，荣氏家族企业早在1956年公私合营时就已经结束。改革开放初期，因为中国政府要借用"荣氏家族"这块金字招牌，才起用荣毅仁创建中信集团，后来他又成为国家副主席。荣智健在香港的发迹，主要是受父亲的庇荫，而不是家族的传承。

在中国现代商业史上，荣氏家族是非常特殊的一章，经历了晚清、民国、抗战、新中国成立、"文化大革命"，直至改革开放，是唯一一个跨世纪的商业帝国，可谓是中国百年工商业发展的一个完整标本。在过去几十年的发迹历程中，荣氏家族采取的是与政府密切合作的模式，一方面，这种模式的特征之一是依靠国家垄断权力得到更多的市场机会；另一方面，作为个人和民营资本只能处于从属地位。

人们之所以还把已经离任的荣智健与中信等同起来，是人们还留恋这种家族传奇。因为特殊的原因，荣智健与中信集团之间一直保持着一种非常微妙的关系，在充分利用中信背景做大中信泰富的同时，荣智健也在不断增持个人股份。从1992年开始，荣智健先后利用中信泰富收购恒昌股权、公司增发股票、管理层股票转让等机会，将个人持股比例增加到19％，由此成为公司第二大股东。按照香港媒体当时的评论:从这时起,虽然中信泰富仍由中信集团相对控股,但是刻上了荣氏家族的深深烙印。这也使得荣智健看到了完全控制中信泰富的希望。

不幸的是,2005 年 10 月 27 日,一手缔造了中信集团的荣毅仁逝世。荣智健有意在去掉父亲光环下完成一次巨大的投资——对赌澳元,但世事难料,突如其来的金融危机使得这场赌博以中信泰富的巨亏告终。这场赌局的后果不仅仅是"成者为王,败者为寇"的个人形象受损,更深的影响是荣智健将彻底失去主导中信泰富的机会,失去振兴荣氏家族的大好平台。

知名产业评论家朱志砺先生认为:"背景决定前景。从一开始,荣智健的成功就与他的红色背景息息相关。同样,荣智健的谢幕,也与他的背景直接相关:他赚钱太容易了。荣智健的一系列收购活动,都有中信集团在背后'保驾护航'。在经营方面,他旗下的大昌贸易主营家电与汽车,主要市场就在内地,在批文、配额方面自然享有优先权。"

荣智健和李嘉诚同在香港,一个是"内地首富",一个是"香港首富",如果把这两位首富进行对比,我们会发现荣智健与李嘉诚的投资业务很相似,都集中在资源、电信、能源、航运、基础设施等方面;公司性质也很相似,都是综合类实业投资公司。但两人的出身有很大差异。李嘉诚是草根出身,白手起家,深知每一分钱都来之不易,所以李嘉诚的投资项目从战略布局到过程管理,都非常严谨。荣智健的战略前瞻眼光非同一般,但是,他是一个潇洒的"公子哥",作风显然有别于草根出身的李嘉诚,他没有建立起一个有效的风险控制机制。对于炒汇巨亏,荣智健甚至解释道:"中信泰富财务董事张立宪未遵守公司对冲风险的规定,进行交易前也未经主席(即荣智健本人)批准,财务总监周志贤未尽其监督职责,未将这样不寻常的对冲交易上报提请主席关注。"另外,据知情人士透露,负责公司财务的并非张立宪和周志贤,而是荣智健的女儿荣明方。他们父女如何运作这桩交易,外人自然难以知晓。总而言之,即使荣智健所言不虚,但上百亿元的交易,竟然无需董事局主席授权就能生效,中信泰富集团的管理无序和决策盲动由此可见一

斑,所以,出现亏损只不过是时间早晚而已。

著名财经作家吴晓波认为,我们反思荣智健此案,如果仅仅从荣智健投机澳元巨亏的角度来看,便有点过窄。以今视之,荣氏家族在中信体系的出局,似乎是一个制度化的过程。中信集团为国资委直属企业,在那个国有垄断资本高度集中的集群中,私人得以拥有股份,且能以阳光化的方式成为首富,荣家确为仅有之孤例。因为是孤例,所以一定违背了某些规律,荣智健之出局,正在于他对此的长期漠视。

吴晓波还总结出了荣智健的三大错误:

第一,没有择机让荣家的资本完全独立。在1949年之前,荣家一直是纯粹的民营资本企业,与官营资本几乎没有任何瓜葛。荣氏家族对官商经济一直非常警惕。但是,荣智健没有继承这个传统。自1991年上市起,中信泰富基本上是荣智健的天下,外界也将中信泰富看做是"荣氏企业",他本人也只有在公司遇到危机时,才想起公司真正的主人是中信集团。荣智健刚刚到中信任职的时候,中信的掌舵人是他父亲荣毅仁。后来,王军出任董事长,王家和荣家的关系也非同一般。所以,1996年,荣智健才有机会获得那么多的股份。但是,2005年荣毅仁去世,2006年王军卸任,荣智健在中信体系内所能动用的资源已经越来越有限,他基本上丧失了资本独立的机会。

第二,对官商模式的生存之道思考不深。中信自创办之时,就享受了无穷的政策好处。即以当年总股本100万元港币创办爱卡电子厂为例,他赚到的第一桶金,是将香港的廉价电子表、收音机、电子钟等向内地大量贩卖,在当时,获准"大陆贩卖权"几乎是一个难以想象的特权。如果没有政策背景,那只有靠走私。即便后来,中信泰富在香港及内地实施大量并购投资,也多有政策背景的支持。在香港的商业氛围中,信仰自由主义的市民阶层及知识分子阶层,对于官商逻辑有天然的反感与抵触,荣智健显然对此缺乏必要的警惕与防范,甚至,他还以奢侈的形象和强悍的商业运作"挑衅"公众的忍耐力。

第三，没有着力培养下一个"荣毅仁"。荣家百年，英才辈出，创业二老自不待言，其子女及女婿也多有豪杰之士。新中国成立后，三十出头的荣毅仁留居上海，忍辱负重，历经磨炼，被周恩来总理称为"少壮派"，被毛泽东主席许为"红色资本家的首户"，后贵为国家领导人，全国企业家无出其右。到荣智健一辈，也是一人过港，打出一片江山。可是，到第四代，则蚕卧在父辈的余荫之下，不敢独立门户，少有显赫战绩。以至于危机降临，竟没有腾挪博弈的能力。在传承上缺乏远大的抱负和规划，成了这个百年商业家族的一个"阿喀琉斯之踵"。

荣智健被迫辞职后，很多媒体都说他违背了祖训。其实，荣家百年，传下很多祖训名言，其中不乏对冲矛盾之处。譬如，"固守稳健、谨慎行事、决不投机"是祖训，"以小搏大，以一文钱做三文钱事"，"只要有人肯借钱，我就敢要，只要有人肯卖厂，我就敢买"，"只有欠入赚下还钱，方有发达之日"，"吃着两头，再做一局"，等等，也是祖训。而事实上，后者的冒险气质在荣家兴衰史上更是主流。

盘点荣氏家族百年历史，此次澳元对赌巨亏远远不是危机最大的一次。早在1934年，受全球经济危机波及，荣氏的申新企业就曾在上海《申报》公开宣告"搁浅"。1938年，抗战爆发，荣家工厂三去其二，大多被日本人炸毁或侵占。到1956年的公私合营改造，荣家在内地的20多家工厂一夜之间全部被国有化。

与上述三次相比，亏损100多亿港元对中信泰富而言仅是区区之数。到2010年4月底，荣智健仍持有中信泰富8.27％的股份。所以，荣家复起，或有可期。但是，它在中信体系的出局似乎已成定案，荣家对中国商业进步的影响力要重新再建，这或许才是"荣智健辞职"最大的损失所在。

另起炉灶

据媒体报道，荣智健自 2009 年 4 月辞去中信泰富主席职务后，于 2009 年 9 月成立了隆源控股有限公司（原名荣氏企业控股有限公司）。香港特别行政区公司注册处资料显示，隆源控股共有六名董事，分别是荣智健、梁伯韬、荣明方、荣明棣、陈翠娥、戴慧娟。荣智健担任董事会主席，梁伯韬担任副主席兼董事总经理。新公司将进军房地产业和金融业。这让外界猜测，荣智健将把主要精力和资源放到这家企业，借此创造另一个"中信泰富"式的辉煌。

作为百年的荣氏家族继承者，荣智健有着非同寻常的光荣与梦想，光复和壮大祖业是其人生的重要使命，在这种特殊使命的背后也承载着巨大的压力和挑战。在早年的市场打拼中，有着"红色"背景的荣智健几乎未曾经历挫折就顺利实现了财富的增值积累。凭借中信平台，他长袖善舞，实现了"父子协奏"，荣家也再次成为中国首富。随着父亲的去世、自己的失误，他的人生在年近古稀发生了巨变。现在，摆在他面前的是如何重振荣氏光荣，通过什么途径完成家族使命。

隆源控股的六名董事会成员之中有三位是荣氏家族成员，由此可见，荣智健或将更多地整合荣氏旗下分散的企业，集整体之力打造一个投资公司。根据媒体报道，该公司注册股本分属地处英属维尔京群岛的四家公司，股权由四家公司平均分摊，这也进一步印证了其整合趋势。

据《第一财经日报》2010 年 5 月 6 日报道：

在"荣氏企业控股有限公司"的六名董事当中，梁伯韬最受人关注。他加入隆源控股，或许意味着荣氏家族已经全面启动其复兴计划。

梁伯韬在香港投资银行界纵横 30 年，1988 年与其上司合伙创立香港本土最大的投资银行百富勤投资集团，并在 20 世纪 90 年代安排多只红筹股到港上市。1997年亚洲金融风暴后，百富勤以清盘结束。而梁伯韬继续出任投资银行界高层，并在2000年和2002年帮助李嘉诚旗下的Tom.com和长江生命科技成功上市。

最近，梁伯韬主动透露他已加入荣智健的隆源控股，并担任副主席兼董事总经理。身兼多个顾问职务的梁伯韬称，现在他已将大部分时间投入隆源控股的运作中，并表示隆源控股会在资源、地产及矿业方面发展，未来还会发展非银行信贷业务和投资业务。

上述接近荣家的投行人士向《第一财经日报》道出荣智健复出的真实目的："他在中信泰富功成名就，最终落得黯然引退的下场。他的小儿子和女儿当时都在中信泰富，不可能有更好的发展。他现在这么做，更多的是为了子女，希望子女有个好的平台。"

事实上，在外汇巨亏事件后，担任中信泰富财务主管的荣智健长女荣明方被降职处分，并于去年6月和荣智健幼子荣明棣加入家族企业隆源控股，现在只有荣智健儿子荣明杰仍留任中信泰富负责香港房地产业务。中信泰富现任主席常振明在今年3月的全年业绩记者会上证实："荣明杰仍是公司的董事"。

该投行人士认为，意马国际的壳已经相当干净，荣智健若想再做上市公司主席，有可能会借意马国际的壳上市。

如今梁伯韬与荣智健联盟，梁伯韬又提前进入意马国际，令人联想到荣智健可能会借意马国际的壳上市。

实际上，当年荣智健正是通过借壳上市公司泰富，将中信香港变身为中信泰富。他还表示，荣智健选择与梁伯韬联合，除了荣智健熟悉和擅长的行业外，很可能会在金融业有所作为，况且梁伯韬现在已担任新鸿基公司非执行董事一职。

要在地产和金融业有所作为，资金不可或缺。公开资料显示，荣智健离开中信泰富后，三次减持中信泰富股票共套现15.48亿港元，再加上减持保利香港2.3亿股，套现7.935亿港元，荣智健共持有现金

23.415亿港元。

荣智健还持有中信泰富8.27%和保利香港2.04%的股份，以昨日收市价计算，这些股票市值为53.5亿港元。合计现金，荣智健可供支配的资产近77亿港元。

梳理荣氏家族图谱会发现，荣家不仅在祖父辈中兴，在荣智健的同一辈人中更是众多，而且大都事业有成，他们在各自的领域享有较高的社会地位，成为继承荣家衣钵、延续荣家商业辉煌的中坚力量。比如除荣智健以外，"智字辈"里事业最成功的首推荣智鑫，其父荣伟仁是荣德生的长子。而那些身在异国的"智字辈"的风光程度也绝不亚于荣智健和荣智鑫两堂兄弟。荣智鑫的二姐荣智美，曾任德国尤尼可公司经理，有德国商界女强人之称。荣毅仁的二哥荣尔仁的次子荣智宽，是巴西环球公司总裁，在巴西商界拥有崇高的威望，曾随巴西总统和外交部长多次出国访问。就荣智健来说，其两子一女均在中信泰富担任高管，也颇具实力。

值得注意的是，荣家过去就有互助的传统。荣智健的祖父荣德生和荣宗敬兄弟曾经一起创业发展，造就了荣氏家族的辉煌。荣智健当年到香港闯荡也曾受到堂哥荣智鑫的帮助，顺利取得第一桶金。现在，在身居高位的荣毅仁去世后，荣氏家族极有可能整合力量应对环境新变化。所以可以相信，尽管目前荣氏控股公司刚刚起步，更大的筹集动作正在酝酿中。

荣智健另起炉灶意味着新公司将是完全的民营企业，但是固有的人脉资源和作为原国家副主席的后代，将使得荣智健和新公司无法脱离"红色"背景的光环。

且不说荣智健在中信平台多年的资源积累，从荣氏家族目前参政议政情况来看，与政府的关系仍然十分紧密。2008年年初，荣智健堂妹荣智丰和儿子荣明杰双双入选江苏省政协委员。荣明杰为中信泰富执行董事，是10名执行董事中最年轻的一位。此外，荣明杰还在多家中信泰富控股公司担任职务，被视为荣氏产业的主要继承人。

荣氏家族一向善于处理与政府之间的关系，"红色资本家"荣毅仁更与中共三代领导人交情匪浅，并曾任上海市副市长、全国政协副主席和国家副主席等要职。作为家族继承人的荣明杰显然也将延续这一传统，通过政协委员的身份发展与地方官员的关系，为拓展内地市场进一步铺路。此番荣明杰没有出任荣氏企业的董事职位，可能也与其"红色"路线有关。

从长处来说，荣智健擅长资本运作，这需要强大的资金平台作后盾，所以他公开表示未来公司定位在金融和地产，而这两块均与政府资源结合度较高，这就决定了新公司运作将无法回避过去的运作套路。荣智健也表示，暂无意辞去中信集团常务董事职务，他坦率地表示："若无利益冲突，不排除会与中信集团合作发展。"可以说，无论未来他从事什么行业，荣氏家族的"红色"印记将不会在这一辈人中褪去。

荣智健能否凭借现有荣家的实力，东山再起？荣智健一手创造了中信泰富的辉煌，虽然离不开中信集团的支持与荣氏家族的深厚背景，但荣智健个人的商业智慧及敏锐的商业头脑也无可否认。"我没有想靠父亲来做些什么。靠别人的名望来做事，长不了。也许一时一事可以，但并不能解决自己的根本问题。"荣智健曾多次在不同的场合这样说。但他也承认，如果不受父亲身世的影响，假如没有新中国的背景，或缺乏他人的援助，他不会在香港取得这样辉煌的成果。

有着特殊背景和巨额资产的荣智健，选择重新创业对他来说也许并非难事，但是充当资本大鳄，在商海搏击数十年，荣智健还有多少创业的勇气和豪情？荣家第三代的故事远未终结，我们拭目以待。

3. 丁磊:"网聚"财富

丁磊 档案

出生时间：1971 年 10 月

性　　别：男

籍　　贯：浙江省宁波市

毕业院校：成都电子科技大学

现任职务：网易公司首席执行官

从事行业：互联网、在线游戏、养殖

公司总部：广州

创业时间：1997 年

创业资本：50 万元

上市情况：2000 年 6 月在美国纳斯达克上市

行业地位：中国三大门户网站之一

拥有财富：2003 年丁磊以 75 亿元个人财富，名列"胡润百富榜"首位；2009 年以 190 亿元财富，名列"胡润百富榜"第 27 位，名列"胡润 IT 富豪榜"第 2 位。

人生经历：1993—1995 年就职于浙江省宁波电信局。1995—1996 年就职于 Sybase 广州公司。1996—1997 年就职于广州飞捷公司。1997 年 5 月创立网易公司，凭借敏锐的市场洞察力和扎扎实实的工作，之后确立了"门户"作为其发展方向。2000 年起，网易进军网络游戏。2009 年，宣布组建一家以高端生态猪养殖为主的农业公司。

主要荣誉："中国软件行业杰出青年"、"中国最具影响力的 25 位企业领袖"、"中国互联网十大影响力人物"。

经典语录：人生是个积累的过程，总会有摔倒，即使跌倒了，也要懂得抓一把沙子在手里。

丁磊，网易公司的创始人、CEO。在中国人的心目中，丁磊这个名字是富含多种意义的符号——当代青年创业的典范、新经济的代表、知识英雄和财富英雄。丁磊的"知本传奇"，是"知识创造财富"在信息时代的最佳演绎，激励着一代年轻人的创业梦想。

1997年6月，丁磊创立网易，短短3年时间就把网易打造成为在美国纳斯达克上市的知名互联网公司。2003年，32岁的丁磊以75亿元个人财富，名列"胡润百富榜"首位，成为中国首富。2009年他以190亿元财富名列"胡润百富榜"第27位，名列"胡润IT富豪榜"第2位。12年间，他不仅从一个小小的打工仔变成身价190亿元的大富豪，还把网易打造成为中国IT业的标杆企业。丁磊的成功让人们明白，在互联网时代，一切皆有可能。

计算机"天才"

1971年10月，丁磊出生在浙江省宁波市一个知识分子家庭，父亲是宁波市某科研机构的高级工程师。受父亲的影响，丁磊从小就喜欢无线电。从四五岁开始，丁磊便十分淘气，但不是像别的孩子一样整天在外面调皮捣

蛋，而是喜欢待在家里摆弄他的小玩意：一些电子管件、半导体之类的东西。丁磊从前的同学回忆，丁磊小时候就很爱动手，而且总喜欢一个人静静地钻研。每次到他家里去玩，总看到他在拆这个闹钟，解那个收音机，对电子产品充满兴趣。丁磊曾组装过一台六管收音机，能接收中波、短波和调频广播，在当时，那已经是一种相当复杂的收音机了。这项发明，在当地一时被传为佳话，都说丁家出了个"神童"，长大以后一定会当科学家。

由于受父母的熏陶，丁磊小时候就立志当一名"电子专家"。他后来表现出技术"偏执狂"的一些特征，也可以看做是对少时爱好的延伸。

1986 年 7 月，丁磊考入宁波奉化中学。他在读中学的时候学习成绩平平，从未进入班级前十名。

丁磊首次接触电脑是在高中的时候，那时进入了学校的计算机小组，写软件，还获得比赛第二名。1989 年考大学时因故选择了通信专业。但由于本身十分热爱计算机，在大学里他还是自学了几乎计算机专业的所有课程，更可贵的是，他把计算机和通信结合得很好。

1989 年，丁磊以优异成绩考入中国 IT 最高学府——成都电子科技大学。当年丁磊高考的分数够上清华、北大，而他为什么要选报成都电子科技大学呢？丁磊后来说：这主要是因为小时候就有做电子工程师的梦想。在填报志愿的时候他在成都电子科技大学招生简章上看到该校拥有数万册电子专业类图书，拥有国内一流的电子计算机教师队伍，这些都是他所看中的。因此，高考填报志愿时丁磊毫不犹豫地选择了成都电子科技大学。另外，由于父母担心计算机的长期辐射会对人体造成伤害，不支持丁磊读计算机专业，因此丁磊只好选择了通信专业。他坚持着自己的理想，认为电子或者与电相关的学科都是他感兴趣的东西。

1989 年 9 月，丁磊带着"做电子工程师"的梦想来到成都电子科技大学。刚到成都，很多同学都不适应这里的潮湿气候，但丁磊是个乐观的人，潮湿的天气并没能影响到他。丁磊总是面带嬉笑的神情给他的老师和同学们留下了深刻的印象，乐于助人的丁磊还是班里的团支部书记。那时，他经常到图书馆翻阅外文科技,尤其是计算机方面的书籍,因此他总是比别人早一步得到最新的互联网世界的信息。

据丁磊的老师介绍,丁磊在成都电子科技大学学习的时候,是一个很富有独立思考能力的人,最喜欢的地方是图书馆,在那里看最新的美国计算机杂志。在成都读书的最后一个学期,他担任了一家计算机公司的主要工程师,接触到了 Modem,Windows NT 等当时比较新的概念。

在读大学的四年时间里,丁磊用了大量时间去学习计算机技术和知识。令丁磊的毕业论文指导老师印象深刻的是 1992 年冬天,适值丁磊大四上半学期。当时,这位老师组织了一个电磁场 CI 软件的成果展示,丁磊和其他几个同学主动找到他,说自己对此十分感兴趣,如果交给他们做,一定能把这个软件做得很好,丁磊对此显得很自信。在课题组工作的日子,丁磊展示出了较强的能力,尤其是在计算机编程方面。当时能用计算机编程,做一些界面的设计,是很了不起的事情。丁磊对计算机编程的兴趣从这里展开,他的性格也从这里逐渐显现出来。丁磊给人的感觉是他不是一个容易被人安排的人。在这样的性格之下,尽管他的成绩只是中上,不张扬,但他的闯劲总让人印象深刻。

1993 年 6 月,22 岁的丁磊从成都电子科技大学毕业,走向社会,准备实现自己的理想。

三次跳槽后自立门户

1993 年 7 月,丁磊被分配在宁波电信局做程控交换机维护。与丁磊同年分配进电信局的有 16 个人,几乎都来自名牌高校,很多人对电信局旱涝保收的工作很满意,认为工资、福利都不错。但丁磊无法接受这样的工作模式和评价人的标准,他在大学里已经体现出的不服人管的脾气再次显现出来。1995 年丁磊从电信局辞职。辞职时,遭到父母的强烈反对,但他去意

已定，一心想出去闯一闯。他说："这是我第一次开除自己。人的一生总会面临很多机遇，但机遇是有代价的。有没有勇气迈出第一步，往往是人生的分水岭。"

后来丁磊认为，在电信局虽然枯燥，但是他在电信局的最大收获是学会了 Unix 和电信业务，接触到了 BBS 和 Internet。为多学点知识，丁磊几乎天天在晚上 24 点以后才离开单位，从而学会了 Unix 的精华。网易的成功，丁磊认为与使用 Unix 是无法分开的。

1995 年，丁磊从电信局辞职后就南下广州。后来有人问丁磊为什么不去北京和上海而选择去广州，丁磊说道，当时广州是中国经济最发达的地区，那里的外企有着灵活而且奖罚分明的制度，同时又没有官僚习气，对于年轻人来说，这些无疑都是极具吸引力的。丁磊还举了一个例子：如果广州人和上海人的口袋里各有 100 元，然后去做生意，那上海人会用 50 元钱作家用，用另外 50 元钱去开公司，而广东人则会再向朋友借 100 元钱去开公司。因此，我就去了一家有名的软件外资公司。丁磊用这个例子来表达自己所作的选择，意味深长，充满睿智。

丁磊认为，在外资企业上班虽然待遇好一点，但是同样很沉闷，每天机械性地重复同样的工作，对人的创造性是一种压制。觉得老是搞数据库没有发展前途，于是他又决定离开 Sybase。

1996 年 5 月，丁磊应聘到广州的一家 ISP 公司当总经理技术助理。在 ISP 公司的一年时间里，由于外界激烈的竞争和昂贵的电信收费，导致 ISP 几乎无法生存。过程中，丁磊提出过自己的想法，但是被否定了，最终看着公司走向没落，因此丁磊决定离开公司。

丁磊刚离开 ISP 公司的时候，心情很矛盾，不知道是再回外企工作，还是自己创业。考虑了大概 5 天，丁磊决定自己来尝试一下。现在来看当初是很冒险的，因为他根本不知道公司该靠什么赚钱。丁磊说："当时我天真地认为只要写一些软件，做一些系统的集成就可以了，后来几乎造成公司无法生存。"

1997 年 5 月,已经跳槽三次的丁磊决定自立门户,创办网易公司。丁磊凭着"希望网民上网变得容易"这样一个简单的理想催生了网易。

网易刚成立时很是寒酸:3 个人,一间只有 17 平方米的房间,注册资金只有 50 万元。这笔资金是丁磊几年来写程序积攒下来的,丁磊占有 50%以上的股份,成为真正的老板。

丁磊此前虽然在几家公司上过班,但都是从事技术工作,没有经营管理经验。现在自己创业当老板,不知道如何管理。丁磊回顾说:"当时认为只需管好两三个人就行了,哪知企业管理需要如此多的时间、经验和知识。"就这样,3 个人整天挤在一个 17 平方米的房间里面写软件。

从邮箱淘到第一桶金

丁磊和他的伙伴搞的 BBS 和个人主页看上去很美好,但没有赢利。他们比照 Yahoo 开发的中文搜索引擎——Yeah 引擎也失败了,公司赚不到钱,下一步该怎么办?

为了寻找公司生存和发展的突破口,丁磊整天冥思苦想,有一天他突然发现了 Hotmail,眼前豁然一亮。丁磊当即决定借 10 万美元买一套 Hotmail 系统,在中国建立免费邮箱站点。可是当丁磊找到 Hotmail 的时候,Hotmail 先说不想卖,后来向丁磊开口要价 280 万美元一套,另外加收每小时 2000 美元的安装费。这么昂贵的价格是丁磊无法承受的。

在万般无奈之下,丁磊决定自己研发。于是,丁磊就和伙伴陈磊华一起研究 Hotmail 的结构,摸索着自己做。经过一个月的精心研究,他俩对 Hotmail 系统有了深刻了解。几个伙伴经常为一个技术上的突破兴奋得手舞足蹈,彻夜难眠。

丁磊和伙伴们一边开发免费电子邮箱,一边想域名。他认定免费电子邮箱要想成功一定得有一个朗朗上口的域名才行。怎样的域名才好记?丁磊几乎天天都在想这个问题。

一天深夜，丁磊突然想到可以用数字来表示域名。中国数字的发音特别干脆，而且163、169在中国已经具有了指向Chinanet和电信局以及Internet的含义，上网的人每天都要拨163，对它熟悉得不能再熟悉了。

想到这里，丁磊竟然高兴地从床上跳跃起来，拨163上网，查询了一下163.net和163.com这两个域名，谢天谢地，还没有被注册。注册下这两个域名，丁磊又去睡觉，此时虽然已是凌晨3点，却怎么也睡不着了，他越想越美，就又从床上跳起来一口气注册了188.net、188.com、166.net、166.com、126.net、126.com等一大串域名。

功夫不负有心人，经过半年艰苦努力，丁磊团队终于将功能强大的网易免费邮箱系统写好了，域名也有了，万事俱备，只欠东风。但当丁磊向电信局申请增加免费邮箱服务的时候，却碰到了困难。广州电信不容许网易独立经营免费邮箱业务。

此时，丁磊焦急万分，他拿着免费邮箱的可行性分析报告四处奔走，寻求合作伙伴，结果遇到最多的质疑就是"这个项目什么时候可以赚钱"。丁磊老实地告诉人家："我不知道什么时候可以赚钱，但我知道这个项目很有前途。"这样的回答显然不能让那些目光短浅的商人满意，不能立即赚钱的项目没有多少人会关心。

丁磊拿着自己的研究成果"免费邮箱"在全国各地跑了一圈，竟然没有找到合作伙伴，他不得不折回头再和广州电信局谈合作。此时已经心急火燎的丁磊抛出了"合作经营，不让电信局出一分钱，软硬件全由网易投入，而利润6∶4分成（电信得6）"的方案。这个方案提醒了电信局。广州电信提出要购买网易的免费邮箱，可是丁磊又不想卖。

1998年2月，丁磊在四处碰壁、难以为继之际，只好忍痛割爱将中文免费邮箱系统卖给了广州电信。广州电信提出要同时附送163域名，丁磊想了想，"这一送，我也知道里面的价值含量有多少。广州电信建163.net，连硬件投资只用了100多万元，其中的硬件和数据库系统占整个投入的

75％，我们税后利润很少，但网易的发展需要资金注入，不得不为之。"每次看到这个主页，丁磊心里不知是啥滋味。

1998年2月16日，www.163.net正式对外开放使用，它可是国内第一个全中文界面的免费邮件系统。刚一投放市场，就反应强烈，注册用户数以每天2000人左右的速度递增，最高时用户达到5000万人。

163.net成功后，很多公司纷纷打电话到网易要求购买该系统，这和一开始丁磊四处寻求合作伙伴却没人理睬的局面形成了鲜明对比。此后，国中网、990、263、371、金华188等纷纷购买网易免费邮箱系统，短短半年时间，网易从免费邮箱中挣了500万元利润。1998年，网易名利双收。

从此，网易成了中国最赚钱的软件公司。如果网易一直沿着这条路线发展，一定会是家盈利不错的企业。

网易公司的163免费邮箱风靡全国，许多人都在用163.net、126.net、263.net，从而取代了Hotmail在中国的位置。这是中国人自主研发的产品，它将中国文化元素和中国人的智慧融于其中，它增强了我们的民族自信心。从内存、CPU、主机板、整机到软件等，今天国内信息工业很少有处在国际领先水平的产品，在全球市场的占有率更是低得可怜，但是在Internet上我们有宝贵的机会。

丁磊瞄准免费邮箱服务的方向不动摇，继续推出系列免费服务，后来，免费成了大多数互联网企业通行的服务规则。免费为网易积聚了人气，为丁磊带来了更多的财富，同时"让中国的互联网变得容易起来"成为现实。

改做网络门户

1998年5月，网易从他人手上买下netease.com，而这时网易已先后推出了免费主页、免费域名、免费信箱、虚拟社区等服务。在免费电子邮件销售火爆的同时，丁磊和他的伙伴们开始在公司的网站上下工夫，网易通过实实在在的努力让中国的互联网变得容易起来,网易名副其实。

1998 年 7 月,中国互联网信息中心投票评选十佳中文网站,网易获得第一。听到这个消息,丁磊简直不敢相信这是真的。很重要的原因是它往昔免费的回报。网易 2 万多个个人主页的用户首先就是网易最铁杆的支持者。

在网易获得"中国十佳中文网站第一名"后,丁磊就想把它做大做强。丁磊认为:我们有很好的技术,有很好的互联网感觉,为什么不向门户网站转变?他将这个想法与公司同事商量,遭到的是一片反对之声。"丁磊你疯了,卖软件这么好赚钱,一个软件的 copy 这么好赚钱,一张光盘进去,出来就 10 万美元。如果改成门户,你的公司就会变成吃钱的大怪物。"大家都认为在当时做门户网站是一个很冒险的事情,因为你的收入来源将由软件收入变成广告收入。当时,很少有公司愿意在网络上做广告。

"你们的眼光要看长远一些,不能只顾眼前利益。要看一个公司两年、三年的发展在什么地方,不能看一个公司现在在什么地方。你要知道中国两年、三年以后上网的人会很多,如果有 1000 万的用户,每个人都点击一下的话,就有 1000 万的浏览量,那你上面广告的价值,或者说潜在的价值会很大。"丁磊对门户的前景充满信心。

就在这时,一个外国门户网站的 CEO 给丁磊打电话说:"我们一个月的广告收入就有 25 万美元。"丁磊听到朋友的这句话更是坚定了他做网络门户站点的决心。

1998 年 9 月,丁磊做出大胆决策——将网易的首页向"门户"转变。网易的主页改成网络门户,启用 netease.com,后来又改为 163.com。网易改版,推出一个类似美国 AOL 的门户站点。

在没有任何风险投资的情况下,丁磊将所有卖软件赚的钱全部投入门户网站建设之中。在改版后的网易主页上,页面内容非常丰富。内容分新闻、财经、时事、影视、游戏、文化、体育、IT、娱乐、论坛等十大版块。今日要闻是最快的信息传递。特色栏目包括北京和广州的虚拟社区。网易的电子杂志内容丰富多彩,涵盖多个方面,每日出版,免费网上订阅。在财经新闻中,有一风险投资论坛,如果有什么好项目,需引起投资家的关注,都可在这个论坛中操作。

网易改版后不到一个月时间,访问量急剧上升,每天有近 10 万人的访问浏览量,因此就有客户主动找上门来要在网站上投放广告。1998 年 10 月至 12 月,网站的广告销售额就达到 10 多万美元。这么高的投资回报让丁磊看到门户网站未来的美好前景。

作为中国互联网技术的开拓者、中国第一代网民,丁磊深知建立用户对网站的忠诚度只是提高网站流量的一个方面,更重要的是利用网站用户之间的互动关系,建立起用户与用户之间、用户与网站之间的感情纽带。因此,网络门户必须提供论坛、聊天室等功能,充分利用互动性和即时性体现情感因素的虚拟社区将会是网络门户的最佳选择和必经之路。

1999 年 1 月,网易虚拟社区 web 界面正式投入使用,网易聊天室和北京社区同时推出,成为当时国内第一个大型网络虚拟社区。当时的社区规模远比现在小,当时在线用户最多只有 700 人左右,但出现了一大批专业级的写手和备受关注的帖子。

1999 年 4 月,网易虚拟社区第一次改版,这次的改版类似于升级和加强延伸性。随着第一次改版,开放了只有 web 界面的个人天地申请,从此有了系统版的个人版和非系统版的个人版之分。网易社区的个人版,从此成为网络上藏龙卧虎之地,涌现出无数网络写手和技术高手,引起了全社会的广泛关注。

1999 年 8 月 18 日,网易 99 版聊天室推出。1999 年 11 月,上海虚拟社区推出。此时的网易完成了三地社区、一个聊天站的免费互动服务体系。网易逐渐发展成为具有中国特色,深受网民喜爱的门户网站。

尽管 1999 年网易是用卖软件的钱养门户,是软件赚钱,门户烧钱,经营亏损,但是丁磊对网易这一年的广告收入还是满意的。1999 年网易的广告收入为 200 万美元。

守望春天

1999年4月，丁磊挥师北上，将网易的大本营转移到首都北京。从内心深处来说，丁磊已经习惯了广州的生活，但从互联网当时发展所需要的各种环境来看，北京的环境更适合网易在中国打出品牌，最终走出国门登陆纳斯达克。作为网易的"父亲"，丁磊知道自己的"孩子"在什么地方更适合成长，所以，丁磊决定进京。

1997年5月，网易在广州创立，两年来网易已在广州家喻户晓。网易迁移北京也得到了首都新闻界的热捧——丁磊来之前，京城媒体只有一个张朝阳可报道。可是，网易的困难很多，简单地说，就是没钱、没名、没人。这一年，网易忙着上市。

2000年6月30日，丁磊如愿以偿，网易成功登陆美国纳斯达克。但跟中华网登陆纳斯达克时的火爆情景截然不同，网易股票上市当天就跌破了发行价。此时的互联网泡沫已到了濒临全线崩盘的前夜，疯狂向互联网公司投钱的股东们也开始不相信单纯地炒作概念会给他们的投资带来真金白银，纳斯达克的股价在网易上市之前就已经开始全线下跌。

当时IT行业知名的评论家方兴东就表示："无论网易还是搜狐，都已经错失了上市的最好时机。但同时，对中国互联网来说，能够'活着出去'就是一大胜利。""互联网行业与其他传统行业不同，投资者的信心和投资力度是产业发展的关键。而网易这些前行者是投资者对中国市场信心的风向标。"

事实上，从1999年年初到2000年6月30日网易上市的18个月内，网易总共融资1.15亿美元，而且公司原本是赚钱的。但上市之后，为了支持门户的内容建设，公司不但不赚钱，而且总是在亏钱。因为当时门户网站的主要收入是网络广告，但从2000年7月开始，随着全球互联网泡沫的破灭，纳斯达克指数从高峰时的5000点跌到了1500点，网易上市赶在了一个不好的时机。

网易股票上市后直到 2002 年 8 月才开始升值。从 8 月份开始,网易这只 IT 业的标杆股票在沉寂两年后终于爆发出它的能量,这一年网易股票成为纳斯达克市场表现最好的一只股票。能够在互联网泡沫中生存并发展壮大,网易的自求生路以及丁磊的独到眼光起到了关键作用。

2000 年,对于中国互联网行业来说是一个严寒的冬季。面对漫长的冬天,网易只能开源节流来维持现金流,在这个过程中逐渐发展了短信业务。"一毛钱一条短信,成本只要 5 分 5 厘,网易有用户、有邮箱、有免费个人主页,如果我们每个月从一个用户身上赚一块钱的话,我们公司就能盈亏持平。"丁磊回忆当时的过程时说。在短信业务的推动下,网易于 2002 年第一季度开始盈利,与竞争对手搜狐、新浪的不同之处在于,除了短信,网易的游戏也为它贡献了不少利润。

据《互联网周刊》资深记者谢阗介绍,从 2000 年开始,网易进军网络游戏。这时,EA 和索尼游戏已经有网络游戏,网易在与他们的合作意向碰壁后,开始走上自主研发游戏之路。此时,新浪和搜狐正在新闻领域争得不可开交。网易在碰壁后随即花 30 万美元买下了国内一家 8 个人的小公司,在外界一片质疑声中,抽调了公司最优秀的一批员工加入开发网络游戏的团队中去。2001 年 12 月,网易推出自主开发的大型网络角色扮演游戏《大话西游 Online》。2002 年 8 月,《大话西游 Online Ⅱ》正式启动收费,网易游戏的用户逐步增加,从最初的 3000 人到了最高规模时的 55 万人。网易走出互联网阴霾,可以说完全依靠自己的实力。

2000 年下半年到 2001 年年初,这是让无数互联网企业最难熬的冬天,网易的难题不仅来自对前进道路的探寻,还有财务上的挫折。2001 年 4 月 30 日,当徘徊中的丁磊清理网易的财务状况、准备把网易卖掉时,他发现网易的财务报表出现了很大的问题:网易在做公司内部财务审计时,公司员工有虚报合同之嫌,数额在 100 万美元左右。这不仅宣告了香港有限宽频公司收购网易的破产,也让网易的冬天更加寒冷。

2001 年 9 月 4 日，是丁磊自创办网易以来遭受最沉重的打击的日子。这一天，网易因误报 2000 年收入，违反美国证券法而涉嫌财务欺诈，被纳斯达克股市宣布暂停交易。

常言道："福无双至，祸不单行。"网易停牌，管理团队离职，收购遥遥无期，人心惶惶，大批员工开始跳槽，网易面临创业以来最大的挑战。好在网易迅速调整高管设置，马上让具有投资银行背景的孙德棣成为代理 CEO，接管人事、财务、销售、市场；同时游说华尔街，并请来财务总监，帮助网易复牌；丁磊则继续专注技术、内容、游戏……共同努力之下，网易渐渐走出阴影。

苦难没有把丁磊压倒，他终于在冬天守望来了春天。2002 年 1 月 2 日，网易终于复牌。从这一刻开始，登陆纳斯达克的中国概念股开始进入网易时代。

2002 年 8 月，网易抓住时机隆重推出的《大话西游 Online II》，成为中国最火爆的网络游戏之一。2003 年 10 月 10 日，网易股价升至 70.27 美元每股的历史高点，比 2001 年的历史低点攀升了 108 倍。随着股票在 2002 年的良好市场表现，网易盈利水平增高。2003 年，32 岁的丁磊以 75 亿元个人财富名列"胡润百富榜"首位，成为中国互联网行业第一位内地首富。走出阴霾的网易和丁磊开始迎接光彩四射的岁月。

开启网游新时代

2001 年，互联网泡沫的破灭席卷全球，已经上市的网易急需找到新的利益支撑点。除在无线业务上有所布局外，丁磊也看好当时还混沌未开的网络游戏市场。

近年来，网易虽在门户方面始终屈居新浪之后，但凭借《大话西游 II》和《梦幻西游》这两款经典游戏，网易已经成为国内游戏业自主研发的旗舰，大大提升了行业地位。这些成绩来源于丁磊当初定下的两个战略——自主研发和精品游戏。

网易坚持自主研发之路是源于《精灵》的惨痛教训。2002 年,网易曾代理这款韩国 3D 游戏,但外挂太多等原因使此游戏不到一年就关门大吉。丁磊对折损的很多投入和网易形象受到损害一直耿耿于怀,以致当时游戏部门只要跟他提出代理其他游戏,都会招来责骂。同时,自主研发被认为成本更低、利润率更高。精品游戏战略强调的则是每一款游戏的成功率:只做在线人数在 10 万以上的游戏;效果不好的游戏不做,即便出来如果不行也要回炉。

《梦幻西游》的主要策划人徐波告诉记者:"之所做出这种战略调整,一个重要原因便是现在的游戏江湖已不是当初开发《梦幻西游》的时候。首先就是市场竞争更激烈,每年几百款新游戏,很难再做出一款上百万用户的原创游戏来。"

网易收入的大幅增长主要来源于网易在线游戏运营业务。两款《西游》系列游戏的同时在线人数已近 200 万。2006 年 5 月 31 日,网易自主研发的 3D 游戏《大唐豪侠》正式公测,即创下公测同时在线人数 17 万的纪录。

2003 年,网易的净营收入达到 5.961 亿元,2004 年为 9.583 亿元,而 2005 年的净营收比 2004 年增长了 76.8%,净利润增长了 111.1%,达到 9.32 亿元。截至 2006 年 12 月 31 日,网易持有的现金和定期存款为人民币 39 亿元。2007 年年底,这一数字增长到 41.6 亿元。以 50 万元起家的丁磊和他的网易,10 年间,其财富的增值令人咂舌。

2007 年 9 月 12 日,《大话西游Ⅲ》正式运营。据网易介绍,《大话西游Ⅲ》是网易公司依靠自身力量,完全由国人开发、运营的大型 2D 回合制精品 MMORPG 游戏。它以中国优秀浪漫主义古典小说《西游记》和香港著名系列电影《大话西游》为创作蓝本,以情感为主线,倡导亲情、友情与爱情,为玩家展开了一个神怪与武侠交错、情感与大义并存的世界。自 2007 年 5 月 20 日开放内测以来,《大话西游Ⅲ》一直受到众多玩家的关注与支持;8 月 15 日公测之后,关注《大话西游Ⅲ》的玩家更是与日俱增。

值得一提的是，网易自主研发的引擎技术支持了多种 2D 回合制游戏前所未有的创新玩法，游戏画面在世界 2D 游戏产品中达到了首屈一指的水平，成为国内 2D 游戏顶峰之作。2008 年 6 月 6 日，首款全 3D 产品《天下贰》开放不删档内测，在线人数稳定上升；9 月 24 日正式内测后连续创造在线新高，被业界誉为 2008 年国产 3D 网游的扛鼎之作。2008 年 11 月 25 日，网易首款免费回合制游戏《大话西游外传》开启全面内测，成为《西游》系列的又一力作。2008 年，中型休闲游戏新作《疯狂石头》、《魔法火枪团》、《篮球也疯狂》陆续开始测试，网易游戏产品进一步丰富。

2008 年 8 月，网易宣布和暴雪合作，把《星际争霸Ⅱ》、《魔兽争霸Ⅲ：混乱之治》、《魔兽争霸Ⅲ：冰封王座》以及为上述游戏提供在线多人互动服务的战网平台引入中国。2009 年 4 月，网易进一步获得暴雪旗下在线角色扮演游戏《魔兽世界》在中国大陆未来三年的独家运营权。

2009 年 5 月 15 日，网易首款 3D、Q 版网游《新飞飞》公测，作为国内首款魔法空战网游，《新飞飞》开启网游的飞行时代。网易作为国内少数几家拥有自主开发和运营能力的游戏运营商，旗下多款网络游戏多次获得"玩家最喜爱网络游戏奖"和"最佳原创国产网络游戏奖"等行业评选奖项，深受玩家和行业人士好评。

生态养猪

2009 年 10 月 26 日，网易公司正式对外宣布，决定将于 11 月在浙江组建一家以高端生猪养殖为主的农业公司，这家新公司将在网易上市公司之外独立运作。生态养殖场将采取圈养和牧养相结合的方式养猪。至此，受到广泛关注的网易公司 CEO 丁磊投资养猪的事件，终于揭开了神秘面纱。

实际上，从丁磊 2008 年在人大会议上发表要养猪的消息以来，这一消息让丁磊赚足了眼球。关于投资资金、在哪里建设猪场等一直是外界关注的焦点。而迟迟未能确定养猪的具体方案,也让外界对丁磊的养猪计划产生了质疑,网上评论铺天盖地,甚至有人怀疑丁磊开始"不务正业"。丁磊每次都走在互联网行业的前面,从短信到游戏,有人猜测也许这次是丁磊一次互联网多元化的尝试。

2009 年 10 月 25 日,记者就养猪这件事电话采访了丁磊,写了一篇《丁磊养猪胜算几何》的文章,在社会上引起了较大反响。

丁磊透露,网易的养猪事业已于 2010 年 4 月正式启动。在浙江建一个养猪场,养殖规模为 1 万头。将借鉴日本最先进的养猪方式,采取圈养和牧养相结合,30 公斤前长骨架的时候圈养,30 公斤后都是牧养。牧养可以增加猪的活动量,使它的肌肉口感更加好,同时利用荒地和坡地来养,不占用耕地。产出优质猪肉,像神户牛肉、法国红酒一样出名。

中国是世界上肉类产销第一大国,2008 年全国的猪肉产量为 4615 万吨,占世界总产量的 49%。不过,尽管猪肉产量占据了全球的半壁江山,但是中国的养殖技术却没有达到世界先进水平,一部分地区还处于散养阶段。可以说,正是由于上述原因才坚定了丁磊进入生态猪养殖市场这一信念。

众所周知,中国现在的养猪方式是很传统的,都是用复合饲料和圈养。产品的整个方式很粗放,只求重量不求质量,甚至还存在食品安全问题。比如说有含抗生素的猪肉,而且肉质低下,口感很差。生猪市场很大,但目前却很少有企业考虑养一些高质量的、能够细分消费市场、定位在中高端群体的高品质的猪。稍微有一点规模的都是农户加基地加公司的模式,然后基地培育品种给农户,卖饲料给农户,养完之后收购回来,所以在市场上很难买到口感好的猪肉。

丁磊告诉记者,他养生态猪的念头是由一次吃火锅引起的。"我们点了一盘猪血,正常的猪血应呈暗红色,但倒进锅中的却是亮晶晶的,很倒胃口。"这次不起眼的遭遇,让头顶高科技产业光环的丁磊萌生了投资"生态农业"的念头。

在丁磊看来,目前一些食品安全问题主要源自生产流程问题。部分农产品流通环节为了加速资金回笼，就只有缩短产品周期，也就直接影响了产品质量，并带来食品安全问题。要解决这些问题，农畜产品生产流程就需要更好地优化，需要有资金、有人踏踏实实地去做。"网易有资金也有人才，我们愿意去沿着这条路做一些探索和尝试，而且也有责任这样去做。"丁磊表示。

中央政府提出了以消费升级带动产业技术升级，大力发展扶持带动相关产业链较长的行业。丁磊表示，从 2008 年 4 月开始，网易相关团队就开始研究关于农畜产品这个问题，从国内外寻找相关资料，也作了一些调研，考察了很多项目，其中包括樱桃、火龙果、大米、野猪饲养等，但最终选择了产业链相对较长、产业带动更为明显的生态猪。"如果示范成功的话，中国每年需要消费 5 亿～6 亿头猪，这里是多大一个市场，能解决多少农村剩余劳动力！"

丁磊表示，一个养猪场能带动一个村的经济，每养 1 万头猪，就要成百上千亩的地种饲料，主要是番薯。番薯放一个月不会烂，对种植业有保障。

丁磊特别强调，养猪作为网易公司的公司行为，它不是一项投资，而是一项实验性的工作。"我现在只养 1 万头猪，等有经验后再去扩大规模。网易做这个事情的主要目的，不是为了再赚多少钱，而是希望探索出一个可以提高食品安全保障、提供农村工作机会的，又能全国推行的养猪流程和模式。"

2009 年 11 月，"中国养猪大王"、新希望集团董事长刘永好在接受记者采访时说："丁磊养猪是件好事啊！"刘永好打趣道："以前人家都觉得养猪土，搞互联网的人都很时尚洋气。现在，最时尚的人都去养猪了，这下可就改变了人们对养猪的人的看法。而且，连 IT 界的精英人士也养猪，恰恰说明畜牧行业是有潜力、有前途的。"

看来，丁磊这种"生态养殖模式"得到了"养猪大王"刘永好的肯定。这种科学绿色的养猪模式是行业将来的发展方向。

互联网旗手

创业是艰辛的,是艰难的,但只要有恒心和毅力,越是困难的时候越是要有忍耐力,只要守得住那份痛彻心骨的寂寞,定能守得云开见月明。丁磊的成功再次验证了这一点。

与新浪、搜狐等门户网站相比,网易最重要的特点就是它的本土特色。搜狐是张朝阳作为一个"海归"携风险投资在国内创立的一家公司;新浪是一家软件公司向一家互联网公司的转型,而且通过国际化的运作组成了一个很强的管理层,并在这一过程中引进了风险投资;而丁磊则一直在国内成长。按照丁磊的说法,创立网易,他没有向银行或朋友借过一分钱,创业资金是自己写软件积攒的,而且创立时的想法就是要做一个中国的 Internet 公司,所以无论是网易的取名还是 Logo 都具有鲜明的民族特色。之所以取名网易,"网"是指互联网公司;"易"在《易经》中的解释是生生不息、博大精深、穷尽一切变化,而第二个寓意是,创立公司的 1997 年,上网还很困难,速度很慢,丁磊期盼将来有一天上网会变得非常轻松容易。

在丁磊的领导下,网易依靠其技术优势在中国互联网历史上创造了若干个第一:中国第一家提供中文全文搜索、第一个免费邮箱、第一个大容量免费个人主页、第一个免费电子贺卡站、第一个虚拟社区、第一个网上相册、第一次网上新品拍卖、第一个中文个性化服务,等等,并多次在中国最具权威性的 CNNIC 网站评比中被评为"中国十佳网站之首",成为国内最受欢迎的网站之一。

许多人都还清楚地记得,1999 年年初,网易创立只有两年时间,正在向门户网站迈进,与新浪、搜狐相比还是一个刚刚崭露头角的小网站。那时丁磊奔走在北京与广州之间,为互联网、为网易摇旗呐喊,俨然一个互联网旗手。那时,《互联网周刊》收到了一篇题为"我和网易"的投稿,作者丁磊还附

上了个人的标准照和详细档案；如今要想采访到丁磊，却是一件不容易的事情。

丁磊为人低调，不喜欢张扬，一向淡泊名利，无论出现什么事情他总是从容应对。他说："一会有人说我发达了，一会又有人说我栽了；评上首富赞不绝口，近日网易'跳水'，也有人说财富缩水，我对这一切向来是不闻不问。我认为，我们应该更多地考虑股东的利益、企业的发展、员工的进步。"

一个有趣的故事就是：一家电视台的几个记者到网易去采访，想找一间光线好一点的办公室架摄像机，网易的接待人员就推荐了丁磊的办公室。扛着机器的摄像师说，好呀，顺便可以参观一下中国互联网行业最豪华的办公室了！让记者们大跌眼镜的是，丁磊的办公室只不过是一个小小的三角形空间，和所有员工一样的桌椅、一些唱片、一台电脑和一台普通的桌面音响，如此而已。记者们简直不敢相信一家在美国上市的公司老总的办公室是如此简陋和狭窄！

丁磊最喜欢吃的就是上海菜，但那时收入很低，很少到饭店里去吃，而且广州做的很多上海菜都不地道，于是他就亲自到市场去买菜，亲自下厨，利用周末，做"醉鸡"或者清蒸鲫鱼来犒劳自己。

两年前有位记者问丁磊："你把网易当成儿子、情人，还是工具？"丁磊不假思索地选择了"责任"。他说："当初创业只是想干自己的事，但面对一个庞大的企业，我想到的是责任。我觉得网易是一个很好的平台。我不仅希望它成为一家商业公司，也希望它能为中国承担起一定的社会责任。"

丁磊像是中国互联网领域的一个守望者，在创业过程中吃了不少苦，经历了不少困难，但苦难没有把丁磊压倒。所吃的苦，丁磊都把它们埋在心里，从来不跟人说起，包括他的亲友。

短短12年时间，从3个人发展到拥有2000多名员工并上市的知名互联网企业，网易为推动中国互联网的发展作出了重要贡献。

丁磊说："一个人的生活就像在大海里航行。如果你连自己的目标都不知道在哪里，那么，任何风向对你来说都是不顺的。"

2009 年 12 月 30 日，"2009 年中国互联网十大影响力人物"揭晓，丁磊排名首位。评委会给他的颁奖词是：

> 从绿色养猪到抢得《魔兽世界》在中国大陆的独家运营权乃至随后一系列的《魔兽》审批事件，在 2009 年这一年中，丁磊从未离开过我们视线的焦点。前者堪称首富中的首创，而后者更可谓本年度网游产业乃至整个互联网行业的头号新闻。丁磊的特立独行，他所代表的以草根挑战权威的互联网精神，再次激励着新一代网民，他无愧于"2009 年中国互联网影响力人物"这一称号。

> 如果说 12 年前，当年轻的丁磊辞去宁波电信局的工作南下创业时，他的"反骨"已初步显现；那么，在 2009 年的《魔兽》审批案中，在新闻出版总署 11 月 2 日发出终止《魔兽世界》审批通知时，丁磊一句轻描淡写的"尚未收到版署通知"则写尽他的镇定、他的自信。发动网民力量，对抗传统权威，确保了《魔兽世界》正常运营至今，这更是把草根的力量应用到登峰造极。网易，网聚人的力量。

> 综观丁磊个人的创业致富史，网易十多年的发展史，其间几多风波惊涛。网易曾一度因"披露虚假信息"被纳斯达克停牌，网易股票也曾跌至 1 美元每股跳水线下。而《魔兽世界》自从入了网易门后也是一波三折，"合资门"和"审批门"的阴影至今挥之不散。然而丁磊并不为之所动，《魔兽世界》一路挺了下来。他的力挽狂澜、他的挥洒自如让我们明白，互联网时代，一切皆有可能。

一个成熟的企业家具有这样的特质有的需要塑造，而丁磊则是性格使然。他说："人生是个积累的过程，总会有摔倒，即使跌倒了，也要懂得抓一把沙子在手里。"

人生的辉煌需要成功去证明，经历了撒播种子时的期待，经历了风霜雪雨的洗礼，终于得到了收获果实时的喜悦。从一无所有到财富的顶峰，他们所走过的路与众不同。

丁磊三大成功秘诀

1997 年 5 月，丁磊在广州创立网易，用 12 年时间将网易打造成为中国互联网行业标杆。据易观国际数据统计，网易在中国网游市场份额中排名第二。2008 年，网易公司的总收入为 30 亿元人民币。2009 年第一季度，网易公司实现总收入 7.817 亿元人民币，同比增长 19.91％；第二季度净营收 9030 万美元。有人将丁磊的成功秘诀归纳为以下三个方面。

勤于思考：大学时最大的收获

丁磊的聪明起于早期的模仿教育。五岁的时候，他就对着电视学英语（《走遍美国》），那其实是对照书中插画看电视。但其父远洋回家后，发现他已经认识 26 个英文字母了。

丁磊从小就喜欢无线电，在很大程度上是受了他父亲的影响，他认为自己将来最骄傲的职业，就是成为一名电子或者电气工程师。

丁磊说，大学四年，他最大的收获就是学会了思考。从第二学期开始，他第一节课一律不去上，因为他很困惑，难道书本上的知识一定要老师教才会吗？同时，他觉得眼睛还没睁开就去听课，效果一定不好。

因为没有听第一堂课，又不得不做作业，所以他会很努力地去看老师上一堂课讲的东西，会很努力地去想老师要传达的信息。在这个过程中，他很快掌握了一种重要的技巧，即思考的技巧。直到后来，他学一门功课，可以完全自学。他看书速度很快，一般都从后面往前看，看到关键字有看不懂的，就到前面去找关于这个字的描述，一般来讲，两三个星期就能掌握一门课。

后来在接触 Internet 的时候，他才知道这种技巧对他是多么重要。因为 Internet 在刚进入中国的时候，没有人知道它是什么样子的，也没有一本书有系统地讲述 Internet 的整个结构、里面的软件以及其他一些东西。

敢于冒险：迈出人生第一步

丁磊说："我们永远相信，作为创业者如果没有冒险精神，就不可能成就一番事业。"这句话在他的身上也得到了充分验证。在现实生活中，我们常常就是因为缺乏冒险精神而最终一事无成。

在丁磊的人生中，第一次转折发生在大学毕业刚参加工作时。那时候互联网刚进入中国。

其实，丁磊是个胆子比较小的人。他离开宁波电信局时，心里还是依依不舍。父母也给了他很大的压力："你为什么要离开，去一个陌生的城市，然后做一个别人都不理解的一个东西？"丁磊硬着头皮说，因为一个人事业要成功，就一定要善于接受挑战。去，确实是"冒险"，但这个在一个创业者身上，或者说在任何一个企业人身上，都必须体现。

在广州工作的几年间，丁磊有很多机会接触到互联网，也感受到新经济带来的挑战。于是，他毫不犹疑地去游说广州市电信局，要重视互联网建设的发展。他自己本人也在 1997 年的时候创建了网易公司。

丁磊说："我自己对当时这个选择的看法是，互联网刚进入中国，我周围的许多同事和我一样都看到了机会的存在，但是到今天为止，只有我一个人出来做互联网。我认为这一点值得思考。在你的一生中，你会面对许多这样的机会，但你能否认定它就是真正的机会，并且为了这个机会可以百分之百地努力，甚至不惜改变自己原有的稳定的生活状态？选择冒险，确实需要魄力。但同时，你要知道，你或许已给自己选择了一条成功之路。要记住：创业需要冒险！"

丁磊常跟同事说，我们做网页这个东西没有多少技术含量，我们每次出现点有创意的东西，很快就会被竞争对手"抄袭"去了。因此，我们必须要做一个东西出来，技术含量很高，让别人抄不了。这就是丁磊的再一次冒险。网易投巨资进入网络游戏领域，开发了系列游戏，并大获成功。正是丁磊这

次大胆冒险的决策，使网易实现了跨越式发展。

在商界，做投资也好，开发新产品也罢，时刻都是与风险相伴的，因为瞬息万变的商场，有着太多的不确定因素，成功的人都是冒险家。其实人的一生就是一场冒险，走得最远的人往往是那些愿意去做、愿意去冒险的人。

勇于进取：怀抱理想，不言放弃

一个人想要实现自己的目标，除了勤奋之外，就是要积极进取和创新。从创业到现在，丁磊每天都在关心新的技术，密切跟踪 Internet 新的发展，每天工作 16 个小时以上，其中有 10 个小时是在网上，他的邮箱有数十个，每天都要收到上百封电子邮件。

他认为，虽然每个人的天赋有差别，但作为一个年轻人首先要有理想和目标。他本人就在技术方面爱动脑筋，有一点聪明之处，但如果没有积极进取，没有在技术方面不停地摸索，也不会有熟能生巧的本领和一些创新。尤其是年轻人，无论工作单位怎么变动，重要的是要怀抱理想，而且决不放弃努力。

丁磊最苦的日子是 2001 年 9 月 4 日。这一天，网易因误报 2000 年收入，违反美国证券法而涉嫌财务欺诈，被纳斯达克股市宣布从即时起暂停交易。随后又出现人事震荡。丁磊经历了无数个不眠之夜，但苦难并没有把他压倒。

从垃圾股到今日的中国概念"明星"，网易的转变让人觉得像个神话。对此，丁磊说："我已经进入不惑之年了，从意气风发的时期到了成熟思考的阶段。因此我的心情不会随股价的涨跌而变化，特别是我个人不会因为财富的多少影响到我未来的生活、工作及思考问题的方式。"

衡量一个人成功与否，与金钱无关，与年龄无关，关键在于你是否战胜了自我。丁磊的成功对很多人而言，都是一种无形的力量。

4. 张茵："中国版的阿信"

张 茵

出生时间： 1957 年 7 月

性　别： 女

籍　贯： 黑龙江省鸡西市

文化程度： 大学

现任职务： 玖龙纸业有限公司董事长

从事行业： 废纸回收、造纸

公司总部： 美国、广东东莞

创业时间： 1985 年

创业资本： 3 万元

上市情况： 2006 年 3 月 3 日玖龙纸业在香港上市

行业地位： 全球最大的包装纸生产企业

拥有财富： 2006 年，张茵以 270 亿元财富名列"胡润百富榜"首位，成为中国第一位女首富；2009 年 52 岁的张茵以 330 亿元的财富名列"胡润百富榜"第二位，分列 2009 年"胡润女富豪榜"、"工业制造富豪榜"和"低碳富豪榜"第一位。

人生经历： 1982 年，父亲平反，张茵终于有机会攻读她喜爱的财会专业，这为她日后的成功奠定了良好的基础。1985 年，张茵放弃了国内优厚的工薪和住房，仅带了 3 万元人民币来到香港闯荡。1990 年前往美国建立美国中南有限公司，10 年后成为美国废纸回收大王。1996 年在广东东莞投资创办玖龙纸业有限公司。

社会职务： 第十一届全国政协委员、美中工商协会名誉会长、中国侨商投资协会副会长。

主要荣誉： "2006 年度中国最具领导力的 50 位 CEO"、"2008 年中华慈善奖"、"2009 年全球 50 大最具影响力商界女性"。

经典语录： 有财富未必有人生，有人生未必无财富，一个人有钱并不意味着他的人生就完美，就比别人高。人生境界的高低和一个人一辈子过得值不值、有没有钱是没关系的。有智慧的人有了钱，会用钱让自己的人生更完善、更丰富、更完美；而没有智慧的人有了钱，会使自己变得更愚蠢。

2006 年,49 岁的张茵以 270 亿元财富名列"胡润百富榜"首位。2009 年,胡润一下子给张茵戴上了"中国女首富"、"工业制造首富"和"低碳首富"三项桂冠。这位靠白手起家的女性,在环保事业和金融危机面前所表现出来的气魄和智慧,使她成为创业者学习的榜样,她被誉为"中国版的阿信"。

1985 年,张茵放弃了舒适的工作,怀揣 3 万元人民币只身来到香港,做起了收购废纸生意。后来,她将事业拓展到美国,而且很快成了美国废纸回收大王。1996 年,她回到东莞创办玖龙纸业,主要生产包装纸。10 年后,她驾着玖龙这艘纸业航母在香港上市。张茵当初的 3 万元创业资本变成了现在的 330 亿元,而玖龙纸业也发展成为全球最大的包装纸生产企业。

香港收废纸起家

张茵 1957 年 7 月出生于广东韶关,长于黑龙江省鸡西市,父母都是转业军人。张茵弟妹八人,她是老大,下面有七个弟妹。当时张家家境清贫,缺衣少食,生活十分艰苦。

在"文化大革命"期间,张茵的父亲遭迫害入狱。张茵很早就学会了独

立,从八岁开始就帮助妈妈操持家务,照顾弟妹,每天走十里路去上学。正是这种艰苦的环境,塑造了她聪慧、独立、坚强、好强的个性。

1982年张茵的父亲平反后,全家人迁居广东,成为那片改革热土的第一批"移民"。当年从东北走出来的人,都能理解张家人的心态:虽然被"摘帽"、"平反"了,但"残酷斗争"、"无情打击"对人际关系的破坏再难愈合,永远地离去、开始新生活成了不少人"春天"里的选择。

后来她以优异的成绩考进了大学,攻读她喜爱的财会专业。毕业后,她到深圳闯荡,在一家工厂做过工业会计,后来在深圳信托下属的一家合资企业担任过财务部部长和贸易部部长。那家公司的业务包括面向香港的废纸贸易,这给了她认识"外面世界"的机会。

1985年春天,张茵碰到内地某造纸厂厂长(张茵一直都尊称他为师傅)。张茵说:"师傅告诉我,他很看好回收废纸这个行业,因为废纸就是森林,将来造纸业肯定要从资源造纸向再生纸发展。师傅还说,从香港进口的纸浆大多掺杂使假,品质不高,因此如果我想做生意,这算是一个机会。"

张茵从她师傅的这几句话里得到了启发,决心放手一搏。于是,张茵对香港的废纸市场进行了调查,了解到内地纸张短缺的情况和其中的巨大市场潜力。随即,她作出大胆决定,放弃在深圳优厚的工薪和住房,揣着3万元人民币只身来到香港做起废纸回收贸易。

中国有句古话说得好,"未曾清贫难成人",张茵的人生经历也再次证明了这一点。虽然,富有或贫困对进取心的影响不是绝对的,但在一定程度上说,家境贫寒,就更可能获得积极进取的动力,更渴望改变自身的命运。对于张茵来说,作为家里的长女,作为一个在贫困环境里锻炼出来的孩子,当她决定去做一件大事的时候,一切都显得那么顺理成章,水到渠成。

张茵到香港后就立即打电话问师傅:"如果自己能组织不掺假的废纸,能不能直接卖给您?"

师傅爽快地回答:"没问题!你收的废纸我都要!"

张茵的坦诚和实在,赢得了包括师傅在内的内地客商的信赖,从而迅速打开了局面,一年后便有了自己的纸行和打包厂。但与此同时,她触犯了"行规",得罪了一些同行,不久就受到黑社会的威胁和欺压。就在张茵最为困难、最需要帮助的时候,她遇到了生命中的伴侣——刘名中。走南闯北、曾就读于名校的香港本地人刘名中,从此给了张茵精神上的支持和事业上的帮助。

张茵很感激上天对她的恩赐,也很珍惜与刘名中的这份情缘,对所有帮助过她的人也心存感激。她经常对别人说:"如果没有这段姻缘,没有大家的帮助,自己走不到今天。"

张茵在回忆起小时候的岁月时说:"自己小时候的那段艰苦岁月,恰恰是人生一份难得的财富。这也为我现在的事业打下了良好的基础。"

在香港从事废纸回收行业的人地位不高,甚至被人瞧不起。但是张茵凭借自己诚信的品格和吃苦耐劳的精神,又恰逢香港经济蓬勃发展的机遇,短短六年时间里,她就淘到了第一桶金。后来,张茵在谈到在香港收废纸的经历时说:"讲信义、确保废纸的品质、从不拖欠货款等,这就是我做生意的诀窍。"

转战美国

张茵的生意做的是顺风顺水,不仅赚到了人生的第一桶金,而且积累了不少经验和人脉。但是香港市场毕竟有限,为了寻求更大的发展,1990 年,张茵毅然将事业的重心迁往世界最大的原材料市场——美国。在那里成立了美国中南有限公司(ACN),其主要目的是为今后的中国工厂购买并提供废纸原料。

美国是全球造纸大国,也是消费大国,但是美国非常注重废纸等再生资源的循环利用,政府每年还拿出一些补贴,鼓励一些经营规模较大的废纸回收加工机构把每家每户的废纸和垃圾一起回收,在废纸回收完卖掉后,把垃

圾也符合标准地处理掉。美国政府还对废纸回收和再生造纸的公司实行减税补贴。那里废纸资源丰富，而且废纸回收系统极为高效、科学。据美国森林和纸业协会统计，美国每年消耗4700万吨纸张，其中将近75%的废纸将被循环利用。在美国，废纸回收产业一直是资源性、环保性的产业。

美国中南有限公司在洛杉矶注册成立后，张茵就为自己定下了一个发展目标：做美国的"废纸回收大王"。为了实现这个目标，张茵和刘名中付出了艰辛的努力。

常言道："万事开头难"。美国的废纸原料市场虽然广阔，但对于不会讲英语的张茵来说，创业的征途并非一帆风顺，一切都是那么辛苦。庆幸的是，丈夫刘名中精通英语。于是张茵把丈夫"调"到身边，当起了翻译。张茵夫妇除了要知道国际化企业的经营方式、国际市场的游戏规则外，还必须每天亲自去拜访工厂。为了能寻找废纸货源，张茵跟丈夫开一辆小货车在美国各地收购废纸。

张茵回顾在美国收废纸的经历时说："废纸回收看起来简单，事实上做起来跟其他生意一样，诚信非常重要。另外，还要注意你的客户是否是多方面的、长远的客户。在遇到价格波动的行情时，你怎样跟客户建立一个稳定的关系，这是最难的。比如我跟我们长久的客户，就不能太在意眼前的利益，不能说，废纸跌价时，我一吨货也不要你的，涨价时又拼命买你的。要想赢得长久的合作，即便是亏损，也要讲信誉。这也是美国中南公司的可贵之处，一旦签了合同，不管亏损还是盈利，一定要去执行。"

经过张茵夫妻的数年打拼，美国中南公司迅速发展壮大起来，旗下已经有了7家打包厂和相当规模的运输车队，年出口超过500万吨，并以年均30%的速度递增，业务遍及美国、欧洲、亚洲等地区，美国中南公司已经发展成为美国最大的再生造纸原料出口商。以集装箱使用量计，1996年中南公司居全美各行业第四，1997年位居第三，2000年位居第二，2001年更以21万标准箱跃居第一。从那时起，美国中南公司每年使用的集装箱总量超过了通用电气公司、菲利浦莫里斯和杜邦的总和。按照张茵自己的总结："在香港的成功靠若干其他因素,在美国的成功则靠智慧。"

张茵还认为:"我运气好,占了天时地利人和。"天时:20 世纪 90 年代,中国经济强劲起飞,废纸进口量年增幅达 20%。据中国海关统计,2005 年废纸进口量与 2004 年相比提高了 33.6%,高达 1704 万吨。而与此同时,中美贸易的特点是:运去 10 箱廉价货物,运回的只有一箱高科技产品。对船运公司来讲,中南的废纸贸易简直成了大救星,虽然运费低廉,也总比装着空气启程回国好。因此,张茵的废纸贸易运输成本低。地利:美国是纸张生产和消费大国,且废纸回收系统极为高效、科学。人和:中南公司"信誉第一、客户至上"的经营方式,赢得了中美客商的一致认同,业务蒸蒸日上。

据美国森林和纸业协会推算,美国可再利用废纸中的七分之一是由张茵的美国中南输出的,而中国再生造纸原料的四分之一以上则由美国中南输入。

"废纸就是森林"——张茵以独到的商业模式和智慧创造了日进斗金的生意,短短 10 年实现了美国"废纸大王"的梦想,也为中国种下了一片广袤的森林。

"纵向一体化"发展

张茵是个具有很高商业悟性的企业家。她创办的美国中南公司已经成为美国最大的造纸原料供应商和出口商。既然手握那么多的造纸原料,为什么不自己直接来用废纸造纸,把自己的事业向下游延伸?

为了实现"纵向一体化"发展,1996 年,张茵回到中国创建玖龙纸业股份有限公司,直接进入造纸行业,成为集原料供应商及生产商于一体的纸业巨头。

其实,张茵到香港做废纸贸易不久,就开始与内地造纸厂结为战略合作

伙伴，1987年在辽宁、湖北、河北等地设立了多家合资造纸厂。到了美国以后，张茵的废纸贸易得到进一步拓展，紧接着又在天津、青岛、上海成立了直属公司，在北京、深圳、烟台等地设立了办事机构。

从1996年开始，中国的高档包装纸用量大增，出现了供不应求的局面，尤其是高级牛卡纸、高强度瓦楞芯纸和白板纸，几乎全部依赖进口。1996年，张茵抓住机遇投资1.1亿美元，在广东东莞创建了第一个独资企业——东莞玖龙纸业公司，一条设计年产20万吨牛卡纸的生产线于1996年年初动工兴建，1998年7月投产。张茵将从美国中南公司收购的废纸直接运到中国工厂生产为高档牛卡纸。从那时起，大投入、高起点成为张茵进军造纸业的特点。以第一条生产线为例：全程自动化控制、效率高、质量稳定，迅速替代了外国进口产品。可口可乐、耐克、索尼、三洋、长虹、康佳、海尔、TCL、科龙、宝洁、美的等知名品牌先后采用了东莞玖龙纸业的产品。

为缓解国内高档包装纸需求紧缺的矛盾，1999年7月，张茵为东莞二期工程追加投资1亿美元，新增一条年产40万吨高档包装纸的生产线。设备从芬兰成套引进，是当时世界一流的造纸生产线。随着2000年6月二期工程成功投料出纸，东莞玖龙以60万吨产能跻身国内包装纸生产巨头之列。一年之后，第三期年产40万吨的生产线又动工了，这次仅用9个月时间就建成投产，创造了造纸行业内的又一个奇迹。至此，张茵在东莞玖龙已累计投入3.7亿美元，东莞玖龙纸业成为世界上屈指可数的百万吨级巨型包装纸生产厂商之一。

随着中国经济持续快速发展，特别是作为"世界工厂"，生产的产品都需要高质量的包装物，因此玖龙纸业产品供不应求。之后，张茵的脚步丝毫没有慢下来：东莞基地新生产线还是一条接一条地上；同时又挥师北上江苏太仓，迅速形成95万吨产能，几乎是再造了一个玖龙。2005年以来，玖龙纸业先后投资数10亿美元，在内蒙古扎兰屯、西部的重庆、环渤海经济圈的天津等分别建立了四大造纸基地。到2009年，玖龙纸业年产量达到1015万吨，居全球首位。张茵的雄才大略在中国女企业家中无人能及。

张茵就是这样一步步走过来,成就了如今的纸业王国。张茵的高明之处在于:首先在香港以收购废纸打开局面;当香港的资源已不能满足产业发展需求时,到资源更丰富的地方——美国再次冲刺;为了更好地利用自身原料供应商的资源优势,实现事业上的再次突破性发展,张茵选择自己投身实业,摇身一变成为生产商。即以低廉价格在美国收购废纸,再以低廉运费运至中国,同时利用中国在全球都颇具优势的土地、能源、人力资源,以低廉成本生产出紧俏高档产品参与全球竞争。这一盘棋,下得漂亮!

张茵自言,美国丰富的纸原料市场奠定了她事业未来发展的基础。同时,她也从国际原料市场看到了中国造纸市场的未来,这才是成就张茵事业高度的前瞻性战略眼光。创立玖龙纸业后,她迎来了事业的真正高峰。超前的眼光和大量的预投资使玖龙纸业很快成长为行业领袖。张茵也成为集原料供应商及生产商为一身的纸业巨擘。

上市成就"中国首富"

2006 年 10 月 11 日,"胡润百富榜"在上海揭晓,49 岁的张茵以 270 亿元人民币登上"胡润百富榜"首位,成为中国第一位"女首富",以炫目的姿态走进了人们的视野之中。

2006 年 3 月 3 日是张茵财富之旅中一个重要的里程碑。这一天,"玖龙纸业"在香港主板上市。玖龙纸业首次公募计划发售 10 亿股,发行价为 3.4 港元每股,获得了 577 倍的超额认购,募集资金 34 亿港元,这在中国民营企业 IPO 案例中是绝无仅有的"大盘股"。挂牌当日收盘价为 4.75 港元每股,较发售价上涨 39.7%,成交 24.25 亿港元,成为当日港股最活跃的前 20 只股票之一。

香港著名企业家李兆基、郑裕彤、郭鹤年也争相参股,以个人的名义共投入 4.68 亿港元认购了张茵 1.37 亿新股。他们的参与持股无疑提升了玖龙纸业的国际形象，令市场信心大增。同时，意大利18家金融机构争相购买了玖龙纸业2000万美元的股票。到招股结束时，玖龙纸业的国际配售部分获得了10倍超额认购，公开发售部分更是获得了577倍的超额认购，冻结资金达1958亿港元。

由于玖龙纸业的良好表现和巨大的发展潜力得到了众多投资者的认同，在上市半年时间，玖龙纸业就成了"摩根士丹利资本国际"环球指数、标准指数的成分股，并加入了香港恒生综合指数。股价稳步上升，特别是2006财年利润劲升350％，达13.75亿的业绩披露后，股价更是冲破9港元，公司市值达374亿港元。

业内人士分析认为："国际投资者争相追捧玖龙纸业，这在当时给本土造纸行业带来了良好的示范意义，提升了它们的盈利空间和投资环境。很多发达国家的纸业生产和销售均趋于成熟和饱和状态，增值潜力不大，但我国的纸业消费总体水平还很低，故而玖龙纸业的上市，让本土纸业公司的发展前景备受期待。"

玖龙纸业在上市之前，因连年的高速扩张，对玖龙纸业的资金链造成极大压力。据玖龙纸业2005财年显示，公司总资产负债率高达79.5％。一般企业的流动资产（现金、存货、应收账款的总和）要比流动负债高出一倍，因为存货和应收账款不见得能及时、足额地变现。而2005财年末，玖龙的流动资产竟比流动负债少20亿元，也就是说，一年内必须偿还的债务比可以动用的资产多20亿元。

如果玖龙纸业在2006年6月30日前得不到股权融资，公司将不得不变卖固定资产——卖掉土地、厂房、楼宇、设备或出让整座工厂——玖龙纸业将受到重创。IPO成功募集34亿元资金使玖龙纸业的总资产负债率一举降为48.7％，流动资产一夜之间大大超过流动负债。

从《玖龙纸业招股章程》披露的股权结构来看，张氏家族持有玖龙纸业70％以上的股权，参股的家族成员除张、刘夫妇之外，还有张茵的弟弟张成飞和妹妹张秀红。按照玖龙纸业高速增长的势头，其股价还将步步高升。照此计算,张茵家族持有玖龙纸业的股份,价值在 280 亿港元以上,成为中国第一位女首富。2007 年,她的财富达到 770 亿元,名列"胡润百富榜"第二。2009 年,52 岁的张茵以 330 亿元的财富居"胡润女富豪榜"、"工业制造富豪榜"和"低碳富豪榜"第一位。玖龙纸业的上市让张茵完成了生平最惊险的一跳。

玖龙纸业成功登陆资本市场,不仅打开了大规模股权融资通道,而且盘活了整个玖龙纸业的资产结构,为公司的价值链增添了重要的一环。资本市场持续融资渠道通畅,银行债权融资能力恢复,源源而来的资金将强力推进玖龙实现年产 1050 万吨目标,成为世界造纸大王。

玖龙纸业凭什么能取得这么骄人的业绩? 张茵在总结玖龙纸业成功上市的原因时说:"这主要得益于造纸行业自身的成长性;以中南为基础,庞大、稳定的原材料供应;玖龙管理层前瞻性的发展眼光、专一性的经营理念;超前的环保理念;完善的管理和配套服务以及规模效益是玖龙纸业上市时获得投资者认可的重要原因。"

谁控制了全球资源,谁就是真正的王者。如果张茵旗下玖龙纸业的资产只是单纯从事牛卡纸生产,那么,它根本不会让香港资本市场产生兴趣。投资者眼中所见,绝不仅仅是玖龙纸业,而是站在它背后的美国中南公司。这正是张茵控制全球废纸回收系统心脏、立足全球的财富模式。这就是玖龙纸业战胜竞争对手的"秘密武器"。

"归核战略"

1996 年,玖龙纸业股份有限公司在广东东莞成立;2006 年 3 月在香港主板上市。短短十几年,玖龙纸业就发展成为全球纸业大王。有专家将张茵的玖龙纸业模式总结为"归核战略"。

所谓"归核战略",就是把经营活动中产生核心能力的环节严格控制在企业内部,而将一些非核心战略性的活动外包出去,充分利用国内、国际市

场降低成本，不断提高企业核心竞争力和盈利水平。

1985 年，著名的商业思想家、哈佛大学商学院教授迈克尔·波特提出了"价值链"概念，颠覆了传统的"木桶理论"。"木桶理论"认为，企业应该去补短，以求"滴水不漏"，从而获得最大价值；而价值链理论则指导企业抛弃"短板"，打破木桶，加长"长板"形成竞争利器。按照波特的理论，企业应该强化业务流程中真正创造价值、具有比较优势的环节，从而达到增强"归核"。

玖龙纸业 15 年的发展路径为我们演示了一个鲜活的归核战略。玖龙纸业的归核战略首先是不遗余力地扩大产能，提升产品的数量和质量。上面已经谈到，造纸行业规模与品质的意义简单自明，在此不再赘述。按规划，2007 年东莞年产 50 万吨涂布白卡纸的十一号线、年产 40 万吨牛卡纸的十二号线和太仓年产 40 万吨高强度瓦楞芯纸的生产线已陆续投产。为丰富原料供应渠道，玖龙纸业还北上内蒙古，于 2004 年合资设立了年产优质木浆 10 万吨的"玖龙兴安"。

玖龙纸业的另一个归核战略就是自建基础设施。因为造纸厂用电、用水和物流量非常大，不仅对当地公用基础设施构成巨大压力，而且直接制约了产能的扩张。我国经济越发达的地区电力越紧张，拉闸限电的情况每年都会大面积发生。

正因如此，玖龙纸业投资兴建的 210 兆瓦热电机组于 2005 年 5 月并网发电，玖龙纸业东莞基地总装机容量达到了 351 兆瓦，相当于一个中型发电厂。玖龙在江苏太仓基地的热电厂的装机容量也达到 240 兆瓦。591 兆瓦的发电能力不仅保证了本企业充足的电力供应，还缓解了当地电力紧张的局面。造纸厂还是用水大户，东莞基地日耗水 6.5 万吨，太仓基地约 2 万吨。玖龙纸业现有两个 25 万吨级蓄水池，一个日处理量为 10 万吨的海水淡化厂及完善的污水循环利用设施，完全可以满足生产需要。公司还有 50 万吨容量的原料库、8 万吨容量的成品库和 1 万吨容量的半成品库。另外，玖龙纸业还购买了 350 辆重型卡车组建了物流运输公司，以及太仓港可接驳 5 万吨级货船的货运码头。

　　根据中国造纸行业协会 2005 年统计,我国高档包装纸牛卡纸、高强度瓦楞芯纸和涂布白卡纸的缺口分别为 160 万吨、120 万吨和 60 万吨。而玖龙纸业 3/4 的产品为高档牛卡纸,高强度瓦楞芯纸和涂布白卡纸各占 1/8,全部属于"紧俏商品"。近万亩地产、百亿级投资规模、世界上最先进的生产线、填补市场缺口的产品布局⋯⋯张茵执著地把资金投向内地,招招抢占先机。

　　到 2009 年年底,玖龙纸业已在国内拥有 24 条国际最先进的包装纸生产线,年产能达 1050 万吨,成为全球最大的包装用纸生产企业。玖龙的"超长板"让竞争对手望尘莫及。

　　张茵最令人佩服的地方,就是她的长远战略眼光和卓越管理能力。在事业蒸蒸日上的同时,张茵一直重视人性化管理,善待员工。她建在东莞总部占地面积达 1.5 万平方米、耗资 1800 万元的宿舍提供给专业技术人员居住,连其子女入托、入学等也会得到妥善安排——有点"比国营企业还国营企业"的意味,这大大增强了员工对玖龙纸业的满意度及归属感。

　　也正因为张茵对员工的这份关爱与责任,让她赢得了员工的支持和尊重,也让玖龙纸业得到了稳步的发展。

　　归核战略的实施,让玖龙纸业在最短的时间内创造了行业最辉煌的业绩,带动中国造纸工业在近十年间取得了令世界瞩目的发展。

领跑"低碳经济"

　　低碳经济、循环经济、节能减排、应对全球气候变暖已成为全人类发展共同面临的课题,也是中国面对国际金融危机带来的实体经济危机、新型工业化道路发展方向所必须应对和解决的问题。专家指出,中国需在工业化进程中抓住低碳经济机遇,抢占先机,节能环保产业发展正当时。

2009 年 11 月 2 日，"胡润百富榜"首次发布"低碳富豪榜"，张茵以 330 亿元的财富位居榜首，成为"中国低碳女王"。

"低碳富豪"在中国来说还是个新鲜事物。张茵这次因戴上了一顶"绿色花环"，再度成为媒体关注的焦点。

我们可以从胡润的"低碳富豪榜"看出，尽管上榜企业性质不尽相同，但是榜上的 20 位富豪的总资产达到 1040 亿元，平均为 52 亿。这意味着，中国低碳经济已经初具规模，未来低碳企业将格外受宠。玖龙纸业作为亚洲最大的包装纸生产商，张茵一直致力于以废纸为主要原材料生产高档包装用纸，对环保和节能减排作出了重要贡献。

著名经济学家樊纲指出："当全世界都关注低碳，低碳就有了价值，有了市场，各国也都需为此承担责任。不少国家政府把低碳作为新的增长点，我国工业也应抓住低碳经济的发展机遇，处理好发展权利和减排责任之间的关系。我国现在工业的能耗占了总能耗的 70%，所以工业能耗的降耗率从'十一五'以来都远远高于全社会节能率。"

毫无疑问，节能降耗、发展低碳经济是我国今后的主攻方向。今后，低碳行业的财富创造速度将会越来越快，并会因此成为投资者的新宠。

据预测，到 2020 年以低碳为主的产业比重将占全球 GDP 的百分之二三十。谁能率先突破低碳的技术和应用难题，谁就占得了先机。

在张茵看来，废纸回收利用具有节约资源、减少环境污染、降低能源损耗等优点，所以，废纸回收在国外享有"城市里的森林"的美誉。据测算，利用 1 吨废纸可生产约 0.8 吨成品纸，可节约 3~4 立方米的木材，可节省约 1.2 吨标准煤、600 度电、100 多吨水，同时减少了废物的排放，减轻了环境治理的负荷。所以说，正因为有废纸的循环再利用，我们才节约了大量的森林资源，我们的子孙后代才得以享受更多的青山绿水。因此，废纸回收利用是低碳经济的重要组成部分。据权威机构分析，低碳行业将成为未来世界经济的新增长点。

我国的造纸行业长期以来大都走着"以牺牲环境换取利益，以牺牲资源换取利益"的发展之路。然而，玖龙纸业自1996年成立以来始终秉承和实践着"废纸的循环利用"的发展理念，这充分体现出张茵独到的眼光和睿智。

玖龙纸业在成立之时便投入巨额资金，在业内率先引进数条国际最先进的造纸生产线，致力于以废纸为主要原材料生产高档包装用纸，以满足国内市场的需求和缓解由原材料紧张带来的压力，并开创了国内利用废纸资源循环制造高档包装纸的先河。经过15年的发展，玖龙纸业运用先进的造纸工艺不仅缔造了亚洲最大的包装纸生产企业，结束了我国高档包装纸主要靠进口的局面，在打造优秀民族品牌的同时，还以"没有环保就没有造纸"的理念在实践着造福人类的理想。

张茵认为，发展低碳经济是玖龙纸业扩大市场份额的最好时机。国家整顿中小造纸厂的政策出台后，市场的重新划分和优质资源的整合利用，推动了整个行业净利润的大幅增长。众多中小纸厂的倒闭腾出了一部分利润空间。近年来，玖龙纸业也开发了一系列新产品，来填补众多中小纸厂留下的市场空间，以满足客户需求。

到2009年，玖龙纸业年生产能力已达到1050万吨。张茵说："这些数字是综合广东以及重庆、太仓、天津4个基地做出的。1990年以前，都是循环造纸。从20世纪90年代到现在，我们80％的材料都来源于进口。国内的市场潜力巨大，怎么把国内的废纸回收好，是我一直在思索的问题。3年前我们的计划是回收废纸总量的15％，今年计划回收30％。我们希望能够通过我们造纸厂把更多的废纸回收。这种资源是循环资源，不用去砍伐森林的资源。我觉得是非常有益的。"

张茵说："玖龙纸业在创立之初就把发展目标定在世界第一，现在这一目标已变为现实，今后我们将发挥优势，苦练内功，不断超越自己。玖龙纸业上市后我承担的责任更大了，不仅要对公司、股东、员工和投资者负责，更要对社会和环保负责，这是一个企业家义不容辞的责任和义务。"

专注创造奇迹

张茵不是网络新贵，也不是地产大亨，一个女性在竞争激烈的传统工业领域，击败其他众多竞争对手，登上财富榜的巅峰，成为中国第一个女首富，20年间成功打造了美国最大的造纸原料供应企业和全球最大的包装纸生产集团，这本身就是一部经典的好莱坞大片——《不可能完成的任务》。

张茵将自己的成功归结为："专注和敏锐的眼光"。而她事业的风生水起，也与她执著、果敢、专注和不服输的性格紧密相关。这些特质促使她一步一步地成为全球造纸行业的领军人物。

张茵深有体会地说："企业最关键的是要定好位，要专注。你做错一单生意没问题，但定错位就很麻烦了。要说20世纪80年代那会儿，做房地产、做金融股票都很赚钱，就去改行做啊，但我们都没有。到了香港和美国之后，我就一直专注地做纸业。"

敢于放弃住房，放弃丰厚的年薪，选择自己创业，张茵就是一个果敢和自强的女性。在选择了回收废纸和造纸这份事业之后，在面对其他机遇时，她选择的是继续专注于自己的事业，并倾注了自己所有的时间和精力。凭借锲而不舍的创业精神，她一步步打拼出自己的天地，她的专注和执著成就了梦想。

一个让人叹服的例子是：20世纪90年代，中国的绝大部分造纸厂还只是处于5万吨左右的年产规模，但张茵在东莞投产的第一台机器就是20万吨的年产规模。而且从一开始进入造纸行业，张茵就为她世界第一的包装纸厂商的目标制订了详细的规划，在东莞、太仓、重庆等大手笔投资建厂，达到千万吨级的生产规模，遥遥领先于竞争对手。

而在经济不景气的时候，许多人都在缩小投资，张茵反而加大投入，这样做带来的直接后果就是负债增高,盈利下降。她认为,"到了更年期你更要抓住青春的尾巴,市场不好的时候就是机遇,时间会证明一切,前提是我的预见至少 95% 准确。"事实也证明,她是一位极有眼光、极能顶住压力的女企业家。

2008 年,玖龙纸业的产能达到 775 万吨,居亚洲同行业第一位,这一年各项追加投资开支达 67.5 亿元。出手大度,却又疾如风云,这就是张茵的风格。在张茵眼中,看什么事情都是长长远远。她看的不是 10 年、20 年,而是 100 年,甚至 200 年。

从收废纸的个体户到商界领袖,从 3 万元起家到"中国首富",再到"世界纸业大王",在人们的想象中,巨额财富总是与名车豪宅联系在一起。可是张茵表示,自己并不喜欢金碧辉煌的房子,更愿意住在自然的地方。"对于物质,我只有一个要求:舒服。房子对我来说只要舒服,能好好休息就行了。我不喜欢金碧辉煌的风格。比如我坐的车子,就是 50 万港币的面包车,我就喜欢高高的座位,舒服。"

白手起家的张茵是创业者学习的榜样,她给女性创业提出了很有价值的建议:"女性创业者在创业之前,首先就要明确自己的定位,知道自己适合做什么,不要勉强;其次要有宽广的心胸,要敢于冲破压力;再者要有健康的体魄,取得身心平衡。此外,家庭与事业间的平衡也是女性获得事业成功的关键:你的另一半对事业必须与你有着同样的专注与热爱,一切以事业为重,相互理解,这样才会有幸福的家庭生活。"在商场这么多年,张茵还有一个深刻的感受,那就是:"没有人会因为你是女人,而对你特别照顾。你只有做到让人佩服你、尊重你,才能获得事业的成功。比如我自己,我对自己的要求就是要对事业认真负责,对员工一视同仁。只有这样,才能获得员工真正的认同。"

（2004、2005、2008 年"胡润百富榜"中国首富）

5. 黄光裕：资本市场的迷失者

黄光裕 **档案**

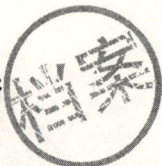

出生时间：1969 年 5 月

性　　别：男

籍　　贯：广东省汕头市

毕业院校：初中文化，曾在中国人民大学一分院进修

职　　务：原国美电器董事局主席

从事行业：零售、房地产

公司总部：北京

创业时间：1986 年

创业资本：4000 元

上市情况：2004 年 6 月国美电器在香港上市

行业地位：中国最大的家电零售企业

拥有财富：黄光裕分别以 105 亿、140 亿和 430 亿元财富蝉联 2004、2005、2008 年"胡润百富榜"中国内地首富。

人生经历：1986 年，17 岁的黄光裕跟着哥哥黄俊钦先在内蒙古贩卖短缺物资，后在北京前门盘下了一个 100 平方米的名叫"国美"的门面。在那里，黄氏兄弟先卖服装，后来改卖进口电器。1992 年，黄光裕在北京地区初步进行连锁经营，将他旗下所持有的几家店铺统一命名为"国美电器"，就此形成了连锁经营的雏形。2008 年 11 月 18 日，黄光裕因涉嫌经济犯罪被北京市公安局监视居住。2009 年 3 月 2 日，黄光裕被捕。2010 年 5 月 18 日，北京市第二中级法院一审判处黄光裕有期徒刑 14 年，罚金 6 亿元，没收财产 2 亿元。

主要荣誉："中国企业最具有影响力职业 CEO"、"影响百姓生活的十大经济人物"、"亚太十大风云人物"、"世界青年企业家大奖"等。

经典语录：方向一旦明确，有三分把握，我就敢去做。某些事情，市场已经给了你机会，就要立即拿出行动，狭路相逢勇者胜。

若论中国最具传奇色彩的富豪,恐怕非年轻的"中国首富"、原国美电器董事局主席黄光裕莫属。不到 20 年的时间,他从一个穷小子,成为坐拥数百亿资产的大富豪。从草根到商界领袖,三度加冕"中国首富",集各种荣誉于一身,黄光裕曾经完美演绎了一个中国版本的创业神话。

　　2008 年 11 月,黄光裕因涉嫌经济犯罪被捕,悬疑不断地刺激着公众的神经。2010 年 5 月 18 日,北京市第二中级法院以非法经营罪、内幕交易罪、泄露内幕信息罪和单位行贿罪,一审判处黄光裕有期徒刑 14 年,罚金 6 亿元,没收财产 2 亿元。一审判决后,黄光裕向北京市高级法院提起上诉。8 月 30 日,北京市高级人民法院对黄光裕案进行了二审裁定,维持一审判决不变。其妻子杜鹃被改判缓刑,即被判处有期徒刑三年缓期三年执行,并当庭释放。留在他身后的,只是财富帝国的雪崩和南柯一梦破灭后的坊间笑谈。

草莽生长

　　黄光裕(本名黄俊烈),1969 年 5 月出生于广东省汕头市凤壶村。这是一个很不起眼的小村庄,整个村子才 300 多口人,是个既不靠山也不靠海的

丘陵地区。黄俊烈一家是这个并不富裕的村庄里最贫穷的一户。

黄家共有兄妹四人。黄俊烈的大哥黄俊钦比他大3岁，大妹妹叫黄秀虹，小妹妹叫黄燕虹，分别比黄俊烈小四岁和六岁。由于村里的耕地很少，全家人只有二亩田地，加之当时黄俊烈兄妹年纪尚小，所以一家人的生活全靠母亲到外面做一些小买卖来维持，家里经常出现断粮的情况。

据《105亿传奇——黄光裕和他的国美帝国》一书记载：

> 黄氏兄妹之间从小感情很好，甚至互相之间连粗话都没有说过，为的是不让劳累的父母再为他们操心。有一次，母亲抱着才一岁多的小俊烈去镇里的杂食店买饼干，一分钱买了两块饼干，但小俊烈自己只吃了一块，另一块带回家给哥哥吃。

与大哥黄俊钦的内向、文静不同，黄俊烈从小显得活泼、淘气，是当地的"孩子王"。但他一般不会主动去惹是生非，如果别人欺负到自家人头上来，就会跟人家去拼命。有一次，黄俊烈在村口的沙土堆上和几个男孩玩耍打赌，其中有一个男孩老是输，这个男孩恼羞成怒地指着站在一边的黄秀虹说："就是因为有你这个臭女人在这里，害得我特别晦气。"不到10岁的黄俊烈听后火冒三丈，就跟他打了起来。那个男孩不是他的对手，只好掉头逃跑了，黄俊烈紧追不舍，把这个男孩赶到他家床底下仍不肯罢休。

常言道："穷人的孩子早当家。"为了分担家里的沉重负担，一到节假日，兄弟俩就到附近的乡镇街巷去收一些塑料瓶子和旧书报卖，运气好时一天可以赚个两三块钱。

少年时期的黄俊烈，最大的愿望就是走出农村，到城市里面找口饭吃。1986年，初中还没有读完的黄俊烈，和许多潮汕人一样，决定离开农村，出去外面闯世界。黄俊烈和他的哥哥黄俊钦先来到了内蒙古。为了图个吉利，黄俊烈把自己的名字改成了黄光裕，取"前途光明，财富充裕"之意。

他们兄弟俩来到内蒙古后，通过老乡的关系，与深圳、广州等地的商人做起了生意，主要贩卖一些当地市场的短缺物资。

1986 年 10 月，从未见过世面的黄光裕好奇地问他大哥黄俊钦："中国哪个城市比呼和浩特更大？"黄俊钦回答："北京、武汉、上海、广州等都比呼和浩特大！"黄光裕找来一张地图一看，发现北京真的很大，于是他们兄弟俩当即坐火车来到了首都北京。

黄光裕对初次来到北京的那种新奇、兴奋和几分惶恐与无助的感受，至今记忆犹新。当时出了北京站，觉得北京大得不得了，分不清东南西北。花了一块钱让一个三轮车夫拉他们去找一个便宜的小旅馆，住一晚花了五角钱。第二天黄光裕又来到北京火车站，花了 10 元钱拍了一张一次成像的照片，想给初进北京的自己留下一个纪念。

后来据黄光裕说，那张相片，他一直保留了很长时间，直至前两年因为照片磨损得太严重，才不得不丢弃。

但是谁也没有想到这个站在北京站前留影的那个年仅 17 岁的黄光裕，十几年后不仅打造了中国最大的家电连锁帝国"国美电器"，还三次登上"中国首富"的宝座。

17 岁创办"国美"

黄光裕跟着他哥哥黄俊钦来到北京后，找人借了 3 万元，在北京前门的珠市口东大街 420 号盘下了一个面积为 100 平方米的门面，开了一家"国美服装店"。因为卖服装利润低，赚不了多少钱，做了半年后，兄弟俩决定转行。

1987 年 1 月 1 日，黄光裕兄弟投入 10 万元资金，把国美服装店更名为国美电器商店，专门经营进口家电，这家小店就是国美商业帝国的发端。

1991 年，国美电器的广告开始出现在《北京晚报》中缝上，首开京城商家在报刊上登广告之先河，走出了坐店经营的传统模式，被誉为"中缝广告大王"。

关于黄光裕人生的起步，一直以来都只有这样一个标准的版本。但是，他究竟靠做什么生意挖到了第一桶金？至今仍是一个未解之谜。

关于黄光裕致富"原罪"的质疑也由此开始。有传言称，黄氏兄弟最初做的生意是经营走私的家用电器。对此，黄光裕曾辩解说，最初八成的货确实是走私而来，但当它们到国美手里时，已经是经过合法化处理的了。事实上，这样的质疑显得无关紧要，因为这些声音并未真地撼动黄光裕无限风光的财富人生。

身为潮汕人的黄光裕似乎天生就是一块做生意的料。在经营中，他先是采取货物直供模式，摆脱了中间商。后来，他促成了中国最早的家电连锁雏形，将北京所有的国美店铺统一命名为"国美电器"。

如今回过头来总结，就会发现黄光裕选择创业切入点之佳。虽然中国经济从 20 世纪 70 年代末开始进入新的发展时期，但物质条件仍然相当落后，流通领域商品奇缺。可以毫不夸张地讲，在几乎所有消费品市场上，都是卖方市场，家用电器市场尤其如此，20 世纪 80 年代中期仍是清一色的"洋品牌"。

1993 年，就在国美电器开始涉足房地产业时，黄氏兄弟分家了。黄光裕称，他当时分得了"国美"品牌和几十万元现金，而包括房地产业务在内的资产都归哥哥黄俊钦所有，后者创办了以房地产为主业的新恒基集团。从此，国美电器进入了"黄光裕时代"。

此后，黄光裕调整经营理念和发展战略，逐渐由以往经营进口电器为主转变为以合资、国产品牌电器为主，并确定了自己薄利多销的经营策略。

黄光裕还有一个特别的绰号——"午夜杀手"，因为国美喜欢将开张吉时选在午夜，诱人的低价引得无数精打细算的小夫妻乃至大爷大妈呵欠连天地去排队等候购买。用黄光裕自己的话说："电器店生意火得不行，所有的货不愁销路。"

低价策略为小小的国美电器店带来了不少回头客。不仅是薄利多销，在货源上黄光裕也下足了工夫："当时洗衣机、彩电等都是凭票供应的，要从非正规渠道得到这些货,就要去想办法。有时候,别人有好多好多产品,却没人来买,我就想办法从他们的手里把货挖过来。"

但是,不管怎么说,你不得不承认黄光裕是一个商业天才。国美在经营之初便开创了多个业内第一:1990 年首创"包销制";1991 年在全国率先做商业广告;首创的零售业连锁经营模式已经成为一种行业的通用模式了。

1999 年,国美扩张的触角开始向全国延伸。这个发端于北京的品牌首先从天津和上海切入,接着面向全国布局,登陆一个又一个大中城市,"国美模式"在全国遍地开花,进行着疯狂扩张。随着国美电器一同急速扩张的,还有黄光裕对金钱的追逐欲望。

低价开路

国美电器集团坚持"薄利多销,服务当先"的经营理念,依靠准确的市场定位和不断创新的经营策略,引领家电消费潮流,为消费者提供个性化、多样化的服务,因此国美品牌得到了中国广大消费者的青睐。本着"商者无域,相融共生"的企业发展理念,国美电器与全球知名家电制造企业保持紧密、友好、互助的战略合作伙伴关系,成为众多知名家电厂家在中国的最大经销商。

国美为什么可以和当时处于强势地位的众多商场角逐,黄光裕认为,除了整个市场物资短缺外,国美的渠道和低价定位显得非常重要。1987 年之前的很长一段时间,中国人买家电的唯一去处就是大商场,而作为国有企业,大商场的家电定价普遍较高,这也造成了整个行业缺乏竞争力。如何把消费者从大商场吸引到自己的小店里来呢? 黄光裕想到的就是价格,他分析说,当时国有商场的家电价格过高,而一旦一个电视机的价格相差一两千元是完全能够把顾客吸引过来的。于是,低价就成了国美的"杀手锏"。

"要做大就要对市场有一个认可,我就需要销量大,做规模,就要获取总体的利润,不去追求单件东西的利润是多少,从服务到价格,综合起来一定能够让人接受。国美为什么能采取这个做法? 消费者受益,因而认可你,十年如一日,品牌就会越垒越高。"黄光裕如此解释他的低价营销策略。

2007 年 3 月,商务部和中国连锁经营协会共同发布 2006 年中国连锁经营 100 强企业,国美电器以 869.3 亿元名列首位;国美电器成为中国企业 500 强之一,被中央电视台授予"我最喜爱的中国品牌特别贡献奖";在世界品牌实验(WBL)颁布的"中国 500 最具价值品牌"中,国美电器以 301.25 亿元的品牌价值成为中国最具品牌价值的家电零售第一品牌;中国保护消费者协会连续多年授予国美电器"维护消费者权益诚信满意单位"。

黄光裕提出的低价策略的实施成为整个国美发展过程中最关键的因素。以低价开路的国美在黄光裕近乎狂热的领导下,创造了中国家电零售业的连锁奇迹。

"借壳"上市

黄光裕曾经说过:"人的发展问题,看你是贪心多还是野心多,或者是霸气多。再一个,看你有没有那个胆量。我做事的习惯是,方向一旦明确,只要有三分把握,我就敢去做。"

人有野心未必是坏事,只是,黄光裕的大胆恐怕有些过头。这个雄心勃勃的"野心"和他强烈的冒险精神在某种程度上成就了创业时的黄光裕,但是却也成为黄光裕陨落的败因之一。所谓"成也野心,败也野心"。

在鹏润和国美总部的一幅条幅总是会被人一再提起,那上面写的是:"商者无域,相融共生"。这是黄光裕所崇拜的潮汕老乡、全球华人首富李嘉诚的信仰。现在看来,黄光裕似乎是误读了这八字箴言。

尽管国美在十余年的积累下,从 1999 年开始发力走向全国,但外界对其扩张之举看法迥异,而资金保证则是质疑中的重要一环。也就是从那时开始，国美的上市努力就成了业内外人士谈论的热点。5 年前的国内资本市场，民营企业屈指可数，排队等候融资的公司却连绵不绝，什么时候才能轮到国美？

2000 年年初，寻求上市的黄光裕将目光转向了香港。此时，他遇到了财富之路上的一个关键人物——同乡詹培忠。曾被香港媒体列入"四大恶人"的詹培忠以买壳、洗壳、卖壳闻名，正是这位"金牌壳王"唤醒了黄光裕身上沉睡的资本运作基因。在这位"壳王"的帮助下，黄光裕上演了著名的"左手倒右手"戏法。正是与詹培忠的合作，使黄光裕学到了资本运作技巧，并最终超越了詹培忠，成就了国美的霸业。

2000 年 6 月，与詹培忠有密切关系的上市公司德智发展设立了一家 BVI 公司 Jumbo Profit，以"独立的机构短期投资者"名义，以 1920 万港元现金收购了京华自动化原大股东的一小部分股份。一个月后，詹培忠自己控制的 BVI 公司 Golden Mount，以 5600 万港元现金购得京华自动化原大股东的绝大部分股份，从而控制了这家上市公司。

但是，最明显的疑点是，对于有"壳王"之称的詹培忠来说，二级市场炒作才是其最终目的，实际想控制上市公司很可能幕后另有其人。2000 年 9 月，通过向大股东供股，詹培忠进一步加大了对京华自动化的控制力度。

直到 2000 年 12 月 6 日，京华自动化发布公告，将用现金加股权的方式向第三方购买资产以发展物业租赁业务，而卖方正是黄光裕名下的 BVI 公司。此次运作完成后，黄光裕以持股 3600 万股（16.1%），成为京华自动化的第二大股东，仅次于詹培忠（22.3%）。

2002 年 2 月 5 日，京华自动化发布公告，增发 13.5 亿股新股，全部由黄光裕名下的 BVI 公司以现金认购，公司将全力发展地产业务。在此消息刺激下，京华自动化的股价在短时间内涨了 4 倍。

此交易完成后，黄光裕合计持有京华自动化 85.6% 的股份，终于取代詹培忠，走向前台。2002 年 4 月 26 日，黄光裕向外转让了 11.1% 的股份，将其个人的持股比例降低到 74.5%，从而回避了全面要约收购。

2002 年 7 月，京华自动化发布公告正式更名为"中国鹏润"，而中国鹏润的主要业务便是向黄光裕收购的位于北京朝阳区西坝河北里 7 号院的物业项目。值得注意的是，在买壳过程中，黄光裕不仅获得了对上市公司的绝对控制权，还通过上市公司的现金支付以及股权转让实现了部分套现，而詹培忠则在二级市场上获利颇丰。这种操作方式无疑对黄光裕的资本运作思路产生了至关重要的影响。

2004 年 6 月，黄光裕将国美电器的 94 家门店以 88 亿元的价格出售给香港上市公司鹏润集团，国美电器借中国鹏润在香港上市。一夜之间，黄光裕身价暴增 40 倍，以 105 亿元身价成为"胡润百富榜"的首富。这一年，他只有 35 岁。

同年 9 月，中国鹏润正式更名为"国美电器"，其主营业务也随之转向零售业。自此，黄光裕的商业帝国拥有了零售业和房地产业两大支柱。同月，"国美电器"在香港首次公开配售股份便募集资金约 12 亿港元。

两年以后，"国美电器"更实现了整体上市，最终摇身一变，成为一家注册地在英属维京群岛的"外资独资企业"。

国美借壳成功后，国美电器的市盈率一度高达 50 倍，当时全球家电零售业的平均市盈率不过是 14.3 倍。对于黄光裕来说，这次资本运作使其个人财富一下子呈现几何式增长。他投入的资产总值不过 7.5 亿元，包括一份物业、一块土地、两次现金增持、一次股权置换，却拿到了市值 80 余亿元的上市公司，腾挪过程中还套现了 25 亿元现金。

黄光裕曾经不止一次地说过，"做 PE、玩资本比卖家电赚钱快多了"。历年来，他从资本市场上总共套现了 135 亿元的现金，成为套现最多的富豪，并多次登上"胡润套现富豪榜"榜首。这样的切身体会促使黄光裕义无反顾地转换了自己的角色：由实业家转换成金融资本赌家。

2005 年，黄光裕借助在香港市场套现的资金，将国美电器的店数从 200 家扩张到 400 家，平均不到两天就开一家新店，其疯狂扩张的速度令所有对手惊叹不已。

此后，黄光裕在资本市场上如虎添翼，大举并购鲸吞同业。在终端制胜、渠道为王的时代，国美电器通过"铁腕"收购，成为家电零售行业的霸主。

疯狂扩张

2005年，黄光裕先后并购哈尔滨黑天鹅、深圳易好家商业、江苏金太阳家电业务。至此，国美电器在全国240多个城市拥有直营门店近千家，年销售能力达800多亿元。2006年，国美电器相继在中国的香港、澳门开业，迈出中国家电连锁零售企业国际化的第一步。

2006年11月20日，37岁的黄光裕开始体会到"一览众山小"的滋味。来自国内外的家电业巨头、媒体、投资界一起为"国美成功并购永乐"举杯相庆。此前四个月，国美电器宣布收购中国第三大家电零售商永乐电器，黄光裕启动了一起完全改写行业格局、涉及资金高达52.68亿港元的大并购。这起收购将国美送到了让众多对手难以比肩的行业老大的位置上。当年，黄光裕亦再次摘取"中国首富"之桂冠，尽管在某些时候这个桂冠看起来更像是烫手的山芋。但这些令人目眩的光环并没有使这位年轻的首富沉迷太久。

在收购永乐的同时，黄光裕闪电控股中国A股上市公司中关村科技，并开始在制造领域攻城略地。2007年，国美以36.5亿元的高价从苏宁嘴里掏走了大中电器。

黄光裕一次又一次地让人们见识到他的厉害。国美就像一个资本魔方，在他手里不断地创造着奇迹。

2008年2月，黄光裕再次以诡异的手段从拍卖场上凶狠地夺下家电行业最后一个地方诸侯——三联商社的控股权，击败苏宁将三联商社揽入怀中。但随后陷入与三联集团的拉锯战，直到2008年11月黄光裕被查。

这种并购重组的资本游戏让黄光裕深深着迷。有媒体报道，仅仅是用于资金与资本运作的"工具公司"，黄光裕就至少有上百家。

在这个制高点，他不可避免地要遭遇他的对手们还无暇顾及的问题。在新国美的合并新闻发布会上，黄光裕被问及最多的是"新国美能否与制造业和谐共赢"，而一向以霸气示人的黄光裕竟放低姿态称，国美肩负"和谐使命"。

在成功将永乐揽入麾下之后，这桩迄今为止中国家电连锁业最大的收购案正式落下帷幕。国美不仅坐稳了家电连锁老大的位置，也彻底改变了中国家电连锁的版图。那么黄光裕成功的秘诀是什么呢？

黄光裕对记者说："我成功的秘诀只有六个字：敢想、敢干、坚持。敢想就是要树立目标，有理想，有广阔的视野和远见。一个人站不高就看不远。如果没有远大的理想，一生是很难成就大事的。敢做，就是要把自己的想法付诸实施，边实施边提高和改进。坚持，就是做任何事情都不可能一帆风顺，碰到逆境时要坚持不懈，才能发现机会、抓住机会。机会总是垂青于有准备的人的。比如说，多年来，我就放弃了做批发，而一直坚持做零售业，这是我办企业的一个指导思想。在集团发展到一定阶段时，我当时就觉得企业应该有更远大的目标。经过调查研究后，1997 年我开始涉足地产业，这并不是为了短期效益，而是看到了地产业的未来发展。多年来，我一直力求把这两个行业做精做细，才创出了今天的业绩。"

黄光裕还信奉"企业只有创业，没有守业"，于是，他以几乎不可阻挡的杀伐之气征服了一个又一个对手，从永乐到大中，除此以外，国美还先后并购了易好家、黑天鹅、金太阳、成百、中商、北方以及陕西手机连锁企业蜂星等。黄光裕曾放言：到 2008 年，国美的销售额将达到 1200 亿元人民币。地产方面，原来主要在北京发展，目前已在全国启动发展房地产计划，将更注重写字楼、住宅等项目的开发和拓展。

此时的黄光裕头顶上，拥戴着"商圣"、"财富英雄"、"中国首富"等各种光环，胡润称赞其打造了一个"影响无处不在的商业帝国"，称黄光裕为中国的"山姆·沃尔顿"。不可避免的自我膨胀让黄光裕认为自己无所不能。但现在看来，在他财富进阶的每一步都涉嫌权钱交易，非法操作。

一方面是高调的扩张，另一方面是频繁而大手笔的资本运作，其背后却是管理之道的疏离，黄光裕已经将个人的重心转向了房地产、并购及投资等领域，而不是国美电器的经营管理。这被外界认为是黄光裕走向失败的转折点。

迷雾中暗度陈仓

在黄光裕将部分地产业务装入中国鹏润以后，业内人士分析认为，其迅速扩张的电器连锁业务将会很快寻求上市融资。其实，早在 2002 年年初，便有传言称国美电器会在年内登陆香港股市。

而后，就在 2002 年年末，黄光裕将目光重新转向内地，与宁城老窖（现简称 ST 宁窖）的第一大股东达成股权转让协议，但在一年后，双方又产生纠纷，并最终解除协议。

这一年多时间内，有关国美电器的上市方案传出多个版本，显得扑朔迷离。而就在这个过程中，黄光裕却已暗中拿定主意，决意将中国鹏润再做一次壳，这也是其甘愿放弃宁城老窖之壳的原因之一。

2003 年年初，黄光裕重组国美电器，将北京、天津、济南、广州、重庆等地共 18 家子公司 94 家门店置入，由其全资公司北京鹏润亿福持有国美电器 65％的股份，黄个人直接持有剩余 35％的股份。2004 年 4 月，鹏润亿福又把所持国美电器股权全部出售给了 BVI 公司，由黄光裕通过 Gome Holdings全资持有，国美电器转眼间变成了中外合资企业。

两个月后，又一场大戏开演。这一次，黄光裕直接首发出演。2004 年 6 月 7 日，中国鹏润发布公告，其于 6 月 3 日通过全资控股子公司购买了 Ocean Town 100％的权益，其唯一资产便是国美电器 65％的股权。此次交易完成后，中国鹏润的主营业务将转向零售业。

　　在这场价值 88 亿元的交易中，并未涉及现金，其中 24.35 亿港元由中国鹏润发行 4410 万股新股支付，余下 80.58 亿港元将通过发行两批可转换债券支付。交易完成后，黄光裕对中国鹏润的持股量由 66.9% 增至 74.9%，恰好在全面收购之底限。而如果可换股债券到期全部转股后，其持股量则会增至 97.2%。

　　如果故事停留在这里，一切就完美了，然而真相总是会被揭露。

　　2008 年 11 月 18 日晚，国美集团董事会主席黄光裕再次被公安机关带走调查。调查的理由是涉嫌洗钱、违规操作证券。

　　2008 年 11 月 28 日，证监会的一纸通报撕开了黄光裕的资本运作黑洞："2008 年 3 月 28 日和 4 月 28 日，证监会对三联商社、中关村股票异常交易立案侦查，调查过程中发现北京鹏润投资有限公司有重大违法违规嫌疑，涉及金额巨大，证监会已经将有关证据资料移送到公安机关。鹏润投资的实际控制人是黄光裕。"

　　实际上，黄光裕被查的直接原因正是其操纵股票中关村的股价。而且，黄光裕后来的资本运作尽管出手阔绰、一掷千金，却只是一种表面光芒。业内人士分析指出，黄光裕近两三年的投资，除了以高昂代价满足其个人的征服欲外，并未有真正的获利。对大中电器的战略性收购，普遍认为，36.5 亿元现金收购的价码开得有些偏高。至于对中关村科技和三联商社的收购，不仅动机令人琢磨不透，而且代价不菲。

　　据《中国证券报》报道，黄光裕在入主三联、中关村，以及并购大中案中，需要大量资金，国美作为香港上市公司，在外汇监管下，资金流入总额有限制。一方面是并购急需资金，另一方面是港币流入困难，且港币面临不断贬值、账面缩水的压力。黄光裕极有可能动用地下钱庄，洗钱或者转移资金。接近黄光裕的人士称，资本市场的巨大收益让爱冒险、"赌"性十足的黄光裕欲罢不能。

　　针对黄光裕落马的导火索，各种传闻甚嚣尘上，从行贿商务部条法司巡视员郭京毅到结交最高人民法院副院长黄松有，从骗贷、逃税到非法换汇，甚至还有赌债未还的版本，不一而足。无论真相究竟如何，可以肯定的是，与黄光裕有关的那个从草根到首富的神话已经破灭。

政商关系裂变

黄光裕案引发了多米诺骨牌效应，一大批官员相继落马。当真相大白时，人们才发现，黄光裕这位昔日的"中国首富"完全是官商勾结，利用国家资本"制造"出来的。

20多年来，黄光裕一直游走在政商两界，谋取巨大利益而迅速爬上财富和声名的顶峰，也在短短一夜间如坐上失控的电梯般直线坠落。

2010年1月11日上午，中央纪委监察部召开的纪检监察机关查办案件工作情况通报会首度公开确认，2009年落马的内地贪官，官至省部级的至少有国家开发银行原副行长王益等15人之众，这一数字，刷新了改革开放31年来内地高官落马的年度纪录。这15名落马的省部级高官中有5人涉及黄光裕案。有分析人士认为，这些高官落马的一大特点首先是与富结盟。据媒体报道，20多年来，黄光裕花费数十亿元资金贿赂官员，构筑了一个庞大而复杂的政商关系网。

由此可见，黄光裕案情之复杂、牵涉范围之广、人员之多、官员级别之高、数额之大堪称中国历史之最。黄光裕案还入选"2010年中国八大待解悬案"。

按时间来追溯，与黄光裕有关的高官最早被"双规"的是最高人民法院原副院长黄松有。黄松有于2008年10月15日起接受中纪委审查，一个月后，黄光裕才被相关部门带走调查。2009年10月左右，最高人民法院纪检部门和中纪委共同向黄松有宣布，对其"双规"调查结束，黄松有案被正式移送最高人民检察院，黄案至此开始进入司法程序。

2009年1月12日，中央纪委办案人员将公安部原党委委员、部长助理

郑少东,公安部经侦局副局长兼北京直属总队总队长相怀珠带走,随后以涉嫌在金融大案中受贿对两人实施"双规"审查。郑少东由此成为第二位与黄光裕有关的省部级高官。

2009年12月31日,中央纪委宣布,经查,郑少东利用职务上的便利为他人谋取利益,收受巨额贿赂,其亲属收受他人巨额钱款。郑少东的上述行为严重违纪,其中有的问题已涉嫌犯罪。根据有关规定,经中央纪委常委会审议并报中共中央批准,决定给予郑少东开除党籍处分,经国务院研究决定给予其开除公职处分;收缴其违纪所得;将其涉嫌犯罪问题移送司法机关依法处理。

2009年4月16日,两位省部级高官因黄光裕案牵连而同时落马。新华社消息称,据中央纪委有关负责人证实,广东省政协主席陈绍基、浙江省纪委书记王华元涉嫌严重违纪,目前正接受组织调查。陈绍基曾在广东政界、警界路路通。经初步查明,陈绍基的巨额不明财产,据说与黄光裕案不无关联。陈绍基亦成为广东30年来第一位落马的正省级高官,而王华元则成为第一位在职被抓的纪委书记。

2009年4月23日,政协第十届广东省委员会常务委员会第六次会议通过了免去陈绍基省政协主席职务和撤销其委员资格的决议。

2009年6月8日,继陈绍基案发后,广东政坛再发"地震",深圳市委副书记、市长许宗衡当天被"双规"。据悉,许宗衡主政深圳期间,一直推行"强势政府",其雷厉风行的执政风格曾受到很多人的肯定。从汽车修配厂的一名中专技术员,到改革开放前沿深圳特区政府的"一把手",许宗衡多年来政坛生涯一路坦途,人称"黑马"。他曾多次对媒体表示,要做"一个清廉的市长,不留败笔,不留遗憾与骂名",但从后来的事实看,许宗衡的高调清廉背后,与其深度腐败并行不悖。据称,许宗衡因涉及黄光裕贿赂案而浮出水面。在接受调查期间,传言说他曾吞筷自杀未遂。

2009年10月中旬,国家税务总局稽查局处长孙海涛被中央纪委带走,"协助调查"黄光裕一案。这些人被调查的原因,几乎都与黄光裕的"行贿"有关。

而就在大家普遍认为黄光裕案接近调查终局时，2009 年 12 月 22 日，中共上海市纪委对上海市公安局原副局长朱影做出党内纪律处分，撤销其九届上海市纪委委员职务。当日，朱影因涉嫌黄光裕案被刑拘。

据了解，朱影在上海市公安局任职期间主要分管"经侦"，年初调离岗位至上海工商局任副局长。据知情人士透露，朱影调离公安系统主要因黄光裕案发，到工商局也是徒有职务并未到任，实为接受调查。坊间传闻称，他的升迁是得到公安部和上海市的要人提携，而他来自北京的关系，被认为是公安部原部长助理郑少东。

现在的黄光裕身陷囹圄，这一次，他恐怕难以再用锐利的金钱划开罩住他的法律法网，让自己无罪脱身了。其中缘由，复杂而深刻，也将影响深远。

钱，无疑是上述纠葛交错的利益集团的纽带，具有强大的力量。黄光裕以金钱为纽带，驱动政商两界关系，在权力和金钱间反复"套现"，多次逢凶化吉，创造财富神话。

最著名的一次当属 2006 年的那个国庆，40 岁的黄俊钦和 37 岁的黄光裕兄弟因为涉及中国银行北京分行行长牛忠光骗贷案被公安部立案调查，当时黄氏兄弟用金钱铺路，最终"逢凶化吉"，无罪脱身。没想到两年过后，黄氏兄弟再遭调查。知情人说，黄光裕本人对此次被拘"或多或少有过心理准备"。

据和相怀珠、黄光裕熟悉的一位商界人士透露，当年相怀珠的孩子高考，因为分数不够又想上名牌大学，就交给神通广大的黄光裕搞定此事。黄光裕先后找到国内几所著名高校，豪言："我捐一个亿都行，给我一个上学名额！"

自然，黄光裕的钱不会白花，精明的商人做事都会算个经济账，要够赚才行，相怀珠必须要为黄光裕做些事情加以回报。

据《中国经营报》2009 年 12 月 26 日报道，2006 年黄光裕兄弟被抓时，负责侦办此案的正是相怀珠。2007 年 1 月，国美电器公告称，公安部针对黄光裕和鹏润房地产公司的"协助调查已经正式撤销"。其奇迹般地扭转，让很多人感叹："有钱真好！"

俗话说："有钱能使鬼推磨"，但金钱也会有失灵的时候。2008 年 11 月，被警方以"涉嫌经济犯罪"再次被带走后，黄光裕希望以金钱和强大的政商关系网再次发挥作用。

就像医生切除肿瘤般干净利索，黄光裕所在的利益集团被系统性地清理掉了。黄光裕苦心经营多年的政商渠道被悉数切断，即使花再多的钱，也无法施展威力了。

黄光裕案真实地反映了中国经济体制改革所存在和面临的一些共性问题。从某种意义上理解，围绕企业经营进行的政商博弈，正好可以提供这种观察的样本。

黄光裕的"三宗罪"

备受关注的国美黄光裕案于 2010 年 4 月 22 日上午，在北京市第二中级人民法院一审开庭。

2010 年 5 月 18 日，经北京市第二中级人民法院裁定，黄光裕犯非法经营罪，被判有期徒刑 8 年，没收个人部分财产 2 亿元；内幕交易罪，被判有期徒刑 9 年、罚金 6 亿元；单位行贿罪，被判有期徒刑 2 年；三罪并罚，判有期徒刑 14 年，罚金 6 亿元，没收财产 2 亿元。黄光裕之妻杜鹃则因内幕交易罪，获刑 3 年半，罚金 2 亿元。

一审判决后，黄光裕向北京市高级人民法院提起上诉。

2010 年 8 月 30 日，北京市高级人民法院进行了二审宣判。黄光裕三罪并罚被判 14 年以及罚没 8 亿元人民币的判决维持不变；其妻子杜鹃被改判缓刑，即被判处有期徒刑三年缓期三年执行，并当庭释放。

北京市第二中级人民法院和北京市高级人民法院认定黄光裕所犯"三宗罪"如下：

一是非法经营罪。

为还 10 亿港元赌债，私自兑购港币。起诉书显示，黄光裕于 2007 年 9 月至 11 月间，通过郑晓微（"公海赌王"连超的外甥女）等人私自兑购港币，涉案 8 亿元人民币。根据法律规定，在国家规定的交易场所以外买卖外汇属非法，情节严重的以非法经营罪追究刑事责任。

而黄光裕非法换汇，源于其在澳门豪赌，输掉超过 10 亿港币。据悉，2003 年，黄光裕经香港立法会议员詹培忠介绍，结识"公海赌王"连超，自此踏进"海王星号"公海赌船及澳门当地的赌场。

好赌的黄光裕凭借自己的富豪信誉，可以在赌桌上拿到数千万元筹码下注，输赢记账，其信用额度一度提升至三四亿元。如果信用额度用完，就由他的赌场代理人、国美电器执行董事伍建华出面，以伍的名义写下欠条。据报道，黄光裕曾一次输掉过亿港币，累计输钱则超过了 10 亿港币。

根据赌场规定，赌债有两个月的豁免时间。但如果赌场催得急，黄就从内地公司划款到伍建华账户，而这些账户正是连超外甥女郑晓微和其丈夫在深圳经营的地下钱庄。钱庄接收人民币后，将港币打到指定账户，并从中赚取手续费。

对此，黄光裕辩称，他对于地下钱庄的事并不知情，只是把钱打到伍建华提供的银行账号而已，而伍建华也从未提过地下钱庄的事。目前，郑晓微和她的丈夫已因操控地下钱庄被判刑。

二是单位行贿罪。

两次涉案过关，数百万答谢官员；中行骗贷案，受牵骗贷案，百万谢相怀珠。2006 年，黄光裕身涉中行骗贷案，而这一切是因一个叫冯辉的人而起。

检方指控，2001 年，黄光裕开发的首个楼盘鹏润家园"豪苑"大厦因户型偏大而滞销。后来北京建业投资有限公司老板冯辉找到黄光裕，表示要买下豪苑大厦整栋楼，用作出租经营。由于资金有限，冯辉找到很多身份证和鹏润公司签订购房合同，以假按揭方式向中行骗贷。鹏润公司作为开发商履行担保责任。

几年后，被改造成写字楼的豪苑大厦出租效益不错。但此时，审计署在审计中行贷款过程中，发现鹏润家园有3亿余元虚假按揭贷款，涉嫌贷款诈骗，案件已移交公安部。黄光裕从媒体得知消息后急忙联系冯辉，冯表示会处理。但随后冯辉出逃。

黄光裕和鹏润公司不可避免地接受了调查。当时侦办此案的正是相怀珠。黄光裕说明自己没有非法占有贷款，在找不到冯辉的情况下，鹏润公司作为担保方愿意还贷款。

为及早平息此事，黄光裕将3亿元资金汇到公安部经济犯罪侦查局北京直属总队指定的中行账户中。但银行却以程序为由，拒绝鹏润还贷。黄光裕只得找相怀珠协调。2007年年初，公安部经调查后，对鹏润公司涉嫌骗贷案发出了"撤案通知单"。

黄光裕表示要感谢相怀珠，当相怀珠获得公安部分房后，黄提出赠送全套家用电器。相怀珠与妻子李善娟于是前往黄光裕旗下门店挑选了家电，价值6万余元，全部由黄光裕签单。

不久后，在黄家的一次宴席上，李善娟提到炒股赔了钱，许钟民便在饭桌上透露了黄光裕布局中关村股票的消息，随后，黄光裕又向相怀珠夫妇"借"出100万元炒股。

国美税案，百万"封口费"谢税务官员。在检方指控的单位行贿罪中，有一笔是向国税总局稽查局三处原处长孙海淳行贿100万元。

2006年，国税总局稽查局启动了对国美的税务稽查，黄光裕当时正同时面临中行贷款案的调查。

2006年8、9月间，孙海淳约谈黄光裕。黄光裕表示自己主观上不会偷逃税款，愿意积极配合税务稽查，但希望调查不要向媒体公开。

此后，针对国美的全国性税务稽查持续了1年，最终连补交税款外加滞纳金、罚款，国美集团总共缴纳了人民币8000多万元，其中包括黄光裕个人所得税800多万元。但这一切都未对外公布。

2008年年初，为答谢孙海淳的关照，黄光裕约请孙吃饭。席间将装有

10 张银行卡内存共 100 万元的信封递给孙海淳。据孙海淳供述,他次日酒醒后看到信封里是银行卡,且每张背面都写着"10 万元",他很惊讶,几天后主动约黄光裕吃饭,偷偷将卡塞进了黄光裕的衣兜。黄知道后拦住孙海淳,告诉他"钱可以先拿去投资,等赚了钱再还也不迟"。最终,孙海淳半推半就地收下了。

2008 年 11 月,黄光裕因内幕交易案发被拘,此时,卡里的钱孙海淳一分未动,因怕受到牵连,他将 10 张银行卡剪成碎片扔进厕所冲走。

除孙海淳外,负责北京国美公司税案的北京国税局稽查局梁丛林、凌伟也各得 50 万元好处。对从中牵线搭桥的靳红利,黄光裕让许钟民酬谢对方 30 万元。但靳对此并不满意。黄光裕随后又将一个装有 120 万元现金的拉杆箱交给了靳。目前,4 名涉贿公职人员都已先后在北京二中院受审。

三是内幕交易罪。

布局中关村操纵 85 个账户炒股。黄光裕在中关村布局中的失败,成为他的人生转折点。

检方指控,2007 年 4 月至 9 月,黄光裕作为北京中关村科技发展(控股)股份有限公司的实际控制人、董事,在决定该公司与其他公司资产重组、置换事项期间,指使他人使用其控制的 85 个股票账户购入该公司股票,成交额累计人民币 14.15 亿余元。至上述资产重组、置换信息公告日,上述股票账户的账面收益额为 3.09 亿余元。

据了解,黄光裕使用的这些股票账户,都是指派手下借用身份证开设的,甚至包括鹏润大厦保安王振树,而这个身份证还是黄光裕亲自向王振树借来的,但这名普通的保安根本不知道被借走的身份证作何使用。

但黄光裕并未从中获利。当时正值股市一泻千里,直到他被控制时,还在以两三块钱的价格抛售股票。起诉书也并未载明其获利情节,仅是以股票公告日的账面收益额作为取样,阐述案件情节。

由于其操控的账户都是新户,资金量巨大,且在同一时间点大进大出,引起监管部门注意。根据调查发现,这些账户的主人根本不知开户之事。

黄光裕的操控由此逐步败露。

检方认为，内幕交易罪"情节特别严重"，黄光裕为主犯，杜鹃、许钟民系从犯。

据新华社报道，黄光裕对被指控的犯罪事实并不否认，控辩双方对被指控的犯罪事实争议也不大，但对行为的定性，双方有明显的分歧。

关于非法经营罪的指控，起诉书指国美公司、鹏润公司及黄光裕、许钟民和杜鹃非法买卖外汇，情节特别严重。但检方最终只对黄光裕一人提出指控。关于内幕交易罪、泄露内幕信息罪，检方将其定性为"情节特别严重"；单位行贿罪，则是"情节严重"。

野蛮的代价

"上天要你灭亡，必先让你疯狂"——用这话来形容黄光裕的陨落最合适不过。他聪明、自信、要强，认为人就是应该不断奋斗，要做就做最棒的。这话乍一听挺有道理，只是也可以差之毫厘，谬以千里，可以认为他为人自我、处世霸道、为了成功不择手段。在更适合合作与共存的现代商业面前，黄光裕在追逐财富和利益的道路上，无疑用错了他的性格。

"出来混，迟早是要还的。"电影《无间道》的这句经典台词似乎很适用于黄光裕及其同党。黄光裕虽然刚过不惑之年，但其在外"混"的时间却是改革开放经济发展最快的20年。

2003年以前获利状况不很乐观的国美电器零售业务却实现了相当的经营规模，从而带来了巨大的现金流，其中一部分资金通过国美系内的投资公司，以往来款的形式转移给了系内从事房地产的公司无偿使用；房地产业的高回报带来的收益又流回电器零售业，为其不断扩张提供了资金支持。

之后，就是2004年的包装上市；2005年全国"跑马圈地"，一口气开了250多家门店；再接着就是对永乐、大中、三联商社等行业巨头的连续收购。

与此同时，黄光裕旗下的房地产项目也得到了强劲的资金注入。

黄光裕的"主业"——国美电器，似乎取得了不俗的成绩。2005 年 11 月 24 日，国美发布了第三季度财务报告。报告显示，截至 2005 年 9 月 30 日，上市公司前三季度实现营业收入 364 亿元人民币，同比增长 20.0%；经营利润18.7 亿元人民币。

但从目前来看，黄光裕收购的大中电器和三联商社，可以说是一笔赔本买卖。以收购大中为例，国美付出现金 36.5 亿元，折算成市盈率高达 18 倍，而当时香港上市的国美电器市盈率仅为 6 倍左右。如果黄光裕将大中电器装入香港上市公司国美电器中，与其收购价相比将净亏 20 多亿元。

疯狂并购之后，黄光裕的国美成为国内家电零售行业的龙头老大。老大的位置是风光的，而风光的背后则是又一个让人触目惊心的"奇迹"。

据《中国经营报》报道，黄光裕时代的国美是彪悍、霸气的，夹杂着野蛮和非理性的商业色彩。生猛勇狠，从不按套路出牌，这就是鲜明的"中国家电连锁大王"黄光裕的风格。国美的每一步成长都伴随着厮杀与哀嚎。从北京到天津，从一级市场到二三线城市，国美的入驻往往意味着当地电器卖场好日子的终结。而且一旦占据优势，黄光裕绝不给对方喘息的机会。

中国家电零售业出了一个黄光裕，厂商的日子日益难过。"黄光裕完全是单边主义，供零之间合同的谈判完全是他们说了算。要么同意，签合同；要么撤展台，走人。"黄光裕早已撂下狠话："咱们谁也离不了谁，谁也控制不了谁，你若拿我黄光裕去平衡我的对手，我就有办法去平衡你的对手！"于是供应商和黄光裕的爱恨纠葛时时见诸报端，但国美始终保持着产品价格上的绝对优势。

黄光裕做事的习惯是，方向一旦明确，有三分把握就敢去做，要求速度，凡事尽快实施，基本不会花三个月来谋划一件事。

黄光裕具有在商业领域雄霸天下的创新冒险与刚毅坚韧，同时有好大喜功与傲狠强为的性格危险。或许正是这种性格上暴露出的突出缺陷为他往后的人生埋下了伏笔。

从 1987 年在北京贷到第一笔 3 万元贷款，到后来的 20 多年间，黄光裕花巨额资金编织了一张通往权贵高层的黑金网络。正是这张黑金网络，使黄光裕无论是在银行贷款、境外上市、资本运作，还是摆脱司法制裁方面都能游刃有余。

财经作家张小平认为，冒进的黄光裕在资产估值高峰时期进行了大规模的投资，而突如其来的金融风暴所引发的经济危机，变成了对喜欢资本运作的富豪们的"大屠杀"。

黄光裕兄弟从创业开始，便一直是踏着政策和法律的边缘前行的。比如，早年黄光裕的大哥黄俊钦便因为倒卖电器产品，被呼和浩特警方以投机倒把查扣。

在一片混沌之中，这些"孤胆英雄"式的企业家们在当时的很多"肆意妄为"之举，也有着一定的意义：他们对当时法律和政策底线的试探和触犯，在客观上拓展了它们的边限及商业空间。

黄光裕两次重大危机，都是由某些官员腐败行径暴露所引发的。如 2006 年，黄光裕兄弟陷入 13 亿元违规贷款的危机，起因便是中行北京分行原行长牛忠光案发；而这次的被调查事件，据传也是因为商务部官员郭京毅等案发。

毫无疑问，黄光裕是一个商业奇才——17 岁创办国美；36 岁即戴上"中国首富"的桂冠。这样的人，只能用"奇才"来形容。正是他成就了中国家电连锁的"商业帝国"，解决了多达 20 万人的就业问题，年销售额为 1200 亿元，一年纳税 20 亿元，很多人因为他的存在而买到物美价廉的家电产品。因此，我们不能因为他的犯罪，就完全抹杀他积极的一面。

作为中国最大的家电销售平台，国美在中国内地和港澳多个城市拥有 1300 多家门店，其零售平台上的企业将近 500 家。即便是海尔、美的、海信这些在国内声名显赫的家电制造企业，其 15% 以上的国内销售收入也是通过国美实现的。然而，在构建如此庞大的商业帝国的过程中，却并没有成长出所有卓越的公司必须具备的真正企业家——这一点，正是成千上万家中国企业共有的不堪一击的命门，从牟其中的南德到黄光裕的国美，都没能逃脱这个创富的怪圈或者说宿命。

狱中打响国美控制权争夺战

2010 年 8 月 4 日，在狱中的黄光裕与自己亲点的接班人——现任董事局主席陈晓发起了"国美控制权争夺战"（以下简称"黄陈大战"），引起社会各界的高度关注。该股东大会一直被外界视作国美电器"去黄"还是"去陈"的决战大会。

"黄陈大战"正式打响于 2010 年 8 月 5 日。当天，在香港上市的国美电器突然停牌，晚间发出震惊市场的公告：现任董事局主席陈晓 8 月 4 日晚间 7 时 30 分收到黄光裕代表公司大股东的要求信函，要求召开临时股东大会撤销陈晓董事局主席职务、撤销国美现任副总裁孙一丁执行董事职务，同时提名黄光裕的胞妹黄燕虹及中关村副董事长邹晓春进入董事会。

面对突发状况，陈晓毫不客气地以起诉还击。根据国美电器的公告，国美于 8 月 5 日向香港特别行政区高等法院，针对黄光裕于 2008 年 1 月及 2 月前后回购国美电器股份的行为正式起诉，并追偿由上述行为导致公司所遭受的损失。

其后，黄光裕家族于 2010 年 8 月 9 日至 11 日接受《21 世纪经济报道》记者采访时，向外界解释"去陈"原委。黄燕虹说："本次国美大股东提出重组董事局，确实是看到陈晓为了自己的私欲，改变了国美电器的发展方向，企业发展明显滞后，如果不改变，将很快被竞争对手超越。"

2010 年 8 月 12 日，国美电器五高管在北京集体接受媒体采访，回应黄光裕家族对公司经营及引进战略投资者方面的种种质疑，表态将与陈晓"共进退"。

2010 年 8 月 13 日，黄光裕家族代言人再次接受《21 世纪经济报道》的采访，表示大股东——Shinning Crown Holdings Inc 能够理解国美高管所说的一些言不由衷的话，并指出若董事同意增发将提起法律诉讼。

2010 年 8 月 16 日，《第一财经日报》透露，国美电器正在准备增发 20％的股份，而黄光裕家族已开始筹钱应对增发，并称原大中电器董事长张大中计划借给黄光裕家族数亿元现金。当日，国美电器就此报道发布公告含糊称，不知道报章揣测公司拟配股及股价变动的任何原因，并称暂无任何收购或变卖商谈。

2010 年 8 月 18 日，身陷狱中的国美电器创始人、前董事长黄光裕向接班人陈晓公开"开战"。黄光裕方面独家授权新浪网发出一封致全体国美员工的公开信《为了我们国美更好的明天》，细数黄氏家族与陈晓之间的恩怨"三部曲"，将这场比影视小说更为精彩的"黄陈大战"再次推向高潮。

黄氏家族方面称，这封信旗帜鲜明地表达了黄光裕的个人态度。公开信的开头即将这场纷争定调为"由于陈晓阴谋窃取公司的控制权而引发的一场大变局"。公开信指出陈晓利用大股东的信任、临危托付，一步步掌舵国美，却在此后部署了"三步棋"，即以苛刻协议引入贝恩；"慷股东之慨"，不按业绩考核，盲目给部分管理人员期权，变相收买人心；企图发行新股，从而使这个来之不易的民族品牌沦为外资品牌。

公开信还说："陈晓不惜冒天下之大不韪，挑战职业经理人的基本职业道德！践踏中国传统最基本的道德底线！他的行为已经触犯众怒，连日来人们在网上一边倒地对他的批评，就是对他的行为最好的回答！"这封名为《为了我们国美更好的明天》的公开信，落款为国美电器大股东 Shinning Crown Holdings Inc。信中以"疾风知劲草，危难显忠诚"为喻，诉说了陈晓"负义"、"不忠"的三步棋，呼吁全体员工和大股东一起，将国美电器带回正轨。

2010 年 8 月 23 日，国美电器公布了 2010 年上半年的经营业绩，其销售收入达到 248.73 亿元，同比增长 21.55％，而净利润达到了 9.62 亿元，同比增长 65.86％。这些数据，被外界认为是陈晓战胜黄光裕、赢得其他大股东支持的关键筹码。

有了漂亮业绩打底之后，以陈晓为首的国美管理层也终于定下了"决战"时间——2010年9月28日。陈晓表示，前主席黄光裕被捕令国美陷入流动性危机，并呼吁投资者在9月28日的特别股东大会上支持管理层。

正值黄光裕与陈晓争夺国美电器控制权的关键时刻，2010年8月30日，北京市高级法院对黄光裕系列案作出二审宣判，黄光裕维持一审判决不变，只是撤销一审法院关于黄光裕之妻杜鹃的量刑，由一审的有期徒刑三年六个月改为缓刑，杜鹃当日出狱。这意味着杜鹃可以为黄光裕家族代言，出席9月28日的国美公司特别股东大会。

杜鹃出人意料的复出将给黄、陈的国美控制权争夺战引入新的变数。

在被捕之前，杜鹃长期在香港主管黄家资产投资，精明干练，英语熟练，对公司管理层也颇有影响力。如果杜鹃复出，将会强化黄光裕在这场争夺战中的操作能力。

就在杜鹃出狱当天，2010年8月30日，黄光裕方面发布紧急声明表示，国美电器大股东坚决反对在目前国美资金充裕的情况下，在召开特别股东大会前进行增发。

国美电器发布公告称，2010年8月27日，从黄光裕拥有并控制的北京国美发来一封终止函——如果黄光裕提出的动议在9月28日特别股东大会上未获通过，有意终止上市集团与非上市集团签署的采购和管理协议。如果提案部分通过但部分未获通过，北京国美将于特别股东大会后7日内将其有关各集团间协议的意向通知上市公司。

目前，国美电器上市公司有740家门店，非上市部分有350多家门店。黄光裕方面发出的通牒意味着黄光裕有可能独立运作非上市部分，并很可能拿回其私人公司拥有的国美品牌。

据《经济参考报》报道，黄光裕正通过包括资产变现等多种渠道筹措资金，涉及金额巨大，并已和多方人士进行过沟通。该报道援引消息称，黄氏家族有意出售鹏润地产旗下地产项目，回笼资金，其中包括北京西站建国大饭店、国美商都等项目。而黄光裕多方筹措资金的动作，则被看做是应对增

发或提高股权的背水一战。

对于"黄陈大战"，复旦大学企业研究所所长张晖明说："这一事件是中国公司文化发展不充分的一种表现。"他认为，此事对于国内众多民营企业及国有企业均有借鉴意义，即公司上市之后，公司的创始人或大股东该如何调整自己与企业的关系。

对于黄光裕来说，失去对自己一手创办的国美电器的控制权，在情感上确实难以面对，但既然已经将国美上市，黄光裕早就应该扭转思路。上市之前，国美电器还可以说姓黄，但上市之后，国美电器已经成为公众公司，不应该再用家族企业的概念来理解和对待了。对于上市公司来说，公司再也不属于创始人及其家族所有了，当然也不属于公司董事会和 CEO，上市公司的真正所有者是全体股东。而董事会是公司所有者的代表，它的职责在于维护全体股东利益。董事会为自己的决定负责，不必听从哪个股东的指示，无论大小。同时，董事会也必须在《公司法》、《证券法》、公司章程及股东大会授权范围内开展活动并承担相应的法律责任。

对于愈演愈烈的国美股权争夺战，著名财经评论员叶檀在接受中央电视台采访时表示，"国美电器"变成"美国电器"这个风险存不存在，或者说资本玩家最后会不会把这个果实夺走，现在还说不定，起码风险是有，但可能性不大。

叶檀指出："从大局来说，我觉得这样的争夺是个好事情。第一，说明双方的股东权利得到了维护；第二，这是中国公司治理上的一个胜利，现在黄光裕还能行使他的大股东权利，我觉得这是中国公司史上的一个胜利。"

她还表示，从数字上来看，国美目前的增长性确实已被竞争对手所超越，而且在未来的几年，国美的成长性恐怕都不容乐观，这是所有国美投资者都不愿意看到的。从 8 月 5 日国美宣布起诉黄光裕后，国美电器股价便一路走低，其市值在短短 14 天内已缩水逾 60 亿港元。

业内分析人士称，股东有股东的责任，董事会有董事会的责任，如果董事会是为某一个股东服务，那建议这一类企业不要去上市，尤其不要到国际上上市。如果确实想把企业推向市场，那就要像职业经理人一样运作，前提是这些职业经理人遵循他的信托责任。

2010年9月28日晚，国美在香港召开特别股东大会，投票表决结果陈晓胜出，继续担任国美董事兼董事会主席。陈晓胜出，出乎很多人的意料，但"黄陈大战"，对于中国公司治理，对于职业经理人信誉，对于小股东保护，对于大股东控制，对于财务投资者获利路径，都将是一次绝妙的、生动的解读，为后来者提供了最好的案例。

黄光裕获刑的思考

备受关注的原国美集团董事局主席黄光裕案已尘埃落定，这对中国的民营企业和民营企业家来说是一个很好的历史性的警示。

像黄光裕这样的创业者、民营企业家，他们的生长有先天不足，更有后天失调。他们中的不少人只有财富野心，而无社会责任，在社会对商业推进有效规范运作到新的高度时，这些人的经营行为惯性就会踩地雷，以致自我毁灭。因此，民营企业要从管理中突围奋进，这是时代的呼唤，更是企业自身的生存发展法则。

社会责任是什么？目前国际上普遍认同CSR（企业社会责任）理念：企业在创造利润、对股东利益负责的同时，还要承担对员工、消费者、社会和环境的社会责任，包括遵守商业道德、生产安全、职业健康、维护劳动者的合法权益、节约资源、保护生态等。它是企业为改善利益相关者的生活质量而贡献于可持续发展的一种承诺。

企业社会责任不是简单地捐款，搞慈善。可以这么说，遵守社会的基本价值观，并严格履行，是一种责任；树立一种精神，做对企业、国家、他人都有利的事，也是一种责任；追求技术创新，提供安全、环保的产品，还是一种责任。

近 10 年来，张荣坤、吴志剑、周正毅、顾雏军、黄光裕、吴英等 50 多位富豪相继锒铛入狱，他们的悲剧源于信仰与责任的缺失。曾几何时，我们想到企业，就是财富二字，责任似乎是很奢侈的字眼。但是今天，责任已经成为大家的共识，不只是"境界"，而是关系到"生存"问题！社会责任是全球通行证，没有商业伦理与责任的企业家永远不可能走远，也无处躲藏。

中国的许多企业家拥有太多的冒险精神和淘金冲动，有着太多的智慧和敏锐，但有些企业家缺乏诚信、道德、正义感、人文关怀以及做人的原则，更缺少感恩和回报社会的理念，他们把人生当作一次豪赌，当作一次百米赛跑。其目的只有一个，那就是赚钱。他们如此全神贯注地追逐财富，不仅忽略了公司治理结构和增长模式，而且无视一切企业都应该恪守的社会责任与商业道德，而这恰恰是许多失败的企业和企业家走向毁灭的原因。

其实，做企业和做人一样，都是一场漫长的马拉松赛跑。没有信仰就不懂得忍耐，不懂得循序渐进的道理。企业成功靠的是一种社会责任感，一种理性的科学精神，一种道德感，一种人本精神，一种自控力，一种对规则的遵守和一种真正意义上的创新精神。

古人云："君子爱财取之有道。"赚钱是企业家、商人的天职，但你的一切经营活动都应该坦坦荡荡、光明磊落。企业家和商人不能为了满足自己的金钱欲望和目的而不择手段，搞些"下三滥"的小动作、耍些"小聪明"，否则永远成不了大气候。那些违背社会道德、违反国家法律、采取非法手段去谋取利益的人，迟早是要"翻船"的。

马云认为，做企业有三重境界，分别为生意人、商人和企业家：生意人是完全的利益驱动者，为了钱什么都可以做；商人重利轻义，但有所为，有所不为；而企业家是带着使命感要完成某种价值。如果一个人脑子里想的都是钱，就永远不能成为企业家——企业家就意味着为社会创造财富、创造价值。由此人们懂得：真正的企业家永远不会犯罪。就这点而言，黄光裕案于其自身还是后来者，都有裨益。

（2007 年"胡润百富榜"、"福布斯中国富豪榜"中国首富）

6. 杨国强："隐形首富"

杨国强 （档案）

出生时间： 1954 年 10 月

性　　别： 男

籍　　贯： 广东省顺德市

文化程度： 初中

现任职务： 碧桂园集团董事局主席

从事行业： 房地产、建筑、装修、物业管理、酒店

公司总部： 广东省佛山市顺德区

创业时间： 1992 年

创业资本： 白手起家

上市情况： 2007 年 4 月碧桂园控股在香港联交所上市

行业地位： 中国房地产开发企业十强之一

拥有财富： 2007 年 4 月，碧桂园在香港上市，杨国强却把所有股份转让给年仅 26 岁的女儿杨惠妍。杨惠妍以 1300 亿元的财富，成为"胡润百富榜"和"福布斯中国富豪榜"中国首富。2009 年杨惠妍以 310 亿元资产名列"胡润百富榜"第四位，"胡润女富豪榜"第二位。

人生经历： 1978 年，杨国强在顺德北滘公社房管所任施工员。1980 年当建筑包工头。1989 年担任建筑公司经理。1992 年任北滘镇经济发展总公司总经理，开始开发楼盘。1997 年组建碧桂园集团。2005 年碧桂园控股有限公司成立，担任公司董事长。2007 年 4 月碧桂园在香港上市。

主要荣誉： "南粤慈善家"、"广东十大新闻人物"、"中国地产十大风云人物"、"抗震救灾模范个人"、"中国地产十大功勋人物"等。

社会职务： 广东省政协第十届、第十一届委员、常委。

经典语录： 大家都追求成功，但问题在于怎么得到成功，得到成功之后又怎样。很多人觉得，有钱有权的人就有幸福感，其实很多有钱人是很痛苦的。我认为，得到他人的尊重和认同才是最重要的。

在"各领风骚一两年"的中国富豪榜上,似乎没有哪位首富比碧桂园创始人杨国强更"土气",更具神秘色彩。这位农民出身的顺德富豪,自幼家贫,17岁前未穿过鞋,曾放过牛种过田,做过泥水匠。20世纪80年代因做建筑承包商积累了第一桶金。从耕田的农民到包工头再到大型房地产开发商,有人称其经历是20世纪80年代以来内地民营企业家的发家缩影。

杨国强为人低调,15年来他一直躲在"碧桂园"品牌背后。在公司上市之后,名字曝光率虽高,但其照片从未在传媒上公开过。有人说他玩神秘,他却说,"商人本来就不该靠耍嘴皮"。但他在业内创造着惊人的业绩,乐善好施的口碑在当地传得很响,纳税额居中国民企之首。2007年4月碧桂园在香港上市,他却把所有股份转让给年仅26岁的女儿杨惠妍。2007年,杨惠妍以1300亿元的身价名列"胡润百富榜"和"福布斯中国富豪榜"首位,成为中国内地首富。因此,人们称杨国强为中国的"隐形首富"。

穷小子摇身变首富

1954年10月,杨国强出生在广东省顺德市北滘镇广教村,该村是一个明显带有岭南文化传统的村庄，村里70％以上的人都姓杨。杨国强的父母都是贫穷的农民，他有两个姐姐和三个哥哥。他的三哥杨国光向记者这样描述杨国强的出生："弟弟的出世并没有给这个贫困的家庭带来快乐，却意味着家里又多了一张要填的嘴。"由于房子又破又小，杨国强和三个哥哥睡在用木板拼凑起来、距离地面两米多高的阁床之上，每次睡觉都要搬梯子往上爬。

贫穷也让他们兄弟姐妹都没有接受过完整的教育。杨国强到25岁时还是全村最穷的光棍汉。一位村民回忆说："他因为房子差点讨不到老婆。"那时杨家七口人挤在三间破旧不堪的瓦房里，大约60平方米，当时杨国强的丈母娘曾因此不愿将女儿许配给他。

杨国强曾在不同场合多次提到自己心酸的成长经历："在18岁之前，我没有穿过一件新衣服，甚至没有穿过鞋，衣服都是亲戚穿旧了送过来的。我在家煮饭煮了十多年，种菜、放牛等很多农活都干过。"

对杨国强而言，没有受过正规而完整的教育是人生中最大的遗憾。"我12岁时，每天天不亮就去放牛，后来有机会又读了四年中学，其中一年碰到'文化大革命'。所以大部分时间我还是自己看书。"

2007年11月，杨国强在中山大学演讲时说："我虽然没机会读大学，但我看了很多书，天文、哲学、历史、地理……什么书都看。小时候就算身上只有2块钱，我也会和同学到废品收购站买旧书看。"杨国强认为，自己之所以没有一辈子种田，是因为自己追求知识，喜欢思考。"有一次，我跟哥哥谈到将来，我说，一年200元，耕50年也就一万元，一辈子怎么过？后来我跟着哥哥做起了建筑。"

1978年，改革开放之初，杨国强进了顺德北滘公社房管所担任施工员。6年后，他升任区建筑队队长。到1989年，他就成为镇政府旗下建筑公司的总经理。

在建筑工程公司做了10年经理的杨国强显然迅速赚取了人生的第一桶金。他说："我在建筑公司当了10年经理，画图、预算、买材料，什么活都干，一天假都没放过。”

1992年，杨国强改变命运的时刻终于来临。北滘镇政府旗下的北滘经济发展总公司与另外两家公司联合成立顺德三和物业发展有限公司，打算开发北滘镇附近的碧江及三桂两个管理区内的一片1300亩土地，此项目即以“碧桂园”命名。杨国强的建筑工程公司顺利地成为“碧桂园”的承建商，杨国强同时又代表北滘经济发展总公司出任三和公司总经理。第二年，在顺德的产权改制潮中，杨国强抓住机会，联合其余四名同乡出资3390万元，将北滘建筑工程有限公司完全转化为私人企业。

天有不测风云。1993年，由海南房地产泡沫破裂所引发的全国性崩盘，很快也蔓延到顺德北滘这个偏僻的小镇上。杨国强的北滘建筑工程公司陷入拖欠工钱、无米下锅之窘境，以炒卖心态建造的近4000套别墅的三和公司此时亦濒临熄火状态。为了摆脱困境，杨国强当机立断以低价卖掉这些盖好的别墅，把售房的收入用来抵消北滘建筑工程公司前期垫付的建筑成本。对杨国强而言，虽然之前从未卖过房子，但现在已别无选择，只能放手一搏。

找王志纲化解危机

据《南都周刊》报道：1993年，事业上一路顺风顺水的杨国强首遭危机。当年杨国强的建筑公司还不强悍。他们已经为顺德三和物业发展公司带资建造了近4000套别墅，房子盖好了，没人来买，投资逾亿的“碧桂园”项目也基本面临破产。

1994年10月某天，经人推荐，焦急万分的杨国强请来了新华社华南分社记者、人称“记者王”的王志纲，想借后者的一支笔，为碧桂园项目鼓吹一番。经过一番交谈后，杨国强被王志纲的想法所折服，当场拍板聘其为碧桂园公司总策划。

王志纲的大手笔文案立竿见影,其对媒介势能的出色调动能力,使碧桂园学校短期之内获得了与"可怕的顺德人"这个生猛概念关联密切的符号价值。王志纲提出的以办学带动楼盘销售的策略,为杨国强带来了3亿多元的教育储备金。同时,1300名来自广东各地的富家子弟成为碧桂园学校的首批"贵族"培养对象,他们的老师,则是从全国各地8000名应聘者中推选出来的最优秀者。王志纲的以"建学校拉动楼盘",成为"土洋结合"、"财智相融"的经典案例。

有了现金流,也有了学校这步活棋,再加上"给你一个五星级的家"的远景概念和高密度广告宣传,碧桂园的楼盘销售终于找到了自己的杠杆和支点。

1995年,杨国强和4个拍档利用三和公司原股东缺乏操盘信心的弱点,逼其摊牌,仅以8000万元的代价就拿下了碧桂园物业发展有限公司。其中,杨国强占六成,其余4人各占一成。

度过危机之后的杨国强,却与王志纲这位"功臣"结束了密切合作关系。据业内人士分析,极其自主好强的杨国强,是绝对不允许外人来分享自己果实的。

据说,杨国强在广州碧桂园楼盘取得巨大成功后,与王志纲分道扬镳。接下来的华南碧桂园却没有延续这种幸运,他的火爆势头被黄文仔的星河湾项目和郭梓文的南国奥林匹克化园项目压得喘不过气来。而星河湾和南奥项目的幕后策划者正是被杨国强踢出门外的王志纲。

后来,杨国强照着王志纲策划的"学校＋会所＋物业管理"模式去做项目,然后再严格控制土地成本和人工成本,以低买低卖的"复合地产"模式四处攻城略地,倾力打造碧桂园地产王国。

在碧桂园上市后,杨国强开始面临现代化、正规化、透明化和跨地区运作的诸多难题,这对小农意识残存的杨国强来说可是一次难度非常大的挑战。

开创"复合地产"

杨国强是中国第一个实践复合地产的开发商,从碧桂园最初的"学校＋地产"模式,到后来的"学校＋会所＋地产＋酒店＋度假"模式。在这一理念指导下,他通过开发超大楼盘,以低买低卖的策略快速回笼资金,并实施设计、建设、装修、物业管理一条龙开发,以降低成本,从而快速积累了巨额财富,成就了杨国强和他"五星级的家"。

碧桂园发家于顺德,但其壮大却离不开广州。已小具规模的顺德碧桂园悄悄潜入广州,刚开始不做宣传,不做广告,70 栋楼同时起建,几百台吊车同时操作,像流水线一样,碧桂园用生产普通商品的方式来盖房子。

1999 年春节,广州碧桂园开盘,终于揭开了碧桂园的神秘面纱。它以每平方米 3000 多元的均价推出自带花园的洋房,这个价格甚至比同一地段的毛坯房还便宜,超低价格令业界感受到了巨大的冲击和震撼,创造了两个多月销售一空的奇迹。王志纲对此有一个很形象的比喻:"就像是一头大象闯进了瓷器店。"广州碧桂园的成功,标志着杨国强带领碧桂园第一次走出顺德,从此碧桂园走上了高速发展的道路。

2000 年,顺德碧桂园度假村开业,开始经营酒店。2001 年,碧桂园凤凰城建设,杨国强又创造性地提出"别墅城市"概念。

2008 年,碧桂园要将全新的社区模式和生活方式带到全国,为项目当地建造高品质生活社区。目前,碧桂园已进入到江苏、湖南、湖北、安徽、重庆、辽宁、内蒙古等省、市、自治区,已有 27 个全新项目成功开盘。2009 年,碧桂园全年销售额突破 190 亿元,创历史新高。

在房地产开发的供应链上,碧桂园几乎扮演了上下游各个环节的所有角色。设计、建筑、装修,甚至于曾经还有自己的沙厂、水泥厂,连砖都是自己生产的。这确保了碧桂园能够长期赚取开发链中的每一笔利润。

　　碧桂园擅长开发低密度住宅，其产品以别墅和多层洋房为主。有开发经验的人都知道，别墅以及多层住宅的建筑成本，相对于市区高层电梯住宅而言，其成本要低很多。一般而言，在广州高层住宅的建筑成本在每平方米2000元上下，多层住宅则在每平方米1000元上下，而别墅，由于往往以毛坯标准交楼，其建筑成本有时候每平方米不足500元。

　　由于杨国强精于成本控制，最终以低价格赢得市场。一位业内专家说，杨国强做房地产有自己的一套，就是"低成本土地、规模化生产、快速销售"。杨国强自己则是这样定义碧桂园的："大规模、快速生产、价廉物美的房屋工厂"。

　　由于碧桂园着力在二三线城市发展项目，购地成本相对较低，其购地成本仅占售楼价的15％以下，因此碧桂园能以极具竞争力的价格销售楼盘，形成快速回报。

　　这一模式的经典之作是2001年开发的碧桂园凤凰城。该项目圈地10000亩，从设计、规划、建筑施工到装饰、物业管理都是碧桂园自己负责，实施高度纵向一体化。当时70栋楼同时起建，几百台吊车同时操作，最终以每平方米3000多元的均价推出自带花园的洋房。尽管该楼盘离广州市区有将近1个小时的车程，但由于碧桂园以"价廉物美"为口号大卖别墅，当时"50万元就可以住别墅"的口号使众多客户趋之若鹜，一天之内创造了销售7.5亿元的销售神话，被业界笑称"像卖白菜一样卖别墅"，这一纪录至今仍无开发商可以打破。

　　2004年，华南碧桂园六期和南沙等4个项目同步开发。2006年，碧桂园又把版图扩大到了广东省外，相继启动占地2700亩的长沙项目和占地23万平方米的上海项目。目前，碧桂园除了以广东省为大本营外，还在湖南、内蒙古、江苏、辽宁四地发展项目。杨国强正逐渐布局全国，一步步打造着自己的财富王国。

　　管理这样一个庞大的地产王国，杨国强许多事情还是亲力亲为。与他交往较密切的人士说，有一年农历大年初一早上，他顾不上与家人共度新春，便开始与公司高层商讨发展第二期肇庆碧桂园项目。而在不需出差的日子里，他爱静静坐在售楼处的角落，观察新楼盘的销售情况。

截至 2009 年 10 月 30 日，碧桂园土地储备面积为 4360 万平方米，按照目前的开发速度，可供未来 13 年或以上时间的发展需要，杨国强成为中国名副其实的"大地主"。碧桂园不仅土地储备充足，真正的竞争优势在于其较低的土地成本。在碧桂园上市之前，杨国强就透露："我们建筑面积的土地平均成本低于我们 2006 年平均售价的 10％。"对比其他在香港上市的内地开发商，显然碧桂园拥有较低成本的土地储备。杨国强也曾总结，碧桂园成功的法宝之一就是注重成本控制。

注重成本控制的另一个表现是产业一条龙。碧桂园是一个拥有包括设计、建设、装修、物业管理、管桩厂等为一体的大集团化企业。从一开始，碧桂园就从设计、施工、安装、装修到销售、管理，形成了完整的一条龙服务，大大提高了效益。综合开发不仅易于协调，更重要的是减少了中间环节，降低了开发成本，从而降低了楼盘的销售价格。以凤凰城为例，当时珠三角楼房均价为每平方米 3500 元左右，而其在香港发售的价格低于前者 20％左右。深谙成本控制之道的杨国强，不仅通过低价策略快速回笼资金，还倚仗超大规模楼盘实现集约化生产，降低成本。碧桂园在珠三角地区拿地，单幅面积上千亩是平常事，其广州增城凤凰城项目，甚至一度号称"万亩大盘"。

到 2009 年年底，杨国强除了已经开发的 27 个碧桂园楼盘外，还拥有 8 家四星级以上酒店、3 个度假村、4 个高尔夫球会所、8 个商业广场（街）以及多个主题公园。碧桂园开发的项目都选址在风景优美的自然山水之中，这些项目又多与碧桂园的别墅区毗邻，有些甚至就是一体开发的，因此，如今碧桂园已成为各地热门的自驾游景点。对杨国强而言，这又是一次"人气＋知名度"的一石二鸟之策。

上市让女儿成为首富

自 2007 年 4 月 20 日碧桂园在香港上市以来，全中国似乎都在寻找一位年仅 26 岁、名叫杨惠妍的中国女人。上市半年后，这个神秘的杨惠妍以 1300 亿元的身价登上"胡润百富榜"首位，成为中国新首富，使得"杨惠妍"成为一个网络高频词汇。

这个财富神话的缔造者就是闻名全国的地产大佬杨国强。在碧桂园上市前，他把所持碧桂园股份悉数转让给了自己的二女儿杨惠妍。

碧桂园长期奉行大盘集中开发的原则，采取层层跟进的方式提高效率。华南碧桂园推出不久，碧桂园假日半岛立刻跟进，随后而来的还有南海、南沙两个大盘项目滚动推出。再加上资金回笼迅速，杨国强一直以资金周转宽裕而骄傲。然而，近年来，碧桂园集团采取了加速发展的战略，由"一年一个碧桂园"变成同时开发几个大型社区楼盘。不仅在珠三角二线城市如南海、肇庆、高明、随州、江门、阳东等地开发区储备了不少土地，2006 年更相继启动占地 2700 亩的长沙项目和占地 23 万平方米的上海项目，北方重镇天津也成为他们的新目标。截至 2007 年 1 月，碧桂园有 27 个发展项目分别处于不同的发展阶段，对资金的需求量明显加大。

2006 年 7 月，碧桂园悄悄更改了工商登记上的"身份"，摇身一变成为外资企业。这通常是内地民企赴香港上市前的习惯做法。随即，碧桂园开始了一系列的重组活动，剥离了学校、医院、自来水厂及高尔夫球场的业务，成立了碧桂园控股。在此之前，从内部的股东结构来看，碧桂园属于典型的家族企业，集团大股东基本上都是企业早期的创业者，不少跟杨国强有血缘或姻亲关系。

从碧桂园控股 2007 年 4 月 3 日发布的招股章程来看，重组完成之后，除了杨惠妍通过控股"必胜公司"持有 59.5% 的股份之外，杨贰珠、苏汝波、张耀垣和区学铭分别持有碧桂园控股 10.2%、5.1%、5.1% 和 5.1% 的股份。

2007 年 4 月 20 日,"碧桂园"正式在香港挂牌上市,杨惠妍身家超过 1211.5 亿元。这意味着杨国强主动将内地首富的桂冠戴在了自己女儿的头上。碧桂园控股的上市还成就了其他五位财产超过 39 亿元的富豪。

杨国强在接受《南都周刊》记者何志毛采访时说:"我们在香港上市后取得 150 亿元现金,买了些便宜的土地。有媒体说我们囤地多,土地可以开发 27 年,但他是按照我们以往的发展速度来算的,我们上市后发展的速度很快,明年我们计划开发 1000 万平方米,后年要开发 2000 万平方米。我们也希望尽快把房子建好卖出去,这也是调整房价的一个办法。"

从 1992 年开始,在 15 年的时间里,杨国强的碧桂园集团发展成市值 2000 多亿元的综合性房地产开发公司,并捧出新一任的中国内地女首富。

关于杨惠妍的财富,《福布斯》杂志直截了当地归结为"有个好爸爸和上市带来的财富膨胀"。

杨国强尽管已将股权转让给女儿,但在碧桂园香港上市的当天,很久未在公共场合露面的杨国强还是作为主角出现了。2007 年 4 月 2 日,杨国强在香港招股推介会上接受了媒体采访,也首次对外界公开回应其接班人问题。

当时有记者是这样描述杨国强的:53 岁的他,脸上已显露出岁月磨砺的痕迹,看上去不苟言笑,不过回答问题却直截了当,风趣而从容。对于为何这么早就将价值数百亿的股权交给女儿杨惠妍,杨国强答得坦然:"其实我到 100 岁也是要给她们的,自己人信得过!"

不过杨国强说,自己有三个女儿,杨惠妍只不过是代表家族持有股份,代表家族签名。他还强调,自己现在才 53 岁,仍然非常"年轻",不想退休。

有记者问杨国强打算什么时候退休时,他不失幽默地回答:"香港许多人 70 多岁也未退休,你不是想我明天不做吧。"

尽管杨国强将其名下全部权益转让给了杨惠妍,但他目前依然担任碧桂园集团执行董事,负责制订发展策略、投资计划以及集团的整体项目计划。因此,杨国强仍然是碧桂园的实际掌舵人,只是巧妙地隐身于女儿杨惠妍的光环之后,是名副其实的"影子首富"。

揭秘"乖乖女"杨惠妍

"中国首富"的桂冠总是吸引大众的眼球。人们对26岁的年龄、上千亿元的身家、"海归"硕士身份、年轻漂亮的"首富"杨惠妍充满了好奇。

据说,自2007年4月碧桂园在香港上市后,杨国强曾郑重地告诫他的团队和下属,如果有人把他及女儿的个人信息和照片公布出去,"后果自负"。结果反而刺激了媒体和大众的偷窥欲,杨惠妍婚礼的视频截图登上各大报刊和网站头条,成为杨氏父女2007年最尴尬也最窝火的事件之一。

杨惠妍2005年毕业于美国俄亥俄州立大学市场及物流系,并获得工商管理硕士学位。随后便加入碧桂园,出任杨国强的私人助理。

从杨惠妍的个人简历上看,她的人生经历非常简单。她1981年出生于顺德,在老家度过了平静的童年。她的中学生活是在父亲创办的广东碧桂园学校中度过的。后来到美国俄亥俄州立大学留学,学的是市场及物流专业,2005年获得工商管理硕士学位后就回国帮父亲打理公司。

杨国强有三个女儿。其大女儿年幼时发高烧,当时没钱治疗,智力受到损害。因此,他就把希望寄托在二女儿杨惠妍和小女儿杨子莹身上,对她俩培养尤为用心。

在碧桂园员工的眼中,杨惠妍是一个给人"淡淡的亲切感、稳重感"的漂亮女孩子。"她很单纯,很普通。"一位碧桂园工作人员回忆,"我认识她时,豆豆还是个十三四岁的中学生。""豆豆"是杨惠妍的乳名,接近杨氏家族的碧桂园高管都随其父母唤其乳名。

在外貌上,杨惠妍像她母亲,而妹妹杨子莹则像其父亲。"有趣的是,性格上也是这样!"这位曾在杨国强身边服务 7 年的碧桂园高管说,平时见到杨惠妍,她的表情总是带着微笑,"但不会与你说太多的话"。

在杨惠妍去美国读书之前,为了强化她的英语听说能力,杨国强专门聘请了一位年纪相仿的外籍女学生与她同吃同住,教她学英语。

当杨惠妍只有 14 岁时,杨国强开董事会的时候常常把她们姐妹俩带到会议室列席旁听。会后,杨国强还会向她们解释为什么他在会议上这样讲话以及如何批评下属,等等。

在父亲的言传身教中,杨惠妍渐渐明白自己是碧桂园未来的接班人。然而,这并不是她当初理想的职业。杨惠妍曾经在家人面前表示,她的理想是当一名教师。

有人评价,从目前来看,杨国强对女儿工作和生活的安排,可以看出杨国强是一个优秀的父亲。2006 年,杨国强为女儿杨惠妍在碧桂园大酒店举办了一场盛大的婚宴,新郎毕业于清华大学,也有留美经历,还是一名高干子弟。经人撮合,与杨惠妍喜结连理。据介绍,新郎的父亲是一名厅级干部,杨国强对女儿的这桩婚姻"觉得非常有面子"。

凡事亲力亲为

杨国强作为一名曾经遭遇房地产从炒家时代过渡到居家时代的房地产开发商,本身是一个矛盾体。他偏执而细心,很多事都要亲力亲为。

杨国强虽然文化程度不高,但是很健谈,只要谈到房地产方面的话题,他就滔滔不绝,满腹经纶。他特别喜欢谈论一些技术性话题,虽然只会用纸笔而从不会用电脑画图,但是这并不妨碍他对设计的理解。接近杨国强的人都对其记忆力和理解力表示惊叹,他对数字和设计图纸几乎到了过目不忘的地步。杨国强可以在无数图纸中随意抽出其中一张说出项目的名字,他对所有的项目了如指掌。一次,一位设计师拿出曾经只让杨国强看过一遍的某地碧桂园的设计方案，正准备汇报。让他大吃一惊的是，杨国强没有再看图纸，就滔滔不绝地谈论起对该图纸的修改思路来。

杨国强现在已经56岁了，但他的思路仍非常敏捷，经常大胆尝试新的设计思路。他时常用铅笔在图纸上粗线条勾勒出大部分的设计构思，然后让设计师严格依照自己的意愿设计出作品。在碧桂园凤凰城的别墅中，有一排就是出自杨的手笔。但有时候，杨国强的主导意志也带有某种破坏性。在广东肇庆碧桂园的一个设计方案中，五星级酒店被高层住宅环抱在山坳中，杨国强认为这不够气派，他希望将高层住宅建在山顶，认为这样更有气势，也更容易销售。设计师不得不花费很大的精力去说服他，认为这样的改动会让山坳中的酒店不够协调，建在山顶的住宅也破坏了自然景观。杨国强最终被说服了。碧桂园的一位高管说："他非常偏执，属于很难说服的那种领导，如果你不具有足够的专业理由说服他的话。"

杨国强的个性虽然非常偏执，但有的时候，他也给予设计师们充分的自由度和想象空间。为了避免设计师因工业化流水作业而丧失原创性活力，碧桂园设计院会隔三差五举办设计大赛，题目都是非常实际的项目课题，要求设计者根据碧桂园某一地块的现实条件展开设计，优胜者将得到几千元甚至上万元的奖金。杨国强对这类比赛非常重视，每次他都要求将那些设计出色的作品拿来一一过目。

为了调动设计人员的积极性，培养优秀的设计师，杨国强每年都会选派一些年轻有为的设计者到世界各地旅游，考察学习。为了有针对性地提高设计师们对前瞻性设计的理解，他还会有意识地将一部分设计项目外包给世界顶级设计机构，让自己的设计师可以近身学习和汲取经验。这些措施都非常有效，所以碧桂园每年都能不断推出引领时尚潮流的新户型。

按常理说，一个企业的老板没必要"事无巨细，事必躬亲"。但是杨国强还是喜欢尽可能包揽所有的一切。原碧桂园总经理助理刘文伟说："杨总一直觉得不亲力亲为,实际操作中就会走样。"例如,当杨国强看到碧桂园五星级酒店仅中央空调一项开支就要 3000 万元,而分体式空调则相对便宜得多时,他随即找到美的、远大等空调企业,要求为碧桂园定制符合星级酒店标准的"分体式中央空调",仅此一项成本即减少了 2/3。又如,当他发现外购的小区健身设施过于昂贵时,就要求下属的管桩厂代为生产。

有趣的是,在碧桂园的风格设计上都倾注着杨国强的心血,就连碧桂园五星级会所的菜单上也有他的"杰作",几乎所有的青菜都无一例外地来自碧桂园内部的农庄。精明的杨国强甚至将农庄开发成旅游项目,向前来观光的度假者收取参观门票。园区内所需苗圃和园艺也来自己的数千亩花卉基地。杨国强将整个价值链的利润均囊括在手,一点残渣都不留。这种独特的企业运作方式和杨国强的个性有莫大的关系。杨国强属于亲力亲为型,并不是那种依赖于下属和外部力量来对付噩梦时分的领导者。杨国强将设计能力、快进快出、利润视为碧桂园的重要核心能力。

在他的下属看来,隐忍而低调的杨国强事实上非常健谈,平时颇有长者风度,但很容易发脾气。碧桂园有一种说法,认为杨国强的个性有三大特点:第一,说一不二;第二,注重细节;第三,无处不在。

据杨国强身边的工作人员称,他对物业管理非常严格,要求碧桂园保安时刻巡视,五分钟内必须出现在遇到问题的业主面前。他甚至亲自出马,手持秒表,给保安计时。有时他还躲在树林后面一蹲就是一两个小时。若发现问题他必然严肃处理,毫不留情。在抓了几起保安溜岗事件后,所有的保安都相信"杨老板有三只眼",人人变得严守纪律,尽职尽责。

杨国强和家人习惯在园区内的菜市场里买菜,甚至硬性规定不允许园内价格高于园外。当他在散步时听到业主抱怨去园区另一端的超市购物太远时,三天后他即决定在此动工兴建另一座大型超市。当他听闻业主反映横跨碧江的顺德碧桂园两地绕行不便时,他自掏腰包投资数百万元兴建了一座全新的大桥。

杨国强似乎乐于扮演这样的角色:2007 年杨国强在顺德碧桂园里修

了一个人工湖，供业主们钓鱼。因为是营业性的，垂钓者每人每次要收 10 元钱。有位业主反映，好不容易有个地方玩还收钱，这不合理。杨国强听到这件事情后，马上下令"取消收费"。业主们都很高兴，常去钓鱼，有时一天能钓上十斤鱼，结果鱼很快被钓光了，于是又有人打电话来抱怨湖里钓不到鱼，让人很扫兴。杨国强又马上吩咐公司采购部的经理，去养鱼场买了两车鱼投放到人工湖里，免费供业主们钓。

一心一意培育"碧桂园"品牌

凡是与杨国强打过交道的人都说他谦虚、低调、平易近人。这个农民出身的企业家开发了中国南方最成功的房地产项目碧桂园，其销售业绩好得惊人。2002 年 5 月，在广州碧桂园凤凰城销售大厅，人流如潮，万头攒动，那场面不仅令杨国强担心地说"太可怕了"，连一些在现场的、见过大世面的业界人士，也不无担心地说"太可怕了"。这种火爆，也许只有杨国强才能创造出来。

杨国强的碧桂园事业开始于 1992 年。在这么多年的发展过程中，碧桂园始终秉持"给您一个五星级的家"的信念，先后开发了顺德碧桂园、广州碧桂园、华南碧桂园、碧桂园凤凰城、荔城碧桂园、碧桂园高尔夫生活村、碧桂花园、碧桂豪园、碧桂花城、碧海名轩、翠锦豪庭等 10 余个超大型居住社区。有 3 万余户来自香港、珠三角地区及各省市的富裕家庭入住碧桂园。

对于地产界来说，碧桂园模式已耳熟能详。早在 10 年前，杨国强就看准了先富起来的一批人对高档住宅社区的要求，投身地产界，投资兴建了碧桂园的开创之作——顺德碧桂园。在改善先富者们起居状况的同时，杨国强的目的是帮助他们"显富"。这种定位毫无疑问在当时刚刚摆脱贫穷急于炫耀富贵显示自己与众不同的人群中得到响应，因此获得了巨大的成功。

在顺德碧桂园里捞足了第一桶金的他开始挥师广州，以同样的思路建造了广州碧桂园和华南碧桂园。

但是，广州地产界强手云集，杨国强在华南碧桂园项目上遇到了问题。危难关头，他放弃了仅仅服务先富阶层的理念，在碧桂园的建设中开始引入"阶段性定位"的观念。碧桂园否认阶层的不可跨越性，认为无论先富还是新富，人们目前的状态都是阶段性的，在"成长发展型"中都具有向上生长的力量。正因为各个"阶层"只是代表人发展中的不同阶段性状态，所以诉求的核心是一种基于"泛化"的平等化，这种平等化使得碧桂园开始了向平民化的转型，也孕育了碧桂园今天的火爆。

尽管碧桂园曾经创造过每分钟成交一套别墅的惊人纪录，但人们对其仍然褒贬不一。赞美者认为，杨国强创造了"成本领先"的新赢利模式。以"从不讲理论"自夸的杨国强对于碧桂园的定义，实际上包含了非常清晰的竞争战略思路，就是总成本领先。他的"房屋工厂"在广东很有名，意思就是像工厂流水线一样建楼，讲究控制成本，降低售价。这一点无疑在房地产开发过程中异常重要。但就是这一点也在很多人中引发微词。有人认为，碧桂园的成功只是房地产营销的成功，并不是建筑设计与规划的成功，甚至可以说，在这方面做得很失败，比许多未知名的发展商要逊色得多。他们举例说，碧桂园的建筑布局与规划设计体现的是一种实用主义，缺乏浪漫、激情，在碧桂园的建设上带有浓重的杨氏缩影……这些争议的存在，可见杨国强在广东房地产界的影响。对碧桂园的讨论已经上升到了城市规划、地产文化的层次，在许多广州市民眼里，广州碧桂园凤凰城，俨然已成为广州东部一个独立的卫星城镇。

杨国强则显得非常低调，名字曝光率虽多，但从不接受记者的专访，他的照片也从未在传媒公开过。他的低调并非没实力、没资本让自己成为"明星人物"，而是他务实，一心一意培育"碧桂园"这一品牌。正因如此，杨国强在全国地产界赢得了很高的个人信誉。

生活俭朴　乐善好施

杨国强虽贵为"中国首富"，但生活俭朴，乐善好施。杨国强的一位邻居这样评价他："他不坐高级轿车，他很少穿西装，平时穿得像农民，生活非常节俭。如果你不认识他，根本看不出他这么有钱！"

财经作家张小平在《首富隆起》一书中这样描述杨国强：

> 他身材偏瘦，皮肤黝黑，脚上穿一双吱吱作响的拖鞋，西装永远像大一个码。而在开会时，他喜欢脱鞋、盘腿而坐，一直摆脱不了农民所特有的习气。他平时坐的也是一般的国产大众轿车，生活非常节俭，不喜欢张扬。有时他坐在自己楼盘的售楼处，不知情的人，还以为是一个走错地方的老农民。

广教村的村民表示，杨国强每年的春节都要回祖屋看看，平时由一名女村民负责清洁，屋内设备简陋。不过，杨国强乐善好施的口碑在当地传得很响。据北滘镇政府有关人士介绍，杨国强已连续十几年都捐巨款做善事，年年请当地 60 岁以上的老人免费看大戏。他还在祖籍所在地顺德广教村修葺祠堂，不少同乡邻里也因他的帮助而进入碧桂园任职工作。

杨国强十分念旧，每年农历年底，都会请以前同一生产队的老人家去会所吃团年饭，还每人发 800 元慰问金。

杨国强同时也办免费学校资助穷困学生。他在顺德建了一所免费的"国华纪念中学"。在校内的一块石碑上，他写道："我不忍看天地之间仍有可塑之材因贫穷而隐失于草莽，为胸有珠玑者不因贫穷而失学，不因贫穷而失志，方有办学事教之念。"石碑落款为"创办者"，依然保持着他一贯的低调作风。

据不完全统计，杨国强先后设立了"清华大学国华杰出学者奖基金"、"希望工程杨惠妍汶川地震孤儿救助基金"和"希望学校"。他说："国之兴衰,教育是根本,我不希望孩子因为读不起书而耽误前途。看到没有书读的孩子我会心酸,没有人赡养的老人我会心疼,我财力毕竟有限,不能帮助所有的贫困人群,但能够尽一点绵薄之力,我已经很欣慰!"杨国强已先后向社会公益事业累计捐款达7亿元。

2008年"5·12"汶川大地震发生后,杨国强和碧桂园用不同的方式和渠道支援灾区,帮助灾区重建家园。共捐献款物价值达1.5亿元,成为内地向地震灾区捐献最多的民营企业。

杨国强称自己最大的人生目标是得到家人、朋友以及社会的认同。"大家都追求成功,我认为,得到他人的尊重和认同才最重要。如果我80岁的时候走在街上,所有认识我的人都会微笑地跟我打招呼,我就满足了。"

杨国强不断强调"与人为善"的重要性。"我小时候,爷爷就教我,就算身上只有两块钱,也要请朋友吃饭。"他说,他的企业这么多年没有一个高层管理人员离开,就是因为他对他们好,他们也对他好。

俗话说:"穷则思变,思则通,通则达。"用这句话来形容杨国强的人生经历最为恰当不过。这是因为,我们读懂了一个17岁前未穿过鞋的年轻人的艰苦生活,更明白了他在以后的创业路上坦然面对困境,在绝境中想到了思变而达,而使得一个濒临倒闭的碧桂园,做大做强,并且缔造了房地产界"一分钟卖一套别墅"的神话。杨国强是一个极具思想的人,所以,他的一生一直都拥有着财富,贫穷时候他有别人没有的精神财富,富有时他又将物质财富转化为精神财富。他甘于淡泊名利,不愿被名利所累,所以,他不经意地"捧出"中国最年轻的女首富——女儿杨惠妍;而他又是乐善好施的人,他为清华、北大、四川灾区捐赠达7亿元。2009年,杨氏家族捐赠达到5.24亿元,名列2009年"胡润慈善榜"第六名,这些善举足以证明。

7. 刘永行：稳健前行

刘永行 档案

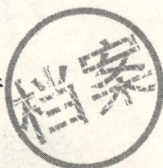

出生时间： 1948 年 6 月

性　　别： 男

籍　　贯： 四川省新津县

毕业院校： 成都师范专科学校

现任职务： 东方希望集团董事长

从事行业： 饲料、铝业、化工、金融

公司总部： 上海

创业时间： 1982 年

创业资本： 1000 元

上市情况： 未上市

行业地位： 全国最大的饲料生产企业

拥有财富： 2001 年刘永行兄弟以 83 亿元财富名列"福布斯中国富豪榜"首位；2008 年他以 204 亿元个人财富名列"福布斯中国富豪榜"首位，再度成为"中国内地首富"；2009 年他以 300 亿元财富名列"胡润百富榜"第五名。

人生经历： 1982 年，刘氏兄弟各自辞去公职共同创业。1986 年，创办专门研究饲料的希望科学研究所；两年后，希望饲料试验成功。1991 年刘氏兄弟在成都组建希望集团，刘永行任董事长。1995 年刘氏兄弟明晰产权，刘永行利用分得的 10 多家公司组建了东方希望集团，任董事长。1999 年，东方希望集团总部从成都迁至上海浦东。2002—2003 年，刘永行正式进入第二主业——铝电复合体产业，分别在内蒙古、山东、河南等地建设年产规模百万吨的电铝项目和氧化铝项目。

社会职务： 上海市四川商会荣誉会长、中国农业大学兼职教授、MBA 导师、上海市工商联第 12 届执行委员会副主席、上海市浦东新区政协常委。

主要荣誉： "中国民营经济十大风云人物"、"CCTV 2001 年中国经济人物"、"中国十大创业领袖"、"中国光彩事业奖章"、"中华财富领袖"等。

经典语录： 中国的改革开放是渐进式的。我们是先行先试者，但是，我们只走半步。在现有的法律和政策下，探出半步，试试虚实。这其中拿捏很难，稍不留神，一步迈出，就掉进了陷阱。

刘永行是中国最具人格魅力的商界领袖之一。从兄弟四人齐心创办中国最大的本土饲料企业集团——希望集团，到一柱擎天支撑起一方事业——东方希望集团，从白手起家到拥有数百亿元资产的"中国首富"，他作为富豪榜上的"常春藤"，10年不下富豪榜。他一直把台湾"经营之神"王永庆作为自己的榜样，研究、学习，而他自己也在这个过程中，完成了能力移植，被誉为大陆的"王永庆"。

近30年来，刘永行始终恪守着他经营的三个原则：专业化经营原则，稳步扩张原则，向上游扩张原则。这与他的内敛、低调、保守、执著的个人气质分不开。当一个有胆识、敢于创新的企业家把自己的性格和经营特点完美地结合起来时，成功就成为一种必然，而刘永行就是这个必然成功的企业家。

穷则思变

穷则思变，变则通。1981年年底，还在学校教书的刘永行放寒假后回家准备过春节，家里穷得只有两块多钱，过年的东西什么都没买。

刘永行4岁的儿子看见爸爸回来了，高兴地说："爸爸，我想吃肉。"刘永行听了孩子这话感到很心酸，觉得对不起孩子。于是刘永行一咬牙，拿着家里仅有的两块多钱跑到市场上买了一只大鹅（因为鹅比猪肉便宜）。刘永行把这只大肥鹅挂在自行车的货架上后就急忙往家赶，等他回到家门口下车一看鹅不见了，这时他才知道在回家的路上把鹅弄丢了。这下可把他急坏了，他又急忙骑上自行车沿路去找，找了个来回连一根鹅毛也没找到。他回到家里向妻子说明了丢鹅情况。可是儿子却不依不饶，吵着闹着要吃肉，怎么办？这个时候刘永行就想，能否用自己的能力去赚点钱？于是，他抱着试试看的心理到街上去搞无线电修理（当时主要是修收音机），结果收益颇丰，10天时间就挣了300多块钱，这相当于他当时一年的工资收入。刘永行喜出望外，他不仅从搞无线电修理中尝到了一点做生意的甜头，而且从中受到了启发。后来他渐渐明白，财富是完全可以用自己的劳动去创造的。

这次搞无线电修理给了刘永行创业的勇气。1982年，刘永行和他的三个兄弟各自辞去公职，凑了1000元资金共同创业。

刘永行说："当初，为了办企业，我们四兄弟卖掉了手表、自行车和自己装的电视机，凑了1000元钱办起了孵化场。然后在发展中不断滚动起来。我们花了一年时间，把1000元变成了3000元；又花了一年时间，把3000元变成了1万元。到了第七年，这1000元钱已经变成了1000万元，那是1989年。"

对于刚刚起步积累财富的过程，刘永行感触颇深："记得刚刚开始创业没有经验，1000元创业本钱被人骗去了500元，但我们并不是很着急，反而认为这500元损失得值，因为我们从中学到了知识。"

刘永行是个非常细心的人，刚创业的时候他买了一个厚厚的日记本，他把创业时的感受、做生意的过程和每笔收支，哪怕只有几元钱、几角钱他都记在上面。这本日记本真实地记录了他创业以来的心路历程，至今他还保留着，有时候拿出来看一看。

刘永行认为，创业是一个积累的过程，积累经验和财富。对于一个创业者而言,这样的原始资本积累很重要。如果"第一桶金"来得太容易,反而容易失败。因为来得容易,用起来不心疼,就不会珍惜每一分钱。

创业是艰辛的,"必先苦其心志,劳其筋骨"。在和三位兄弟一起创业的头几年,刘永行每天4点钟就起床,打扫卫生,蹲在地上,观察小鸡,做记录。常常一蹲就是两个小时,呆在棚子前一动也不动。刘永行特别喜欢通过一件小事来观察一个人,这形成了他特有的风格。他认为,只有那些从小事做起、不断通过实践锻炼能力者才有可能成功。

刘永行是中国白手创业、发家致富的典范,见证了中国改革开放30多年来的经济发展史,对于创业有着极其深刻的感受。刘永行坦言:"创业之初要有远大的理想和抱负,并要学会把远大的目标分解、简化成具体的一件件事情。因为一个困难一个困难地去克服,比一下子面对一大堆困难要好得多。"对那些急于求成的人,刘永行忠告:"在创业准备还不充分的时候,可以先把创业冲动埋在心中,积累能量,等待机会。因为未来的不确定性,能不断地给你提供新的机会。刚开始,其实我们并不想养鹌鹑。我们准备创办电子工厂,结果失败了,因为当时不能注册。后来,我们一直把创业冲动埋在心里。到了1982年,中央号召农村发展专业户,我们四兄弟觉得机会来了。所以,我们兄弟四人都放弃了公职,跑到新津县农村去创业。当时,很多人瞧不起农村,但是我们想,越是人们不注意、瞧不起的地方,就越有机会。"对刘永行来说,当初创业最大的困难是社会不理解,政策不确定性导致的风险很大,但社会留给创业者的竞争空间也很大。一旦创业,那些有学识有眼光的人就很容易成功。现在,成功的几率要小,即使最优秀的人才,成功的可能性也只有1%,而失败的可能性则大得多。

有付出才有回报,付出和回报是成正比的。每个人都想少付出一点,而得到多一点,这是一种错误的世俗文化。但是,在东方希望集团,刘永行一直是这种文化的最大抗争者。"我们非常尊重这种文化的存在。正因为有了这种文化的存在,企业发展也就找到了原动力。但有一点必须引起警惕,创业者办企业时,一定要超越这种文化,不要老想着怎么去赚钱,而是考虑如何去满足客户的需求。追求盈利是每一个创业者必须考虑的问题。但对于每一个创业者来说，挣钱并不是一厢情愿的事情。决定能不能挣钱的，不是你自己，而是客户。你给客户提供了超值服务，提供了价值，你也就挣到钱了。"刘永行说。

在刘永行的不断摸索中，企业得到了快速发展。到 1994 年，由刘氏四兄弟创办的家族企业希望集团发展成为中国最大的民营企业。1995 年，刘氏四兄弟进行产权划分，刘永行和其四弟刘永好将各地的 27 家饲料企业一分为二。刘永行得华东、华北片区，刘永好得到华西、华南片区。根据协议，在 10 年内，刘永行不能越过长江向南扩张。分家后刘永行组建了东方希望集团。现在，刘永行拥有 80 多家饲料企业，包括海外的 6 家饲料企业。拥有北方片区 10% 左右的饲料市场占有率。

1999 年，刘永行为了东方希望集团的更好发展，将公司总部从成都迁到上海浦东。但刘永行始终未摆脱草根本色，据说他曾经去超市买廉价衬衫，不戴手表，他设在总部的办公室也只有十几平方米。

多年来，无论中国经济如何风云变幻，刘永行的个人财富一直稳步增长，连续 10 年稳居中国十大富豪前列，其中 6 次跻身"福布斯全球富豪榜"。刘永行认为，"东方希望集团公司为什么能赚钱？因为我们帮助千千万万的农民赚到钱，所以我们才能赚钱。所以，我一直在企业内部树立一种这样的文化，一定要把自己赚钱建立在别人能赚钱的基础上，这也是希望集团从川中一个小城慢慢发展到全国、走向世界的一个基石。"

布局第二产业

2002 年，刘永行对第二产业进行了布局，斥资百亿元，大举杀入第二主业——铝电一体化和重型工业项目。刘永行进军重型化工的冲动基本上是被市场、产业、企业发展的真实需求而唤起的。刘永行是中国民企"重型化"

的成功突围者。在经营稳定的农业、收益颇丰的金融投资外，刘永行还选择了一条孤独、艰辛的"重型化"之路。

为了不失时机进入重化工业，一向小心谨慎的刘永行打破了自己多年来"不借钱发展"的规则。为了融资，他甚至出售金融机构股权来为实业融资，出让了公司在民生银行、光明乳业等公司的部分股权。

刘永行为东方希望集团选择的第二主业——铝业，同其赖以起家的饲料加工业相比，投资门槛不可同日而语。加上赖氨酸生产也需要很高的技术与大量资金，其四个主要项目的总投资高达 180 亿元。依照投资比例计算，东方希望集团未来几年总计需要出资的金额将高达 150 亿元。

刘永行把山东信发希望铝业作为投资铝业的试点。2002 年年初，东方希望集团与山东信发热电集团签署合资协议，成立"信发希望铝业有限公司"。该公司集热、电、电解铝一体项目，配套 31 万千瓦火力发电厂，总投资 15 亿元，东方希望持有该公司 51％的股权，需要出资约 8 亿元。该公司电解铝生产采用世界上技术最成熟、最先进的 240kA 大型预焙槽生产线，是目前"热电联产、铝电双赢"的最佳产业模式，项目全部投产运营后，每年可实现销售收入 25 亿元人民币，利税 4 亿元。

山东信发希望铝业是刘永行涉足电解铝行业的第一步。继信发希望之后，2002 年 10 月，刘永行成立了东方希望包头稀土铝业有限责任公司，这是东方希望经营第二产业的重头戏。项目产能为每年 100 万吨电解铝，配套 272 万千瓦火力发电厂，分四期建设，每期产能 25 万吨，总投资 100 亿元，目前为东方希望集团内部筹集资金投资。一期工程于 2003 年 10 月 28 日投产。目前已形成 50 万吨/年产能，配套建设的总装机容量 1320MW 的热电机组已经建成。

2003 年 6 月，刘永行联合其他三家股东，在河南省三门峡市渑池县启动了 105 万吨氧化铝项目，冲进电解铝业的上游——氧化铝，与中铝公司展开正面竞争。项目预计总投资近 46 亿元，东方希望持有 51％的股权，需要出资约为 23 亿元，目前已形成 250 万吨/年产能。

2008年7月，东方希望投资建设的20万吨醋酸项目在重庆万盛破土动工，标志着东方希望重化工产业链在重庆实现了新的延伸。

2009年4月28日，由东方希望投资的呼伦贝尔化工公司点火运行成功，生产出EASTHOPE牌优质甲醇，标志着东方希望正式进入煤化工行业。

2009年11月15日，东方希望投资的重庆石化公司PTA项目一次投料开车成功。该项目的投产标志着国内首台（套）具有自主知识产权的PTA项目取得重大突破，东方希望进入石油化工产业的高端领域。

2009年，包头东方希望铝业全年节电2.45亿度，提前完成2亿度的节电任务。同年4月，三门峡铝业公司氧化铝生产系统节能改造项目节约标准煤18.9万吨，获得国家发改委、财政部、环境保护部专项节能奖励5100万元。

截至2010年5月，东方希望电解铝年产能已达到116万吨。如果按照目前电解铝市场价格每吨16000元计算，116万吨电解铝产值为185亿元。依照目前电解铝行业平均18%的毛利率水平计算，毛利润将高达33亿元。

氧化铝年产能105万吨，按目前国产氧化铝市场价格每吨3700元计算，总产值约为39亿元。依照国内氧化铝生产企业山东铝业41%的毛利率水平计算，毛利润高达约16亿元。

赖氨酸年产能20万吨，按目前赖氨酸市场价格每吨约26000元计算，总产值约为52亿元。按照大成生化赖氨酸53%的毛利率水平计算，毛利润高达约28亿元。

依照东方希望集团目前的电解铝、氧化铝、赖氨酸的市场价格进行测算，每年总产值将会高达约275亿元，毛利润将高达约77亿元。

刘永行在包头的生产基地大规模投资铝业，从而构建了氧化铝生产、火力发电到电解铝生产的完整产业链。借此，东方希望可以向饲料原料之一的赖氨酸产业拓展。配套火力发电厂既可向电解铝生产项目供电，也可为生产赖氨酸提供蒸气和电力。刘永行头脑中形成的是铝电复合—电热联产—赖氨酸—饲料—气呵成的产业链。

作为实业家刘永行，一直把产品经营看做是企业经营之本。他说："我自己的特点更适合做实业，现在大家有点瞧不起实业，特别是瞧不起传统产业。但我愿意做，任何社会都需要实在人扎实做实业，别人不做，那我来做，也算是差异化战略。"

有人这么评价刘永行：他的思考方式是实业资本家的方式，而不是金融资本家的方式。事实上，早在1996年，刘永行就开始暗暗地关注重工业中的每一个产业，汽车、钢铁、石油、轮胎、造纸、化工……他全部考察过，每次出差去看各地的饲料厂，他都带着另一重要任务和想法去打听当地的能源、产业状况。

刘永行先避开"高不可攀的大企业"，一般只看地方上的小重工企业，和技术人员沟通，从建立概念、建立追踪体系开始。在山东建铝厂失败后，刘永行对于铝电厂基地的选取有了比较清楚的了解：一产煤，二有广阔土地，三是有水的地方。很快，包头吸引了他的目光。此后，刘永行开始了跑项目、跑贷款等一系列过程。

目前，东方希望集团拥有员工1万多人，企业逾100家，2009年产值超过300亿元，所涉及的领域竞争力均居行业前列。集团农业板块现有80多家以饲料为主的子公司分布在全国20多个省、市、自治区，同时在越南、新加坡等国家还有多家饲料公司。重化工板块涉足行业包括有色金属、电力、生物化工、煤化工和石油化工等。在国内内蒙古、山东、河南等地建设有大型电解铝、氧化铝、热电和煤化工项目，在重庆建设有PTA和醋酸项目。

刘永行真是人如其名。正如他自己所说："我的名字注定的，永行，永远努力，永远行动，我是一个努力行动的人。"这个没有上市的公司老总，用实打实的财富累积来印证实业资本家的成功标准，并准确而精彩地演绎了一段白手起家的创业传奇。

"好、快、省"代替上市融资

每一个成功的企业家都有其独到之处，在中国历届首富之中，唯独刘永行的东方希望集团至今未上市。

刘永行的四弟刘永好在接受记者采访时曾这样评价他二哥："永行是个投资管理高手，在投资和管理上很严谨、很认真。"这也是业内及媒体对刘永行的印象。

刘永行自 1995 年 4 月组建东方希望集团 15 年来，他基本上只做两个行业——饲料和铝业，他对上市一直持谨慎态度。刘永行认为："我们做饲料的时候，资金需求量很小，是小本买卖，靠自己就完全够了，不用上市。而重型工业项目，动辄上百亿元，需要很多资金，应该利用资本市场来发展。虽然我们也想安排上市，但是很多企业都想上市融资，上市融资成为独木桥，这个独木桥太挤了。大家挤的事情不一定好，所以我就让一让，不去挤，独辟蹊径。"

刘永行这话可不是随便说说而已，他用"好、快、省"的投资理念来代替上市融资，并且取得了成功。事实证明，刘永行的"好、快、省"投资理念是解决资金问题的一大法宝。

刘永行这样解释他的"好、快、省"投资理念："'好'就是要规划好，先解决生存的问题，然后再解决好未来发展的问题；'快'就是让它快速地周转，以解决资金不足的问题；'省'的话，那么我省一半，就相当于我的资金量放大了一倍。"这就是刘永行的哲学。

在刘永行看来，"好"是规划性的好、可完善的好。先做好计划，再用"快"，比如，外资一个项目用 2 年，刘永行一个项目只用 3 个月。"省"，就是用总资产少、人力资源少、资源占用少、原材料耗用少、排放少的手段去执行，最终达到的目的不仅仅是"好"，而且还能自然地形成"多"。

　　后来刘永行把"好、快、省"的投资理念也用到了电解铝上。"我们从1998年开始用了5年时间来积累资金,在包头电解铝项目一期投资的20亿元全部是自有资金,如果这20亿元靠跑银行或上市融资,最后注定要失败,因为短债长投会将企业推向绝路,这恰恰是很多民营企业最终出现资金链危机的根源。"

　　2002年,刘永行斥资百亿元,大举杀入第二主业铝电一体化项目。当时100亿元的投资规模并不罕见,但刘永行却不愿意押宝。他先试水小项目,总价30亿元。"我们靠的是'好、快、省'地发展,好、快、省就可以解决资金的问题。"刘永行如是说。

　　刘永行强调:"企业经营必须'好'字当头,'快'和'省'是手段,'多'应放在最后。如果把企业比作一架等待起飞的战斗机,好是机身,快和省是两翼,以好为前提,快和省为手段,这架飞机就可以起飞了;我们还可建设庞大的机群,这就是多了。我们东方希望集团饲料业和铝业的发展都遵循了这个原则。我们饲料也好,赖氨酸也好,后来的铝业也好,都是先做试点,以最佳的产品定位、最低的成本、最快的速度,取得成功后,再选择最合适的地方,迅速把这个成功的模式进行复制,因为'多'也是市场竞争所必需的。我们选择铝业,选择包头,是经过长期考察论证的。同时,把'好、快、省'作为我们投资的原则,花了最短的时间在最适合做铝的地方,以最小的投资建成了世界上技术先进、环保的铝电一体化产业链。把'好、快、省'贯穿到每一个环节,获得了巨大的竞争优势。"

　　以"好"为前提的发展才有价值,对于一个企业"好"有多方面,主要表现在效率和品质上,东方希望集团在饲料业开展"819工程",以好的产品为标准,以新工艺、新技术为手段,最终实现全集团销量翻番的目标,下一步集团向国内和海外进一步扩张就是顺势而为的事了。

　　此外,刘永行还恪守项目投资"三项基本原则":专业化经营原则,稳步扩张原则和向上游扩张原则,为我国民营企业树立了一个学习的榜样。

　　专业化经营原则。刘永行认为,"可以多元化投资,但绝不多元化经

营"。他坚持专业化经营,虽然在金融、快餐等领域进行了一些股权投资,但并不参与这些项目的日常经营管理。即使在决定投资铝电产业、赖氨酸产业后,刘永行仍然认为没有"违反"专业化经营的原则,只是将专业化经营提升到了产业群经营的高度,因为铝电和赖氨酸并不是两个孤立的产业,它们通过火力发电链接起来,形成了一个有机的整体。

稳步扩张原则。东方希望集团在发展过程中,重大投资极少使用并购等资本手段来实现。刘永行甚至排斥企业上市,而是坚持稳定扩张原则。

这一风格使他与弟弟刘永好差异极大。刘永好在金融和乳业方面的投资,大量运用并购手段,尤其以乳业最为明显。而刘永行在饲料、铝电、赖氨酸产业都没有大规模的并购活动。铝电产业先通过投资山东信发希望铝业,获得经验后再在包头进行大规模投资。赖氨酸产业更是如此,实验室研究和工厂试验成功后,再在包头进行产业化投资。

对于不选择并购的原因,刘永行认为,自己建设可以坚持"好、快、省"的原则,做到质量更好,成本更低,因此更合算。

向上游扩张原则。刘永行认为,向上游扩张不用做市场,自己下游的产业就是上游的市场,而且向上游扩张需要更多的资本、更高的技术门槛,因此竞争对手少。

在饲料产业中,东方希望集团从加工业向原料业进行扩张,除玉米、大豆等农产品坚持自己不生产外,绝大部分原料已经能够自己生产。铝业也是如此,从电解铝向氧化铝进行扩张,建立自备火力发电厂,从而保证了下游产业的低成本运作。

2009年,东方希望集团产值达到320亿元,已发展成为集农业、重化工业产业链等为一体的特大型民营企业集团。

民营企业最常遇到的困难就是资金的瓶颈,刘永行在这方面形成了一套行之有效、独具特色的投资哲学。一个关于"多"与"少"的思考和以"专业化经营,稳步扩张,向上游扩张"的投资三项原则,引出了一个成功的企业经营理论,而刘永行也从初入商场的懵懂少年成长为世人瞩目的商业领袖。

精心择业规避风险

"在中国我最钦佩的企业家就是刘永行。"作为最早在中国推出富豪榜的胡润,他很少在公开场合评点、比较中国企业家,但是对于刘永行的钦佩之情还是溢于言表。

对于重化工业的切入也是刘永行经过深思熟虑后的抉择。从客观上说,近年来饲料行业利润下降,刘永行不得不打通上下游产业链,以降低成本,这不仅是刘永行,也是所有面临空前激烈竞争的大型企业不得已的选择。当时,饲料业务毛利率已经由 1999 年高峰时的18.41%下降到 2005 年的 10%。

选择进入铝加工行业,并不是刘永行第一次进行业务选择。事实上,这位土生土长的企业家从开始创业那一刻起就面临着不断的业务选择。近几年来,在内蒙古、在河南、在山东,东方希望的铝电工业以低调潜行的姿态坚强挺进、茁壮生长,哪怕经过令铁本等民企重工项目灰飞烟灭的 2004 年。据东方希望提供的数字,现在全集团 70%的资产已是重化工业,而 70%的收入亦来自于此,当年集团 300 亿元的产值中重化工板块就超过 200 亿元。

2007 年以来,刘永行不声不响地在重庆启动了四项巨大的投资:黔江联合循环产业园区的 PVC、氢氧化钠及深加工项目,60 亿元;涪陵区蓬威石化 PTA 项目,25 亿元;丰都县 1000 万吨水泥项目,30 亿元;万盛区煤化工项目,26 亿元——总计 140 多亿元。在重化工王国里步步为营的刘永行,时而似举重若轻、轻快淡定,时而又举轻若重、事无巨细。他已年过花甲,眼袋日渐变深,但一根白发也没有。

2007 年,东方希望的包头铝电项目、三门峡氧化铝项目先后建成投产。但此时饲料大王的铝电工业情结却遇到了障碍。这一年,国家发布《铝工业发展专项规划》、《铝工业产业发展政策》,明确袒露了对电解铝行业规模的限制意图。

刘永行想在越南、印尼复制其国内的希望模式，借助饲料业的资本积累来孵化大工业。为这，他从 2001 年起在越南兴建饲料厂，现在已经建起 6 家。"以后海外发展重工业的话，也可以不需要中国的资金过去支持。"刘永行说。

但海外的"饲料奶牛"投产到盈利需要两三年。而既然想让海外产业自给自足，国内的资本积累就一时派不上用场。这段半真空期里，包头、三门峡两家铝厂每年都有了 60 亿～100 亿元的产值，饲料主业的 70 多家老厂也像蚂蚁搬家一样，每年贡献出 4 亿元的净利润。该怎样为持续增加的资本寻找一条新出路呢？

2007 年，东方希望在重庆用三个月就建成了两个二三十万吨的饲料厂。惊叹于其执行能力，涪陵区政府找到东方希望集团负责西南片区的总裁杨再兴，问他们可否接手一个迟迟做不起来的石油化工项目：在涪陵龙桥工业园投资 25 亿元，兴建一个年产 60 万吨精对苯二甲(PTA)的工程。

虽然从未接触过石化行业，但刘永行有兴趣。从 1995 年希望集团分家开始，做煤化工就是他的理想之一。在他看来，借助这个最高端、最难的石化项目，东方希望正好可以为进入煤化工业积攒实力。"做了这个，我们以后做煤化工就不在话下了。"结果，第一个项目达成后，来自重庆的邀请接连而来。"重庆这边的项目都是政府主动推动的。现在河南、内蒙古也都是政府在找我们，希望我们做这个做那个。"刘永行对记者说。跟他在内蒙古、河南起步做重工时躲躲闪闪不一样，重庆这些项目找上他时就已带着全套的批文。

对于立志要成为西南工业重镇的重庆来说，近几年为了配合三峡改造，政府推动了不少数十亿元规模的重工业项目。但这些项目往往在立项之后就遭遇尴尬：经济危机一来，小的民营企业无实力继续推动；而大国企又对这个量级的项目提不起兴趣。这一背景下，具有雄厚资金实力，又有浓厚重工业兴趣的东方希望集团成为最佳选择。

重庆丰都一个 1000 万吨水泥的项目从发现到跟地方政府签约只用了 9 天。这个项目最早的启动者是几家江浙民企，花了 240 万元做了立项、征地、环保测评等前期工作之后，就被经济危机拦在了马下。为了把东方希望成功引进到项目中来，地方政府给了那家企业500万元补偿让其彻底退出。2009年4月9日签约之后，15天内，政府为东方希望办齐了所有项目手续；一个月内，把1000多亩土地全腾了出来。

在选择好适当的项目后，就要为其做好规划。刘永行崇尚独立建，从头建。基本上，他拒绝并购重组，特别是去重组国企。他说起自己重工路上的老友、建龙钢铁的张志祥："他做得很好，靠并购迅速地壮大，但是风险也很大。"在他看来，自己的三门峡氧化铝项目就是因为参与方太多而付出过高的整合成本。为此，东方希望新近在那个项目旁收购一个电厂时，坚决等当地解决了内部员工问题后，才进驻接手固定资产。"发生了通钢事件我们要小心，一定要把员工问题解决了。"这两年刘永行已经拒绝了全国各地不少希望被东方希望完全收购的项目。

在上述饲料、重化工、铝电三个产业方向上，饲料当之无愧是最重要的业务，也是刘永行赖以发家的主业。而投资业务并不是不被看重，东方希望虽然参股一系列企业，但刘永行均将其视作投资项目，随时都可以进出。对于刘永行来说，真正费心劳神的是重化工业的投资。这块也是外界质疑声最多的，一个民营企业家在国有资本占据垄断地位的领域能有什么作为？但事实证明，刘永行进入重化工业是成功的。

而随后的经营发展过程中，刘永行同所有民营企业家一样，跑项目、跑贷款、得到发改委审批，与我国国有铝业垄断巨头中铝之间的合纵连横，成为他生活中的头等大事。

作为"保守派"的企业家代表，刘永行有时为了一个投资项目，他可能要准备五六年，细致筹划，积累资本，然而保守的背后是敏锐的洞察力和大胆果断的决策能力作支撑。他说："投资可以多元化，但是主业不能多元化。"打通上下游产业链是为了达到降低成本的目的，而在扩张中的低负债率，使他能够经受住外界各种严酷考验，哪怕不利因素来自政策层面还是能够一一化解。

做大陆的"王永庆"

刘永行说："我最崇拜的人是台湾'经营之神'王永庆。"刘永行自从经商以来一直把王永庆作为自己的榜样，研究、学习，而他自己也在这个过程中完成了能力移植。"不投机、不浮躁、不虚荣，踏踏实实做企业。"

众所周知，王永庆生前生活很有规律，每日清晨 6 点起床，游泳、早操、跑步、读书，到 9 点上班，晚上 6 点下班，之后宴客。一切效率化、合理化、制度化，这是王永庆的经营之道。

东方希望集团一位中层干部对记者说："刘永行早晨上班时从不乘电梯，而是从一楼步行到 12 楼的办公室，他把爬楼梯作为一项健身运动，十年如一日。"这件事从另一个角度显现了刘永行坚持与执著的个性。对于刘永行来说，有一个理想是坚持不懈、永不放弃的，那就是他的工业梦。

刘永行说："我在经营上为什么要学王永庆？是因为他做正事，为人很正派。我们的目标是要做百年企业，不能去做一些过分的事情。所以不要随大流，要独立地思考。"

刘永行是一位比较保守的民营企业家，他从不越政策"雷池"，也不踩"红线"。他每一步发展都配合着政府的政策节奏，看着政府的"脸色"做事，从不钻政府政策的空子，让政府陷于被动，从而也让家族生意能避开政策调控的锋芒。比如说，1989 年，刘氏四兄弟进军饲料业，而此时这个行业为外资企业垄断，外资企业规模大、门槛高。在打下一片江山之后，这个行业又出现了民企一窝蜂投入，门槛低，几万元人民币就能建厂，竞争惨烈，最多时饲料企业竟达到 1.3 万～1.5 万家。即便如此，饲料行业仍然出现了供不应求的局面。最火爆的场面出现在 20 世纪 80 年代末 90 年代初，希望集团的工厂前，彻夜排队等待拉货的汽车排成长龙，最长的竟然要等上 28 天才能提到货。

如此火爆的生意场面,加上极高的利润,谁能抵挡住其催生的激动与亢奋?刘永行却给自己浇了一盆冷水——这不是企业的真正竞争力,要考虑10年以后的事情,于是他开始在企业内部推行"精益化"生产管理。提高产品质量和管理水平,为企业今后健康稳定发展夯实基础。

果然不出刘永行所料,到了1998年,整个饲料行业开始疲软,利润率滑落到了8%,比1996年下降了12%。不过,具有远见卓识的刘永行在衰退开始之前,就已经开始寻找新的投资方向,把目光投向了重化工行业。刘永行看好的是电解铝,但几乎没有人赞同他的观点,弟弟刘永好也提醒他:难度大,要慎重。

历史不会重演,但总会惊人地相似。抗日战争胜利后,台湾经济开始发展,建筑业势头最好。王永庆敏锐地发现了这一点,便抓住时机经营木材生意,结果获利颇丰。这个普通农民的儿子,居然成了当地一个小有名气的商人。这时,经营木材业的商家越来越多,竞争也越来越激烈。王永庆看到后,便毅然决定退出木材行业。

20世纪50年代初,台湾急需发展的几大行业,是纺织、水泥、塑胶等工业。但是当王永庆准备进军塑胶业的时候,连台湾化学工业中最有地位和影响力的企业家何义都觉得在台湾发展塑胶业根本无法敌过日本,因此不愿投资。王永庆的朋友都认为王永庆是想发财想昏了头,纷纷劝他放弃这种异想天开的决定。

其实,王永庆作出这个大胆的决定,并不是心血来潮,也不是铤而走险。他虽然对塑胶工业还是外行,但事先进行了周密的分析研究,向许多专家、学者去讨教,还拜访了不少有名的实业家,甚至私下去日本考察过。他认为,烧碱生产地遍布台湾,每年有70%的氯气可以回收利用来制造PVC塑胶粉。这是发展塑胶工业的一个大好条件。

1954年,王永庆不顾朋友的劝阻,带着"肯定要倾家荡产"这样的嘲笑,筹措了50万美元的资金,创办了台湾第一家塑胶公司。产品刚投放市场后销售情况并不好,但是他不放弃,一直坚持做,市场逐年好转,产品

供不应求，后来王永庆的公司成了世界上最大的 PVC 塑胶粉粒生产企业。

刘永行也一样，他并没有动摇自己的想法，一方面对市场进行细致的调查分析，研究国家产业政策；另一方面向专家请教，筹集资金。

刘永行这一准备，便是五六年，同时攒下了 20 亿元的资金。直到 2002 年 4 月，刘永行与山东信发集团共同组建信发希望铝业有限公司。此后，他又在内蒙古包头运作铝电一体化项目，加上河南的氧化铝项目，东方希望最终形成了饲料以外的第二主业。

另外，在行事方式上，刘永行一贯稳健宽容。刘永行说他不喜欢与人搞关系、搞资源，是自己的性格造成的。他的这一"官场哲学"在短期内影响了企业的发展速度和路径。因为房地产需要大量的（内幕）交易，需要不断地请客送礼，他最后放弃进入房地产业。

刘永行认为，民企首先要摆正心态，对社会要有一个宽容的心态。他说："有些困难必须自己承受，有些困惑要自己思考，心甘情愿就无怨无悔。"因此，刘永行不情愿在那些"不正经"的事上耗费太多精力。"人家上市能拿100 个亿，我不稀罕！我自己慢慢来做，人家很便宜地拿块地做到几十个亿，我不稀罕！我慢慢做，也能做到几十个亿。既然简简单单地也能把事做好，为什么我要弄得那么复杂呢？"

刘永行是最受人们尊敬、最具人格魅力的民营企业家之一。他从来不希望自己的企业与别的家族生意或者与社会大众发生冲突。比如，早期在四川从事养殖业时，尽管已经成为当地最大的养鸡企业，但为了避免与当地农民争利，宁愿退出养鸡业。

在下属眼里，刘永行是一个有"企业家道德底线"的人，从不以次充好，欺骗用户。2008 年，集团所属的一家公司的产品质量曾一度不太稳定，在外考察的刘永行知道后非常恼火，连夜赶回公司召开高管会议，撤销了分管产品质量的经理职务，并对已投放市场的 50 吨不达标产品实行"召回"。他在干部会上用浓重的四川口音对大家说："产品质量是企业的生命，如果以牺牲产品质量来赚钱，那等于是自寻死路！质量是千万马虎不得的！"

刘永行对记者说："如果一个企业家要做大的产业战略转型，不提前五年思考的话，那是很危险的，我们就提前了六年思考。需要千锤百炼，一千遍问自己，一千遍问别人能不能做，一千遍拿数据说话，然后你再干。因为战略转型是企业一个很大的创新。平时一个小创新都有很大的风险，何况是这么大的转型，所以你必须非常慎重对待，不能贸然行动。"

在"冬天"笑傲群雄

过去 10 年，在中国富豪榜上"城头变幻大王旗"，黑马频现，其中包括房地产、IT、新能源等背景的富豪。刘永行偏居一隅，岿然不动。从 1999 年第一次登上"福布斯中国富豪榜"，连续 10 年，刘永行从未下过这个富豪榜，在 2008 年的"福布斯中国富豪榜"上，他以黑马姿态再次成为首富。

值得一提的是，在 2008 年这个凌厉的冬天，全球金融危机让全世界的富豪的财富大幅缩水，但是刘永行的企业和财富经受住了这场史无前例的金融海啸的考验。其财富不仅毫发未损，而且创下逆市上扬的奇迹。

有人认为，刘永行的保守成就了东方希望。事实上，他也很大胆冒进，在"国进民退"的气候下，他的企业依靠自生力量和苛刻的内部成本控制，以"少贷款、不上市"的保守发展模式，坚韧地继续着始于五年前、却仍被打压的"民营企业重型化"之路，挺进了国有资本垄断势力最强大、最需要雄厚资金支持的铝业和石油煤炭化工业，几乎倾注了全部身家。

刘永行的性格中兼有保守和激进，这是源于每次行动前反复预演的"死亡练习"。刘永行的探索为企图有更大作为的民营企业家们提供了一种可能的发展路径。

也许，刘永行的成功只是一个极端的案例。但无论如何，在这个宏观经济局势转折的关口，允许更多领域开放给中国最富生命力的经济力量，并给

予一视同仁的对待,或许是根本性解决中国经济结构失调和产业升级难题的出路之一。

在 2008 年这个"寒冬",民营钢铁"巨人"戴国芳式的悲剧故事又在全国各地上演。11 月 18 日传出一条令人诧异的消息,中国民营钢铁巨头——日照钢铁将被国有的山东钢铁强行收购。几周前,公司的创办者和 100% 所有人——杜双华刚刚登上"胡润百富榜"的"榜眼"位置,位列"民营钢铁榜"的头号富豪。

2003 年,杜双华创办日照钢铁。短短 5 年内,将之发展成为 1100 万吨产能的大型钢铁公司,其效益和产能都远甚于省内国有钢铁公司。但是,自建厂以来,日照钢铁的八成资金都来源于银行信贷。当 2008 年 6 月钢铁价格一路下滑,行业普遍面临钢材滞销和现金流吃紧的时候,银行突然中断了对日照钢铁的贷款。一位业内人士指出,断贷的背后是日照钢铁与山东钢铁的利益冲突。山东省政府一直希望对省内钢铁业进行行业整合,日照钢铁所处优越的港口位置和运输资源一直是被觊觎的对象。早在一年前,杜双华就为此焦虑不安,提出是否可以让民营钢铁单独完成自我整合。"现在,民营企业已经没有什么融资渠道了。"吴晓波评价,"金融就是经济的空气、血液。"一旦拔了氧气管,杜双华英雄末路。

刘永行历数东方希望目前的状况,声称对公司的表现"非常满意"。他建言企业家,平常时间,扬长避短,"比如我自己,长项不是做公关、拿土地、上市、做金融,甚至不是资本运作,我只能做自己熟悉的领域"。

而在冬天来到的时候,不要怕,努力去适应,"有困难的时候,接受它,要做好事情,不要抱怨"。刘永行说,能力会变化,实力也会变化,渡过眼前的困难,前面就是光明。

刘永行告诉记者:"困难之中,也是投资的最好时候,检讨失误的最好时候,做重大决定的最好时候。"虽然 2008 年经济下行趋势明显,但是东方希望的业务扩展规划并没有因此停滞。2008 年 3 月,东方希望刚刚成功完成了 9 亿元人民币的融资,以推进三门峡铝业的产能优化与铝土矿的收购工作。另外，刘永行的投资领域中涉及部分金融机构的股权投资，有人称，东方希望正在逐步淡出此类投资领域，但这也是刘永行试图打通实业与金融之间的隔离，稳定企业现金流的一种尝试。近两年，民生银行等金融机构的股权投资收益颇丰，这为东方希望在这次危机中保持现金流的畅通储备了一些力量。

2008年11月，当刘永行得知自己成为2008年"福布斯中国富豪榜"中国内地首富时，显得很平静，仿佛这件事跟自己没太大关系。

在谈及旗下的东方希望集团业绩时，刘永行比听到自己的首富排名要兴奋得多，"从来没有那么好的时机，这是最好的时机"。

作为富豪榜上的"常春藤"，刘永行并不认为富豪在经济危机时期落榜就意味着企业经营的失败。他强调说，一时一事不能说明企业做得怎样，金融危机之下，不能看现在企业经营的情况来评判企业家，而是要看长期的表现。"困难时期做得过去的，损失小的，将来一定能活得好。"

金融危机使全球企业深受打击，对于这场危机，刘永行深有感触。早在2007年7月，他就敏锐地感觉到了形势的变化，及时果断地要求下属企业限制原材料采购和产品的库存。当金融危机全面爆发时，接近于零库存的东方希望躲开了危机的正面冲击。对于如何应对仍在蔓延深化的这场危机，刘永行表示，"金融危机谁也躲不过，但我们可以调动自己的力量、智慧来抵御它。"

在金融风暴导致的全球经济寒冬中，刘永行却有闲庭信步的雅致。但对送上门来的低价求购的能源企业，刘永行却保持了警惕性。虽然是扩张的大好时机，但他更愿意留下"余粮"准备应付可能持续多年的经济危机。

此次全球性金融危机给人们最大的警示就是，脱离实体经济发展需要，金融业的肆意膨胀是不安全的、不稳定的、不可长久的，虽然刘永行可能并未在危机爆发之前就认识到这一点，但是他专注于实业，专注于依靠自身财富积累和灵活运用的做法，恰恰帮助他规避了这种风险，实现了财富的稳健增长。

刘永行之所以能基业长青，资产稳步快速增长，靠的就是脚踏实地、一心一意做实业的毅力和对形势变化的敏锐洞察、果断决策，用智慧战胜这场危机。当然，实现财富逆势增长的不只是刘永行，国内外都有这样的案例。但是刘永行成为焦点人物，还有另外一个重要的原因，刘永行两次登上中国内地首富宝座都是在全球经济形势不容乐观的时候，第一次是在 2001 年网络泡沫破灭时期，而这次则是在金融危机笼罩全球的情况下。

股神巴菲特有句名言："只有当潮水退去的时候，才能知道谁在裸泳。"刘永行在金融寒潮之中逆市上扬，笑傲群雄，再次显示了他的英雄本色。

简单的生活境界

刘永行不缺钱，他拥有 300 多亿元财富，外界也许都在想象，他的生活一定很奢华。其实在刘永行的身上看不到一点奢华的影子。他用老家四川的打油诗自嘲，"不抽烟，不喝酒，不打麻将，不跳舞，是个'二百五'"。他也不懂中国古代才子佳人爱的那些吹拉弹唱、琴棋书画的技艺，"所以我真是个'二百五'，像我这样的生活，即使按照现在比较高的生活标准来看，1000万元过一辈子已经足够了"。

2002 年，刘永行当选为"CCTV 中国十大经济年度人物"。在颁奖盛典上，评委在给刘永行的颁奖词中写到："他对财富的理性认识，让我们看到了积极的财富观念和财富本身价值相等。"

从 1982 年"下海"至今，刘永行创造了很多人永远无法企及的财富和高度。然而，对于他来说，金钱并不是最重要的，他也从来没有像外界想象的那样，过着多么奢华的生活。朴实就像一个标签，时时跟随着刘永行的身影。他穿着朴素，爱好家常菜，准时上下班，极少应酬，滴酒不沾，饮料就是白开水，出差就坐普通舱，所以他穿着 40 元一件的衬衣登上了《福布斯》的封面。

刘永行说："创业时，我们用自己的劳动换取财富，让自己的生活好一点。但是，企业一旦做大，你就会去思考赚钱做什么。享受？如果这样，企业就会做不下去，因为做企业并不是享受。我就是希望大家把我当成一个普通人。"

他的儿子从美国留学回来后，在东方希望集团帮忙打理事务，生活跟刘永行一样俭朴。刘永行说："我是苦出身，以前对财富是渴望的，但这些年来随着企业的不断扩张，心态开始平和起来。为什么呢？目前国内私营企业的创业、竞争环境正在得到改善，通过努力工作，都可以致富，心态当然会变得平和起来。财富代表了一种过去的成功和将来创业所处的位置。再说，我不喜欢炫耀自己的财富，没那个习惯，我一个人能用多少钱呢？我用不来啊。"

对于钱财，刘永行有非常理性的认识："这是社会的财富，不过由我支配而已。任何人都没有权力浪费。也许有人会认为我在省钱，其实不是。我对生活的认识很简单，舒服就行，而无所谓档次、名牌。同时，还有一个重要原因，简单的生活能帮助我节省时间。"

刘永行给记者讲了这样一个小故事：有一次他要赶到北京开会，司机把他送到机场。排队买票时，被售票员认出来了，便问道，你是不是中国首富、东方希望集团的刘永行？他点头说是。这个时候，售票员又问，买头等舱吗？刘永行说，普通舱。当时，小姐就嘀咕开了，普通舱，普普通通，这哪像什么首富？

刘永行在生活上十分节俭，但他在慈善、公益事业上却出手大方，20多年来先后向社会捐款 6 亿元，低调的他从来不请媒体报道。他和东方希望集团先后获得"成都十大慈善企业"、"上海浦东新区慈善之星"、"中国光彩事业奖章"等称号。在东方希望集团的企业报上，记者还发现刘永行以一种慈父般的体贴让成都市 19 个区县的低保家庭孩子每天能够吃上一个鸡蛋。

8. 许荣茂："豪宅教父"

许荣茂 档案

出生时间：1950 年 1 月

性　　别：男

籍　　贯：福建省石狮市

文化程度：工商管理硕士

现任职务：世茂集团董事长

从事行业：房地产、金融、酒店、超市等

公司总部：上海

创业时间：1981 年

创业资本：100 万元

上市情况：1994 年 2 月"世茂股份"在上海上市；2006 年 7 月 5 日"世茂房地产"在香港上市

行业地位：中国最大的商业地产企业、中国房地产行业十强之一

拥有财富：2006 年，许荣茂以 160 亿元财富名列"胡润房地产富豪榜"首富；2009 年他以 320 亿元资产名列"胡润百富榜"第三位，再度成为中国房地产行业首富。

人生经历：1981 年许荣茂开办了一家金融公司，两年时间他赚得人生的第一桶金。1989 年在福建开发房产，后来到澳大利亚开发房地产项目。1994 年进入北京开发紫竹花园、亚运花园、华澳中心、御景园等。2004 年开始全面进军商业地产。

社会职务：第十届全国政协委员、全国工商联副主席、中国侨商协会常务副会长、上海市福建商会会长。

主要荣誉：曾被澳大利亚政府授予"太平绅士"、"中国房地产十大风云人物"等。

经典语录：人生像一个舞台，一旦自己能扮演一个比较重要的角色，应该认真把握。我这个人善于把握机遇，只要看到是个机遇，都想尽量去抓住它，敢冒风险。

现年 60 岁的许荣茂,被称为中国"豪宅教父",坐拥 320 亿元资产,两次登上"胡润房地产富豪榜"首富。从 1993 年以 2 亿元资金投资开发旅游度假区到亚运花园、华澳中心、世茂滨江花园、武汉锦绣长江……许荣茂这个名字,在民营经济蓬勃发展的今天,仿佛已经成为财富与成功的代名词。只是,这样的财富与成功,由于他一向深居简出、不抛头露面的风格,总是给人一种神秘的感觉。

许荣茂的创业经历了去香港闯荡——回福建故乡投资——到北京地产市场淘金——在上海大展拳脚的过程。这一过程让许荣茂完成了巨大财富的积累,也让他实现了由"打工仔"向"首富"的华丽转身。

香港炒股起家

1950 年 1 月,许荣茂出生于上海,他的父母都是医生,因受父母亲的影响,选择了学中医,父亲认为这对他日后从商大有裨益。"中医讲究平和,不会为一些小事急躁。我觉得有一些人很聪明,但暴躁起来不考虑后果,这是做事业的大忌。"也因此,在 20 世纪 70 年代到香港寻求发展的许荣茂能平

和地正视自己的生存状态："我当时只会讲闽南话和普通话，所以从事中医没有先决条件，病人说什么我都听不懂。"他从事的第一份工作是在药店里当伙计，因为不能适应粤语，干了几天就走了。

许荣茂在香港从事过许多职业，虽然长年累月的勤奋使他积攒了一些存款，但他并没有在这些一般性的行业里找到属于自己的金矿。

1980年，一个偶然的机会，他当上了证券经纪人。他发现自己在这方面有着敏锐的判断能力和过人的投资天赋，于是，他认定这一行业将是自己施展才华的天地。1981年，他开设了一家金融公司，而他的传奇正是从这里开始。短短两年时间许荣茂就拥有1000多万元的财富。他说："在金融市场我比较顺利。很多人第一桶金可能要经过长期的拼搏，我运气稍好一点。不过我对经济非常感兴趣，如今还一直阅读经济方面的书籍。"

当一个人的资金达到一个特定的量时，往往会希望它能产生更多的收益，能发挥更大的作用。对于许荣茂来说，守着自己的第一桶金，也许能够享用一辈子了，但他考虑的是怎么使自己的财富进一步增值。他意识到股市里的钱来得快，去得也快，觉得还是做实业踏实，于是决定抽身做实业，以更加稳妥的方式把钱"固化"下来。

1988年，许荣茂在香港投资兴建了一家小型纺织厂，后来考虑到内地的生产成本低，就回到内地深圳和兰州建了5家纺织厂，产品主要出口到中国香港和美国。许荣茂称此类实业，附加值很低，且缺少成就感。但是，这次投资使许荣茂的事业版图延伸到了内地，发展空间会更大。

投身房产

许荣茂于1989年回到家乡后，决定投资房地产。这是一个重大的战略决策，因为当许荣茂一只脚踏进这个与股市同样具有高风险的领域时，就发现自己再也抽不出身了。

许荣茂说:"以前做服装特别累,员工多,业务量大,但利润微薄。帮美国人做加工,等于为他人作嫁衣,成衣后贴上他们的标签,没有自己的品牌。这虽然也是实业,但缺少满足感。现在我搞房地产,建一幢幢雄伟壮丽的大厦,既能美化城市、改善人们的生活,又能给自己带来事业成功的欣慰。"

20世纪80年代末,许荣茂在福建石狮制订出一系列的房产开发计划。在这个过程中,由于国内形势的不确定因素,考虑到自身投资的安全,许荣茂也曾一度放弃了在内地的一些开发项目,于1991年携妻带子去了澳大利亚。

在澳大利亚,许荣茂在房地产上倾注了大量心血。他凭借自己对于房地产的领悟,投入大量资金在悉尼和达尔文市搞房地产开发。这一次他又成功了,而且由于在澳洲华人社会的影响力和对当地社会的突出贡献,他被澳大利亚政府授予"太平绅士"荣誉称号。

他一边在澳大利亚搞开发,一边密切关注着国内的市场行情。一旦政策明朗,就迅速卷土重来。1993年,在刚刚获得"世界自然和文化遗产"之称的福建武夷山,许荣茂以投标方式购得500亩土地,以2亿元资金投资开发旅游度假区。据许荣茂透露,振狮开发区的这个项目投资回报率超过了50%。

1995年,在房地产市场极其低迷时期,许荣茂悄然杀入北京市场,当时北京的众多房地产商正愁眉不展。而许荣茂出手不凡,拿到了许多人梦寐以求的10万平方米的地块,开发出了轰动京城的"亚运花园"。后来由许荣茂打造的"亚运花园"成为京城楼盘风向标。

1997年,再次引起北京地产界震惊的"华澳中心"开盘,20万平方米的项目在当时可谓大冒风险,但是许荣茂的楼盘的优良品质也着实让北京人开了眼界。

房地产的冬天何时结束似乎还遥遥无期,但许荣茂的投资依然没有刹车的迹象。紧接着,16万平方米的"紫竹花园"、20万平方米的"御景园"相继开工,这两个项目累计投资额超过了40亿元人民币。这么大手笔的投资

让京城的地产同行惊叹不已。

此时的许荣茂，已经逐渐形成了一套成熟的投资理念，他在北京做的全都是高档外销公寓。当时，许荣茂几乎占去了北京 1/3 以上的高档住宅市场。

即使如此，许荣茂的名字对公众来说，还是比较陌生。因为对于媒体和公众，许荣茂向来都是低调的，他认为所要做的，就是默默地做自己该做的和认定要做的事情。大多数人真正开始注意许荣茂是 2000 年 8 月，因恒源祥而闻名上海的上市企业万象集团突然宣布正式变更第一大股东，此时许荣茂才浮出水面。

上海世茂投资发展有限公司接手万象总股本 26.43% 的国有股，以恒源祥闻名沪上的老牌商业股从此变更为世茂股份，并将过去的主业由商业转型为房地产业。

而投入 30 亿元打造 333 米高的兼有商场、办公楼和酒店的 60 多层的上海万象国际广场开发计划紧随其后。实施这一计划的是"世茂投资"，而"世茂投资"的掌门人正是许荣茂。

驰骋资本市场

作为在内地和香港两地股市均占有一席之地的世茂集团，近 10 年来在内地和香港资本市场自由驰骋。

许荣茂曾在香港做过股票经纪人，他的第一桶金便来自于 20 世纪 80 年代初的香港股市。投身于房地产业后仍在资本市场长袖善舞的许荣茂坦言："香港回归以后，是有一部分香港人比较担心，想英国人走了以后，香港人能否自己管理好香港，特别是证券市场，今后是否还能得到很好的发展。而实际情况告诉大家，这 10 年来，香港经济目前处于最好的发展期，证券市场也发展得很顺利。所以实践证明担心是多余的，中国政府完全有能力管治好香港,也有能力管治好证券市场。"

2007 年 6 月 22 日在上海市侨商会举行的第二届会员大会上,许荣茂再次当选会长。在谈及两地股市的特点时,许荣茂认为,香港证券市场可以说是非常规范,"它有一个历史发展的过程,特别是在吸引'外资'方面一直做得比较好,现在内地及其他国家和地区的企业很多会跑来香港上市"。相对而言,内地证券市场在许荣茂眼里便是一个新兴的证券市场,"这两年内地股市发展的速度很快,但是外国企业过来上市的情况现在还没有,所以说它还有一个不断开放的过程。现在国内一些大公司的红筹回归、海外一些大公司也想来参与,这些都是大家所希望看到的"。

鉴于对资本市场的熟悉,短短几年内,世茂先后两次借壳上市。一次在上海,以高出净资产的价格收购上海万象集团,接手 26.43% 的国有股,并正式翻牌为"世茂股份"。他们主要是瞄准万象位于南京东路黄金地段、投入 11 亿元却还烂尾的万象国际广场。据世茂集团董事局副主席许世坛表示,再投 20 亿元这栋楼价值就可达 40 亿～50 亿元。另一次在香港,于 2001 年 11 月 22 日收购香港东建科讯控股,更名为"世茂中国",许氏家族控股 69.74%,仅 15 天时间,市值涨了三倍。2006 年 7 月,"世茂房地产"在香港上市。至此,世茂集团成为中国房地产行业盈利最多、市值最高的房地产开发企业。

素有"冒险王"之称的许荣茂,近 20 年来,投资过很多项目,但从未失过手。他信奉稳健、看长远的理念:"做事情脚踏实地。看问题眼光放远,不要只注重眼前。就像刚学开车,师傅让你看远一点,可你就怕眼前出事。"

世茂房地产自 2006 年在香港上市以来,就不断在资本市场上运作以支撑其发展壮大。在对两家上市公司主营业务的划分上,许荣茂表示,将把世茂房地产的部分商业资产注入世茂股份。这次资产整合清晰界定了世茂房地产与世茂股份两家上市公司的业务范围,今后世茂房地产将继续从事住宅及酒店业务,世茂股份则将业务定位于发展商业地产。

许荣茂对记者说:"我们已经把核心投资领域扩展到了长线投资、固定

资产模式的商业地产项目。而把世茂房地产几十个亿的优质商业物业及十多亿元的现金注入世茂股份，世茂股份便可成为一家拥有优质资产及稳定租金收入、投资权利非常大的商业房地产企业。我们现在积极建造持有型的高档酒店、商场、办公楼等，今后企业的利润相应地就会更加平稳。"

高速扩张

2007年年初，世茂房地产以10.5亿元收购CBD核心区的北京华平国际大厦（现更名为世茂大厦）后，5月23日世茂房地产再次以人民币14亿元收购了北京三里屯地区一综合地块。世茂房地产称，这是公司实现物业组合多元化，从住宅物业延伸到商业物业领域的重要举措之一。

据了解，该项目位于北京朝阳区三里屯工体北路，紧邻使馆区、朝外商务区、朝阳公园和CBD等黄金区域，占地面积3万平方米，总建筑面积为21万平方米。世茂房地产将动用30亿元，打造一个集超五星级酒店、世界顶级品牌商业、文化休闲于一体的商业综合体。

据《中国证券报》报道：2007年11月15日，世茂集团与香港裕元工业集团旗下胜道体育和美信富客斯两家国际知名品牌签署长期深度发展战略协议。这使得世茂集团进入商业地产领域以来签署战略合作协议的国际品牌达到近200家。

世茂集团执行董事兼常务副总裁许世坛表示，世茂集团的商业地产正处在高速发展期，在国内多个城市拥有大量的大型商业地产项目，因此，世茂一直都在寻找能够吻合集团长期发展节奏和速度的优质零售商与品牌商，这种战略目前已经取得了明显成效。

此前，世茂集团旗下A股上市公司世茂股份曾发布公告，公司将通过定向增发6.92亿股募集资金，收购世茂房地产旗下的近400万平方米的商业地产项目，而世茂房地产将成为世茂股份的控股股东。

许世坛在接受记者采访时说:"定向增发的顺利实施,将使世茂股份成为集团旗下商业地产的运营平台,集团整个商业地产经营团队都将进入上市公司。而世茂股份在商业地产的定位不仅仅限于目前的 400 万平方米,其将会借助资本市场的力量实现一个长远的发展目标。"

许世坛还透露,通过和国际品牌联盟的运作新模式,世茂旗下的商业地产运营非常良好,一些项目刚刚开始招租就被这些国际品牌租赁一空。针对投资者疑虑的资金周转问题,许世坛表示,世茂的商业地产将会采取租售并举的方式,在北京、上海等一线城市黄金地段的商业地产,只租不售,而在一些二线城市,则会有部分商业地产项目出售,以保证资金运营的需要。

2009 年 3 月 20 日,中国农业银行与世茂集团在上海签署了 150 亿元银行贷款授信协议。根据双方约定,此次授信额度将用于世茂集团旗下的境内公司的固定资产贷款、流动资金贷款等。许世坛表示,此次获得的贷款将广泛用于世茂在全国的多个商业地产和住宅项目中。近两年中国房地产市场重新面临机遇,如果资金允许,可以作一些并购项目,尤其是购买廉价土地。

此后,世茂集团重组了旗下世茂房地产与世茂股份两家上市公司的经营业务,世茂股份已经逐渐转移到商业地产开发领域。分工更加明确后,世茂加快了扩张步伐。加之房地产市场整体情况良好,2009 年上半年世茂集团地产部分销售额已达到 131 亿元,有充足的资金做支持。2010 年,集团总收入有望突破 300 亿元大关。

尽管如此,世茂集团在扩张过程中亦遇到不少"阻力"。许世坛提到,近两年北京等一线城市高价频出,世茂公司虽然多次参与现场竞地,但最终都因为土地成本过高而没有出手。他进一步表示,"地王"主要集中在以住宅为主的土地上。"政府并不会期望每一个地块的价格都是越高越好,综合商业体提升区域价值的功能会得到政府的认可,这是世茂曲线拿地策略的基础。"

手中握有大量资金的世茂集团从 2009 年 4 月以来加快了拿地扩张步

伐，频频出现在土地交易市场上。

2009 年 5 月 4 日，世茂股份公告披露了在青岛拿下一高端商业项目用地的消息，该地块由上海世茂股份有限公司、青岛世奥房地产开发公司纳入囊中，成交总价为 9.1 亿元，楼面地价为 4250 元/平方米。地块计划建成青岛第一高楼。

2009 年 6 月 8 日，世茂房地产以人民币 30.2 亿元，成功竞得位于福建省厦门市豪宅新聚点湖边水库片区地块，初步规划为集住宅和商业于一体的高档综合生活社区。7 月，世茂房地产与中新天津生态城投资开发有限公司达成协议，共同开发天津生态城一个 180 万平方米综合项目，建成后将包括高档海景商业和近万户居民的生态休闲区。

2009 年下半年，世茂地产加大投资步伐，首先是环渤海湾区域，包括大连、青岛、济南在内的几个城市以及长三角区域的南京、杭州、苏州、宁波等城市加大投入。

许荣茂向记者表示，世茂集团以后的发展战略是通过两个上市公司项目，世茂房地产主营酒店和住宅，重点城市都会进入；世茂股份主营商业地产，今后还会有一些融资的安排，通过融资增加土地储备，特别是青岛的项目。北京、上海、天津都会有新的土地和新的项目增加。另外，他透露说，世茂股份会根据市场情况灵活收购一些商业项目，进一步把企业做大做强。

目前，世茂股份一跃成为国内最大的商业地产企业。

敢于冒险

常言道："时势造英雄"。近 10 年来，中国房地产业得到迅猛发展，房地产业界可谓藏龙卧虎，高手如云。冯仑侃侃而谈，潘石屹频频作秀，任志强咄咄逼人。许荣茂却不声不响，开发了一个又一个成功的楼盘。在他的人生轨迹中，几乎每一步都踏在时代的鼓点上，屡屡在楼市的低谷介入，与整个市场一道跃上高点。

许荣茂曾深有感触地说过:"做了高利润的房地产,再做其他行业都觉得没意思。"而他的财富传奇便是从踏入房地产业开始的。

其时,房地产在中国属于朝阳行业,但也充满着很大的风险和变数,而许荣茂就以冒险的姿态投入其间,义无反顾。一连串的惊人业绩,让人们在看到他成功的同时,不由得也佩服着他的眼光和冒险精神。

20世纪90年代初,许荣茂抓住国内房地产发展迅猛的机会,在福建进行房地产开发。不久,他觉察到危机可能来临,于是转战澳洲房地产市场,从而避开第一轮房地产泡沫风暴。

1995年,许荣茂杀入北京,从此开始为业界所注意。在5年时间里,他相继开发了"亚运花园"等一批高档外销公寓,所有楼盘都销售一空。

1999年,上海的房地产市场一片沉寂。刚刚过去两年的亚洲金融风暴,冲击了上海的高端房地产市场。整个浦东也没有今天这样明朗的前景。但就在这个节点上,许荣茂却砸下巨资,开发世茂滨江花园。业界盛传仅拆迁费一项,就投入了20亿元。几年之后,这一楼盘成为世茂集团的金字招牌,许多不看好这一项目的同行,目瞪口呆。

在大家都不看好一个市场时,他如何能嗅到趋势?许荣茂镇定地说:"我选择跟着政策走。"他告诉记者,他有个习惯,在每个项目实施前,都会投入巨资进行前期调研。虽然调研成本很高,但却能掌握趋势。

1999年年底,中国加入WTO。他一直认为,上海是加入WTO受益最多的城市。来到上海之后,许荣茂发现浦东陆家嘴高档商务楼已经有20多栋了,但高档住宅楼却是空白。而且上海的房价只有香港的1/5,租金已经相差无几,这说明升值潜力很大。

另外,许荣茂从上海规划部门了解到,这个地段正好处于上海城市天际线的变化地带。上海的规划要呈现出"一波三峰"的景观,一个高峰带就是现在的陆家嘴,另一个高峰带是现在南浦大桥那个地段,还有就是今天世茂滨江一带,当时叫兰园。这意味着世茂可以把楼层造得比较高,这样看上去很高的地价就被摊薄了。

回忆起来，决策的过程令他记忆犹新："我进入上海后，可以选择华山路，也可以选择静安寺，但我们看到了浦东开放的前景，拿的第一块地就是今天世茂滨江的所在地。政府开价之后，我一点都没有还价。当时浦东根本还没发展起来，很多人都认为我拿得不划算，但我们的眼光和别人不一样。"

从此，世茂滨江花园成了公司的样板工程。此后，许荣茂开始在全国复制"滨江模式"。在南京、哈尔滨、武汉，都有世茂倾力开发的滨江新城。不难发现，这些高档楼盘都在江畔。许荣茂缓声说："我在国外走得比较多，发现水边的地段都具有稀缺性，在各国都是高档住宅的集中地。所以，我们的楼盘尽量临水。同时，滨江地段的拿地价格比较高，这就要求我们通过规模效应降低成本，然后把各个项目衔接，以应对庞大的财务成本。"

2001年，当陆家嘴旁边一个名叫"世茂滨江花园"的楼盘预售引来争相排队的火爆场面时，人们才彻底看清，世茂投资彻头彻尾是一只潜入上海滩的"地产大鳄"。

现在，上海业内说起"高档住宅"必称"世茂滨江"，6幢超高层高档公寓和1幢60层的酒店式、70％的公寓绿化率充分展示了许荣茂的投资理念，这是目前上海市最豪华的楼盘之一。据上海市物价局估价，世茂滨江花园每平方米的建造成本和装修及室内赠送设备的总价为10037元人民币。

面对外滩璀璨的灯火，与东方明珠电视塔、金茂大厦、上海国际会议中心比肩而立，世茂滨江花园可谓地段极佳，一时间，许荣茂的独到眼光与神通广大成为业界议论的焦点。谁都知道，能拿到这样一个地段的市政旧城改造项目并非易事。而这也远不是许荣茂在上海投资的终结，在金桥，他又圈定20万平方米土地，投入近20亿元打造"湖滨花园"。

许荣茂家大业大，他在相对较短的时间里，可以同时进行多个投资，且都数额庞大。那么，如此多的资金从何而来？许荣茂之子许世坛说，这些资金大多是"自筹资金"，很少比例是银行贷款。

2004年,许荣茂与俄罗斯签约建造"绥波综合体",据说将在里面建设一个赌场。

2005年年初,许荣茂的"冒险攻势"在武汉发动,他以31.5亿元拿下了武汉地王"锦绣长江",预计投入80亿元打造一个滨江商贸旅游区。有人认为,以这样的价钱拿地开发,各项成本总计很可能超过目前武汉高档楼盘的均价,有相当的冒险性。对此,许荣茂认为,今后几年按武汉房地产市场的走势,问题应该不大。果然不出所料,武汉"锦绣长江"楼盘的收益比预期还要好。

自从许荣茂进军北京房地产后,有心人会发现,他"攻城略地"的方针就是"高档+外销"。在北京,许荣茂开发的华澳中心、紫竹花园等都是名动一时的高档楼盘。

而到了上海,世茂滨江花园更是表现出他追求的境界,无论从规划、设计、用料乃至销售方式都是经过精心的操作,销售额更是蝉联4年上海冠军,并取得单盘销售过百亿元的业绩。这里仅拿销售方式来说,许荣茂别出心裁地策划了一次"台湾攻势",让许世坛亲赴台北采用广告轰炸的方式来促销,仅7天时间滨江花园在中国台湾即创下12亿新台币的销售业绩。许荣茂甚至还把滨江花园推销到美国,在那里也销售了3亿多元。

2007年10月18日,五星级的上海外滩茂悦大酒店正式开业,世茂集团董事局主席许荣茂又朝着自己的豪华酒店梦想迈进了一步。由世茂投资20亿元建造、全球知名的凯悦国际集团进行管理的上海外滩茂悦大酒店开业后,世茂旗下的五星级酒店数目已增至3家。许荣茂表示,该酒店如按经营收入计算,估计10年左右可收回投资。

目前,世茂在全国范围内还有多家五星级酒店在计划兴建中,许荣茂表示,未来三年世茂将努力把酒店业务做大做强,而在这之前更计划分拆酒店业务上市融资,上市地点目前考虑在香港。

许荣茂还指出,目前酒店业务占集团利润的比重还不高,并且按照现在的会计制度,报表上的酒店账面资产未能体现酒店的真正价值。"随着开业

酒店数的逐步增加,明年起酒店业务的经营收入会大幅提高。此外,投资酒店还要看物业升值,在上海的 3 家五星级酒店按成本加折旧,账面上才 60 亿元,但我看值 200 个亿。庞大的酒店资产,没有分拆出来,账面上是显不出价值的。"

香港是许荣茂起家的福地,但他真正风生水起却是在内地。通过开发北京和上海的房地产楼盘,他麾下的"世茂集团"已然成了中国高端房地产王牌开发商。许荣茂的眼光、魄力和手段,环顾整个地产界,无人能出其右,而其上升轨迹也颇为耐人寻味。

20 年来,许荣茂南征北战,不管房地产形势是高峰还是低谷,他的事业总能蒸蒸日上。许世坛将这一切归功于父亲的眼光:"他总能在别人看不到的时候看到。"或者,有了这样的眼光,就有种种看似冒险但最终换来成功的举动吧。

房地产是高回报行业,但投入资金大、风险高。所谓关心则乱,当利在自身时又有谁能真正做到冷眼观己破局而出呢？毕竟稍有不慎,就可能满盘皆输。大冒险家也不能次次都靠运气,许荣茂一次次看似赔上全部身家的豪赌,其实背后总有"观一叶而知秋"的大智慧。

构筑世茂"金三角"

谁能想象,世茂股份在 2009 年 1 月,手中项目仅仅只有 4 个;5 个月之后,其资产迅猛膨胀,变身为横跨 17 个城市、紧握 20 多个项目的商业地产龙头公司。在世茂股份这一蝶变过程中,身兼副董事长和总裁职务的许荣茂长女许薇薇是蝶变的总指挥。

由此可见,世茂股份正承载着许荣茂新的资本构想。从集团常年坐冷板凳的边缘化公司,到获得优质资产和大笔资金注入,世茂股份正因为许荣茂赋予其 A 股市场融资平台的大任,华丽转身。

据《时代周报》2009 年 12 月 31 日报道：世茂集团的另一驾马车——世茂房地产开发有限公司则由许世坛掌舵。2009 年 12 月 22 日世茂集团宣布双方将成立合营公司，姐弟两人得以联手，许荣茂则稳坐后方听政，一个牢固的"许氏金三角"渐现雏形。

许薇薇 1997 年获得澳洲麦克理大学商科学士学位后，在香港一家会计师事务所从事财务工作。一年后进入世茂集团，先后负责北京、福建世茂滨江花园及哈尔滨等地的地产项目。

其弟许世坛也于 1998 年进入世茂集团，但当时姐弟俩只参与销售和投资业务。许荣茂对他们进行言传身教。

2000 年 8 月，许荣茂财技初现。通过接手上海上市公司万象集团26.43％的国有股，世茂成为其第一大股东，在 A 股成功借壳上市。经过一年多时间的资产变卖剥离，万象集团更名为"世茂股份"，以恒源祥闻名的老牌商业股转向房地产业。

由于 2001—2005 年 A 股处于熊市阶段，后来又因股权分置改革，上市公司再融资被叫停。"事实上，世茂股份 10 年间都没有融过资。"王东亮说。

无奈之下，许荣茂只得将融资目的地换成香港。2006 年 7 月，世茂股份分拆核心优质资产，注入由世茂集团控股的世茂房地产，并推动其于香港上市。世茂股份名下十分重要的世茂湖滨项目、世茂佘山庄园项目、北外滩的酒店项目等，成为世茂房地产的主要资产。

虽是同根生，但地位差异明显。因世茂股份与世茂房地产均开展住宅、商业和酒店等开发业务，为了消除港交所对兄弟公司同业竞争的猜疑，集团为世茂股份的发展设限，规定其只能开发内地规模小于 20 万平方米的住宅项目和规模小于 10 万平方米的商业地产项目。

这样的规定，无疑等同将世茂股份打入"冷宫"。世茂集团内部人士向记者透露，世茂股份在资产注入之前，连独立拿地都很困难，要靠世茂集团下的项目公司联合拿地。

许荣茂在搭建集团业务结构过程中，已经在有意培养第二代接班人。

世茂房地产在香港上市不久，许世坛就被安排做公司的执行董事。许荣茂在当时接受媒体采访时说，希望儿子关注国内多一些，女儿则关注国际项目。初生牛犊，许荣茂难免有些担忧，于是向世茂房地产派出了世茂集团的资深老臣，用以辅佐儿子。

时世变化，对旗下三驾马车世茂国际、世茂股份、世茂房地产的定位，许荣茂也有了新的构想。随着 A 股市场在国际市场的地位越来越高，许荣茂也重新认识到 A 股的地位，对世茂股份在资本市场的作用逐渐有了新的认识。

2007 年 6 月开始，许荣茂导演了一场让人眼花缭乱的资本大戏，将世茂房地产的商业地产分拆注入世茂股份。这其中包括世茂房地产旗下 9 家商业地产公司 100% 的股权，以及上海世茂大厦资产，约 7.5 亿元现金。这些资产，世茂股份的收购价都很低廉，这确保了世茂股份未来的盈利增长空间。

世茂股份因此跻身国内一线的商业地产开发企业。更为重要的是，世茂房地产将 A 股公司纳入名下，虽然分拆了旗下商业地产，但并没有失去对这些资产的控制权。不得不说，许荣茂财技惊人。

变身成功的世茂股份立即开始了其新的资本市场之旅。其非公开发行募资 20 亿元的提议，已于 2009 年 8 月底获得股东大会通过。这是世茂股份自 2000 年借壳成功后 10 年来的第一次融资。

俗话说，打虎亲兄弟，上阵父子兵。融资目的达到了，在许荣茂面前又有了新的命题，因为在集团业务的重构过程中，许薇薇负责的世茂国际已经被私有化并退市，许薇薇该何去何从？

许荣茂实行"许氏姐弟分区而治"。2009 年 6 月 15 日，世茂股份发布了一份耐人寻味的公告。在公告中，许荣茂向董事会辞去其兼任的世茂股份总裁职务，公司聘任许薇薇担任此职务，全面负责公司各项管理及营运事务。许荣茂把一双儿女推向第一线的匠心由此可见。

在此之前，许薇薇的定位更多倾向于世茂集团国际项目，曾担任世茂国际执行董事及副主席,涉及的业务多是俄罗斯边境的综合地产项目。其后还负责了北京项目及福建世茂滨江花园的项目。

许薇薇在接任世茂股份总裁大任后,世茂股份曾在2009年6月前后发生过一次人事大变动,招聘了许多商业地产、百货领域的人才。

生于1977年的许世坛,比姐姐许薇薇小两岁。2001年,在他的策划下,世茂滨江花园销售一炮走红,销售额突破100亿元。此后,许世坛几乎参与了所有世茂集团在上海重要的销售项目。许世坛的业绩也得到了许荣茂的认可,掌舵世茂房地产。

赢在细节

在许荣茂的身上看不到房地产大鳄的张扬。他的脸上总带着内敛的微笑;举手投足之间,儒雅有度;一开口,还是细声慢气,举重若轻,波澜不惊。他身上的穿戴也不华丽,唯一令人印象深刻的,是那份细心:头发梳理得一丝不苟,皮鞋光亮可鉴。

在房地产行业,速度就是效益。在井喷式发展的房地产行业,争先恐后是整个行业的群体特征。开发商争先恐后拿地,加班加点施工建设,风风火火销售,然后再去拿地……在一个接一个循环中,发展壮大。身处这个行业,不必过于苛求细节。不过许荣茂很另类,他看重细节。他说:"中国文化教人要诚信,办事要稳妥,这是优秀的传统。"于是,只要能把项目做得更好,哪怕速度慢一点,稳妥一点,他也在所不惜。

在世茂集团内部,员工大都领略过许荣茂的认真。大项目投资前,他几乎每天晚上都留在办公室,一遍一遍地抚看图纸,细细寻找可以改进的地方,直到深夜。滨江花园的图纸,他讨论不下100次,售楼书亲自改了4遍。

许荣茂的不同之处在于,他把开发房地产当作自己的梦想来实现,无怪乎这么追求完美。正因为精益求精,许荣茂找到了自己的定位——高档住

宅。"建筑上很多美的地方，只能在大项目上才能描绘得淋漓尽致，"许荣茂淡定地说，"将每一寸土地的价值发挥到尽善尽美，让每一个作品都成为中国走向国际的地标，这是世茂的目标。"

这番宏伟理想的背后，更有商业上的精明考虑："上海有 3000 多家房地产公司，市场竞争非常激烈，价格战的结果必定是两败俱伤。我们的项目大多定位于几十万平方米的高档房产。五星级的房子，售价定位只是三、四星级，市场占有率自然就高，销售情况也好。"

如他所愿，世茂成长迅速。2008 年 4 月，国务院发展研究中心发布了"2007 中国外资房地产 TOP 10 研究"，世茂房地产位列综合实力第一名。2009 年，世茂集团旗下的世茂房地产，全年合同销售额达 225 亿元人民币，同比增加 88%，稳稳坐上中国商业地产行业老大的位置。

谈到成功之道，许荣茂有些轻描淡写，他说："我不觉得自己有什么特别的，只是比人家更投入、更用心、更注意细节而已。项目图纸我要一遍遍地看，很多人觉得微不足道的小事，我都认真去做。"

现在，这位成功的企业家依旧保持着低调，虽然他的每一次出手都让人印象深刻。他坦言，最喜欢做的事还是读书，每天晚上回到家，他都会沉浸在书籍和报刊里，忘记白天工作的压力。同样，他也不喜欢回顾昨天，他更愿意吸取今天的不足，期待着明天、明年有更出色的表现。

"只要平常心，有钱没钱都可以获得快乐。但我觉得现在工作压力比较大。"从容地面对每一天，缘于性情："任何事都能平和地对待。特别是晚上回家，沉浸在书海、报刊里，白天不愉快或压抑的东西都能抛之脑后。"有时也会不开心，但不会太计较。"因为它们在我的眼界里不过是转瞬即逝的片段，远不是生活的全部。"无论多忙，许荣茂只要与儿子同处在一个城市里，晚上 10 点到 11 点，一定要同他散步。"这样可以相互交流各自的体会，又可以增强自己的体力。我觉得年轻人要帮带。作为白天工作上的问题提出也好，商量也好，是相互沟通的一个好机会。"最想留给子女的是精神。"不断创新的精神，因为事业最终会交给他们，如果太保守就不能发扬光大，我希望他们在事业上能不断开拓。"

许荣茂并不看重财富,最看重家庭和健康。"我庆幸有一个完美的家庭,太太贤慧,两个孩子的成长令人欣慰,并已成为自己事业上的好帮手。"

许荣茂说:"我看问题不喜欢回想不愉快和遗憾的经历;我往往会更注重明天、明年应该怎样把握机遇。如果有人老说昨天做得怎么不好,我不大喜欢听。重要的是我明天怎么办。"

许荣茂的成功,来自点滴的努力和辛勤的付出,而且始终如一。整个过程如此平和,如此自然。记者不禁回想起他说过的一句话:"人生像一个舞台,一旦自己能扮演一个比较重要的角色,应该认真把握。我这个人善于把握机遇,只要看到是个机遇,都想尽量去抓住它,敢冒风险。"这,难道不值得每一个渴望成功的人回味吗?

9. 马化腾：站在 QQ 上眺望未来

马化腾档案

出生时间：1971 年 10 月

性　　别：男

籍　　贯：广东省汕头市

毕业院校：深圳大学

现任职务：腾讯公司董事会主席兼首席执行官

从事行业：互联网、即时通讯、在线游戏

公司总部：深圳

创业时间：1998 年

创业资本：50 万元

上市情况：2004 年 6 月 16 日腾讯在香港上市

行业地位：腾讯控股是目前中国第一、世界第三的即时通讯运营商

拥有财富：2009 年马化腾以 239 亿元财富名列"胡润 IT 富豪榜"首位。

人生经历：1984 年随父母从海南来到深圳。1993 年深圳大学电子系计算机专业毕业；同年进入润迅公司开始做软件工程师、开发部主管。1998年，创办腾讯计算机系统有限公司。2000 年 6 月腾讯开始盈利。2001 年马化腾将 Q-Gen 品牌授权给广州东利行经营，2003 年已拥有 100 多家专卖店。2003 年年底，马化腾开始运营一款网络游戏，被称为"QQ 之父"。

主要荣誉：2008 年度"全球最受尊敬 30 名 CEO"、"CCTV 2009 年中国经济年度人物十大商业领袖"、"中国最具影响力的 25 位企业领袖"等。

经典语录：腾讯的成功是一连串偶然机会的集合，靠的是在探索路上善于接招。

12年前,一个27岁的帅小伙设计了一款QQ网络通讯软件,用一只可爱的企鹅作为标识,还特意在企鹅脖子上系了一条红色围巾,从此这只企鹅改变了中国4亿网民的聊天习惯,而这位年轻人也成为全球互联网界的佼佼者,他就是腾讯公司创始人、董事会主席、中国IT行业首富马化腾。

从一款单一的即时通讯软件,发展到涵盖门户、游戏、电子商务、第三方支付、搜索引擎、社区、C2C等多种业务在内的互联网在线生活平台,马化腾只用了十年时间,完成了互联网产业几乎全业务的布局,在中国互联网界几乎无人出其右,成就了无往不利的神话。

"QQ之父"

马化腾,1971年10月29日出生于广东省汕头市,但自小在海南长大。1984年,读初中二年级的马化腾随父母来到深圳定居。

马化腾有着相对显赫的家庭背景,他的父亲是一名高级经济师、南下干部,曾担任交通部海南八所港务局副局长,深圳市航运总公司计财部经理、总经理,深圳市盐田港集团有限公司副总经理等职务,现已退休。

在深圳这座中国最年轻、最具活力的大都市里，马化腾度过了快乐的少年时代。那时候，马化腾进入的是深圳最好的中学——深圳中学。出于对特区的热爱，1989年他顺利考入深圳特区最高学府——深圳大学，学的是计算机应用专业，并当选为深圳大学校友会副主席、计算机系学生会主席。

据《马化腾的腾讯帝》一书记载：

在读大学期间，马化腾曾迷恋过天文，也曾有过成为一个伟大的天文学家的梦想。马化腾因为热爱电脑而放弃了自己的天文爱好，他觉得："毕竟天文太遥远了。"而实际情况是，即便是创办腾讯之后，马化腾也依然保持着对天文的爱好，多位腾讯早期的创业员工在接受本书作者之一的林军的采访时，深刻地记着马化腾曾在公司过道中和喜欢天文的同事交换天文问题看法时的热忱和健谈。有一次腾讯董事会送给马化腾的礼物就是一架天文望远镜，虽然只是小模型，但可见其他董事都知道马化腾这个爱好。

同时拥有天文和计算机两方面的爱好并不冲突，天文和计算机这两项爱好都是对未来世界探索的重要路径，两者之间是可以存在关联的。对于马化腾来说，天文和计算机两项爱好早早地闯入其心扉，对其日后心有大格局有着潜移默化的作用。

因为日后马化腾和他的腾讯公司取得了巨大的成功，马化腾在计算机方面的天赋也被放大。一个广泛流传的段子是：马化腾在校期间，经常利用计算机天赋开一些不大不小的玩笑，比如编一些小程序把学校机房的电脑硬盘锁死，让机房管理员哭笑不得。马化腾也是各种病毒的克星，普通的病毒对他来说手到擒来，使得机房的老师也经常不得不向他请教。

1993年，马化腾从深圳大学电子系计算机专业毕业后，进入润迅公司做软件工程师，专注于寻呼软件开发，并一直做到开发部主管的位置。这段经历使马化腾明确了开发软件的意义在于实用，而不是写作者自娱自乐。

润讯公司是身为香港互联网与通信业联合会主席的侯东迎和杨军于1992 年 3 月创办的。润讯在全国率先推出卫星联网、秘书台及粤港台等一系列服务，迅速成为中国南方寻呼业的知名企业。

润讯公司最鼎盛的时候，一年有 20 亿元的收入，毛利超过 30%。润迅公司当时是深圳福利最好的单位，每天为 2 万名员工提供真正的免费的午餐。

马化腾当时在润讯只是一名很普通的工程师，他每月工资只有 1100元。但他在润讯的 1995—1998 年，正是润讯发展的黄金岁月。因此，润讯无疑开阔了马化腾的视野，给了马化腾在管理上必要的启蒙。比如，怎样构建和治理一家规模超过 10 亿元的公司，怎样在一个新兴市场上获得自己的产业份额，怎样和香港的资本市场取得互动。更重要的是，润讯还给了腾讯最早的客户资源，马化腾刚创办腾讯时的产品就是给寻呼台做配套服务。由于曾经在全国最知名的寻呼公司润讯工作过，因而有机会结识全国各地寻呼台的专业技术人员和客户，这些人脉资源为他创业打下了坚实的基础。

1998 年 10 月，马化腾离开了润讯；同年 11 月 11 日，他和四名同事共同创办腾讯公司。

在新兴互联网市场中淘金，是一项艰苦的工作。当时，这家只有十几人的小公司的主要业务是为深圳电信、联通和一些寻呼台做项目，QQ 只是公司的副产品。因为公司小，一个项目经常是倾巢出动，为了给客户留下实力很强的印象，那时马化腾的名片上从来不印"总经理"的字样，而只戴"工程师"的头衔。在深圳，像腾讯这样的公司有上百家，马化腾当时最大的期望，只是让公司能够生存下来，同时也让大家发挥所长。

马化腾与同事们所擅长的自然是写软件了，因此腾讯最早的主营业务是为其他公司做软件外包。

马化腾说："从 1997 年开始，我就萌发了独立创业的想法，却一直没想清楚要做什么，但创业的想法并没有起伏，我知道自己对着迷的事情完全有

能力做好。我感觉可以在寻呼与网络两大资源中找到空间。"在润讯打工过程中，马化腾接触了ICQ。他认为，ICQ能够在电脑上提供即时信息功能，可就是有一个很大的缺点——没有中文版，用起来很不方便。于是，马化腾基于汉化ICQ的创业思路催生了此后的QQ。

跟其他创业者一样，马化腾面临最大的难题就是资金和技术。1999年2月，腾讯开发出第一个"中国风味"的ICQ，即腾讯QQ，受到用户的欢迎，注册人数疯长，在很短时间内就增加到4万多人。人数增加就要不断扩充服务器，而那时一两千元的服务器托管费对公司来说都不堪重负。"我们只能到处去蹭人家的服务器用，最开始只是一台普通PC机，放到具有宽带条件的机房里面，然后把程序偷偷放到别人的服务器里面运行。"

马化腾回顾当时情形时说："刚开始的时候觉得养不起QQ，我就打算卖掉它。但是在卖QQ时我们碰到了麻烦。我跟许多ICP（内容提供商）谈，他们都要求独家买断。"这让本想靠QQ软件多卖几家公司赚钱的马化腾非常犹豫。最悬的是，当时与深圳电信数据局谈判，对方只愿给60万元，而马化腾坚持要卖100万元，双方始终无法达成一致，最终告吹了。

软件卖不掉，但用户却在飞快增长，要向通讯局交服务器托管费，运营QQ所需的投入越来越大，怎么办？为了养活QQ，马化腾只好四处筹钱。找银行，因为腾讯没有固定资产作抵押，银行不愿意给他贷款；与国内投资商谈，对方关心的大多是腾讯能否盈利，最终空手而归。

虽然马化腾和创业伙伴们想尽了办法，但是资金压力仍然使得他们不堪重负，饱受煎熬。1999年下半年，从美国到中国，互联网开始"发烧"，受昔日老网友海外融资的启发，马化腾拿着改了6个版本、20多页的商业计划书开始寻找国外风险投资，最后碰到了美国国际数据集团IDG和香港电讯盈科公司。用马化腾的话说："他们是互相壮胆一起进的，给了QQ 220万美元，分别占公司20％的股份。"

有了这笔资金，公司买了20万兆的IBM服务器。"当时放在桌上，心里别提有多美了。"马化腾回忆起当时的情景，还喜不自禁。

据了解，马化腾当初给公司起名腾讯，包含着深远的意味。一方面，马化腾的名字里有个"腾"字，公司和自己密切相关；另一方面，"腾"也有腾飞、发达的意思。后缀为"讯"，更多是因为老东家润讯对马化腾的影响。至于英文名 Tencent，更多是参考著名的通讯公司朗讯（Lucent）而起的。后来腾讯在香港上市，Tencent 的英文名被香港人称为"十分钱"（ten cent）。正好那时的腾讯至多是家 SP（短信内容提供商）公司，用户所发的短信腾讯收费一毛钱一条，正好十分钱，很是贴切和形象。

"创业是件不容易的事情，当初腾讯经历了很多困难。创办不久，我们曾险些把开发出的 ICQ 软件以 60 万元的价格卖给别人。现在有点庆幸当初没有贸然行事。要在互联网上掘金就不能只看眼前利益。许多很有才华的网络人才往往没有注意这一点而失去了长远机会。"马化腾在回忆创办腾讯之初那段艰难痛苦的经历时感慨地说。

谋划上市

在中国互联网行业，无人不羡慕马化腾。马化腾拥有 QQ，这位即时通讯领域的老大由于有强大的 QQ 及使用人群，在中国互联网界成就了无往不利的神话。不论是做门户、做游戏、做社区、做 C2C，腾讯都获得了成功。然而，人们往往只看到马化腾轻松的一面，却不知其艰难的一面。

1999 年 6 月，马化腾在获得美国 IDG 和香港电讯盈科公司给的 220 万美元风险投资后，腾讯以惊人的速度崛起。直至 2000 年 4 月，QQ 的注册用户已经突破了 500 万大关；5 月，同时在线人数超过 10 万；6 月，注册人数便已过千万，同时，移动 QQ 进入了联通的"移动新生活"。

可是好日子并没有持续多久。随着 2000 年下半年全球互联网行业的急转直下，互联网泡沫导致了资本市场的寒冬，美国纳斯达克股市下跌了51％，许多互联网公司纷纷倒闭，风投的态度也开始摇摆不定。正在成长中的腾讯却开始寻找冬粮，尽管他的账上还趴着 100 万美金。马化腾说："我创业最煎熬的就是这段时间，我不喜欢这样的拖延。我必须尽快找一个实力强一点的大股东。"

2000 年 8 月，在搜狐任职的古永锵和冯珏曾主动找马化腾谈过合作的事，因种种原因没有结果。2001 年春天，马化腾又亲自去新浪见了王志东和汪延，后来都没有音讯。当年 6 月，一家南非的美国上市公司 MIH 以 3000 万美金持股腾讯，直至今日，仍是腾讯最大的股东。

马化腾有敏锐的商业嗅觉，这让腾讯在"冬天"气温还没有骤降时，预先获得了宝贵的现金。而另一家风投米拉德国际控股集团公司于 2001 年 6 月接盘的时候，纳斯达克已经快要崩盘了。不过，腾讯最终熬过了这段艰难的日子。

熬过黑夜见天明。2003 年对于马化腾以及腾讯来说都是值得庆贺的一年，不仅注册用户突破 2 亿大关，且腾讯开始做全面多元化业务转型，门户与网游以及其他的增值服务也正是在这一年开始运营的。从此，腾讯 QQ 开始了大规模挣钱的时代。

2004 年 6 月 16 日，腾讯在香港联合交易所主板上市。上市以来，腾讯的股价一直在稳步上升。直到今日，仍然是中国市值最高的互联网上市公司，马化腾的财富开始以令人瞠目的速度水涨船高。

1999—2004 年，马化腾用 5 年时间将腾讯带到了资本市场，这其中有运气的成分，也有企业发展方向的内因。虽然互联网业务瞬息万变，但是马化腾已经盯住 QQ 在数量上的优势，专心放大这一优势，并把所有业务链围绕 QQ 来进行布局。

马化腾艰难引入风投的做法，只是当时互联网企业争取生存的一个缩影。曾被称为"中国最优秀的天使投资人"龚虹嘉对此感慨不已："中国 80% 以上的创业家，都是靠关系获得一些资源的垄断来达到成功的，长久以来，中国的创业家阶层谈来谈去都离不开这些东西。因为有了互联网，有了纳斯达克，有了海外风险投资，理念和价值观才出现多元化。"在龚虹嘉看来，与传统商业模式不同，腾讯是用阳光做法博得阳光财富，"不靠收买谁垄断谁，就凭自己的创新和胆识"。

因为与西方资本市场相连，腾讯需要遵照其规则行事，而这种示范作用无疑将改变传统的商业理念。比如，对公司高层的权力制衡安排等，这些规则经由互联网从西方引入中国并影响着中国的商界，它们哺育出来的企业也正在成为中国商业主流。

2006 年，腾讯发起成立了中国互联网首家公益慈善基金会——腾讯公益慈善基金会。到目前为止，腾讯公司及腾讯员工的累计捐赠已经超过1.22亿元，用于开展教育发展、救灾扶贫等公益项目，并建立了腾讯公益网，倡导"人人可公益，大家齐参与"。在汶川地震中，腾讯利用 QQ 这个强大的平台，在地震发生的一周后，腾讯网友在线捐赠突破 2000 万元，创下互联网公益慈善史上最高捐赠纪录。而结合当前十分热门的 SNS 游戏"QQ 农场"，腾讯公益网特别推出了"爱心果"项目，成为业内首个基于 SNS 平台的公益网游产品。

马化腾用他的 QQ 改变了中国人的生活方式。2004 年 11 月，马化腾被美国著名的《时代》杂志评为"全球最有影响力 100 人"，该杂志称他为"中国青少年眼中的现代英雄"。他把腾讯 QQ 打造成了一架性能优良、运转自如的赚钱机器。有评论员戏称："腾讯已经到了什么都可以赚钱的时候了。"2009 年 10 月，腾讯股价突破 130 港元每股，腾讯成为全球互联网市值第三、中国互联网市值第一的企业。同时拥有 QQ 即时通信活跃账户数达到4.849 亿，除移动运营商外，腾讯堪称中国拥有用户数量最多的公司。

2009 年是马化腾最为风光的一年。2009 年腾讯总收入达到 124.4 亿元，同比增长73.9％；全年利润为 52.216 亿元，比上一年同期增长 42％。他不仅登上"CCTV 2009 年经济年度人物十大商业领袖"和"中国最具影响力的 25 位企业领袖"领奖台，而且以 239 亿元财富名列 2009 年"胡润 IT 富豪榜"首位，成为"福布斯中国富豪榜"中国 10 大富豪之一。

不过，一向低调的马化腾没觉得这有什么了不起，"我们不觉得自己特别聪明，我们做的东西都是很简单的判断，但有团队、有公司的股份结构和投资者的合理搭配，则是很重要的，否则一样会出内乱。我一直都会很担心，不会觉得自己很强"。很难说马化腾的谦虚对于竞争对手来说是不是一种挑衅。

让在线生活更精彩

马化腾虽然外表温文尔雅，但在业务拓展上却是有名的生猛。上市后，马化腾一直致力于基于QQ业务的全面拓展，这些业务涉及中国互联网所有成熟模式：即时通讯、网络媒体、无线和固网增值、互动娱乐、互联网增值、电子商务、网络游戏，等等。

从2004年开始，连续5年，马化腾做门户，在线流量第一；后来做休闲游戏，超越联众成为老大；再进入大型网游领域，与陈天桥、丁磊、史玉柱等展开正面厮杀；2005年，腾讯又在网络拍卖和在线支付上出手，开始追赶马云；此后，取得Google支持，冲入多方混战的搜索市场，这次马化腾的对手是李彦宏。

马化腾喜欢别人把他视为一名"工程师"。腾讯从2004年开始在工程师文化主导下，从以技术为导向向以产品为导向进行组织结构的搭建和发展。此前，中国互联网界，没有一家公司能够在两个业务上同时保持领先地位，而QQ做到了。

马化腾很清楚，腾讯已经在香港上市了，QQ拥有巨大的注册用户，这等于是为腾讯提供了一个巨大的有待于开发的金矿。于是他开始想办法从客户身上赚钱，如果每个用户愿意花1～2元的话，就是近4亿元的收入。有一次他发现韩国有种给虚拟形象穿衣服的服务，于是马化腾把它搬到了QQ上。他还找来了诺基亚和耐克等国际知名公司，把这些公司最新款产品放到网上，让用户下载。所有注册用户都可以得到他们一如既往的免费服务，以满足其即时通信需求，而想享受到更具诱惑力的体验性增值服务，就必须付出相应的费用。这一措施使腾讯逐步走上了健康发展、良性循环的轨道。目前这一块业务增长很快，有超过 40％的用户已尝试过购买。

自从 QQ 诞生以来，马化腾便把"聊天"当成事业，在网络即时通讯领域干出了一番引人瞩目的成就。马化腾在 QQ 平台上繁殖出的小业务数不胜数。

熟知马化腾的人都知道他有两句名言："聊天也是一种生产力"；"QQ 是一种生活方式"。从聊天中找到乐趣，把聊天的心态和现实结合起来，不仅是马化腾发展事业的原则，也是他开发聊天软件的一个宗旨。

对创业者来说，乐趣很重要；对 QQ 的用户来说，乐趣也同样重要。马化腾告诉记者，QQ 有两个用途，一是商用，一是娱乐。除了精心强化 QQ 本身的通信功能外，马化腾一直希望 QQ 能往娱乐方面发展。"因为在 QQ 发展的过程中，我发现很多人把 QQ 当作娱乐工具而不是简单的'网上传呼机'，这也是 QQ 迅猛发展的一个重要因素。"而在娱乐化方面，QQ 也可以孵化并开发出很多种个性化的产品和功能。马化腾觉得在这方面腾讯人重视的程度还不够，所以他决定把用户的兴趣点定为公司的重点发展方向。

讲求实际的马化腾对技术并没有强烈追求的愿望，更多的是从用户需求的角度思考问题。在他看来，技术做得再好，如果没有人用，意义就不大。所以他希望自己的 QQ 聊天软件能够以娱乐功能吸引更多的客户，让客户从中聊出乐趣。腾讯对 QQ 娱乐功能的不断完善，小小的企鹅头像不仅改变了很多人的交流方式，还创造了一种独特的休闲文化。

有位腾讯用户在 QQ 空间上这样评价马化腾："他改变了我们很多人的生活方式，很多人认为 QQ 纯粹是个简单的交易或者沟通方式，这种方式的改变实际上改变了人们的生活方式。"现在街头随处可见 QQ 族产品，可爱的小企鹅形象已经走进千家万户。不过最让马化腾自豪的一件事是，现在的腾讯公司时常会收到用户寄来的喜糖，说是通过 QQ，让他们认识并结合。毫无疑问，QQ 软件在网恋上的成功事例在一定程度上体现了马化腾倡导的娱乐与实用相结合的初衷。

谈到腾讯的成功经验，马化腾表示："11 年来我们走了不少弯路，学了很多东西。因为原来确实是不懂，是外行。所以说，要学习能力强。千万不要躺在功劳本上，一定要有兴趣去学。我现在整天在拍拍网上买东西，找感觉。"

马化腾其实很少看书，他的观点是管理重于"行"，但他在公司管理层和员工面前常提起《从优秀到卓越》这本书，建议大家好好看看这本书。对于现在的腾讯公司，他的评价是"连优秀都谈不上"，"可能外面觉得做得不错，但在内部管理上，还有很多不满意的地方"。

2000—2009 年是腾讯飞速发展的 10 年，但在公开场合很少看到马化腾的身影，他始终置身幕后，不到万不得已，很少走到前台来。也正是因为少了抛头露面的纷扰，在幕后潜心研发的马化腾修炼成了高超的"武功"。盛大陈天桥戏称马化腾练就了"吸星大法"——QQ 从无线增值服务做起，将互联网世界里的每一例成功的商业模式都巧妙地与 QQ 结合，并创造出了惊人的成就。

马化腾认为："中国的互联网模式，基本上都是从国外学过来的，自己原创的东西非常少。这也难怪，商业模式本来就这么几种，关键看谁做得好。"搜索、门户、电子商务、网游、社区，马化腾的模仿和在此基础上的创新，使腾讯全业务链得到了飞速发展。

马化腾对自己的定位始终是产品经理。"每天我都会体验公司的产品和服务，我也爱给产品部门挑错，我一看到成品，就知道写代码的人有没有偷懒。"2009 年 12 月 24 日，马化腾在接受《中国新闻周刊》记者杨正莲、王楠采访时说："任何产品的核心功能，其宗旨就是能帮助用户，解决用户某一方面的需求，如节省时间、解决问题、提升效率等。而产品经理就是要将这种核心能力做到极致，通过技术实现差异化。"

马化腾表示："腾讯一直把创新能力看做是公司竞争力的一个最核心的元素。"这种创新不仅仅局限于技术、产品等，更重要的是商业模式、用户体验的创新。"由于我们几乎所有的产品都是直接面向用户,因此员工的一项简单的创新或者改进,就能让亿级用户受益,这种巨大的成就感和使命感也是其他企业的员工无法比拟的。不管企业做到什么程度,都要保持一种诚惶诚恐的心态。"如今,腾讯越做越大,财富越积越多,马化腾觉得责任也在不断增加。"十年间,腾讯获得并奉行了一个非常宝贵的可持续发展秘诀:绝不追求单向经济效益最大化,而是以用户价值与社会价值最大化协调统一发展为方向。"他总结,中国互联网行业历经多年的社会企业公民实践后,正开始引领积极的社会主流价值,并产生了广泛的公众影响。

马化腾在业务上的执著,有其出发点。他始终相信中国互联网的本土企业能够崛起最主要的原因是,本土公司能够充分地理解中国用户的特点和发展方式,开发出真正适合中国网民的应用和服务。

在腾讯内部,员工们公认马化腾是产品感觉最好的人,他总是能把很多事情简单化,而这一切都源于他对新产品和新服务的细心研究。

2009 年 12 月 23 日晚,"CCTV 2009 年中国经济年度人物"揭晓,马化腾被评为"2009 年中国经济年度人物十大商业领袖"。马化腾在颁奖典礼现场作主题演讲时说:

> 我感谢我们的合作伙伴、员工、网民,是他们创造了这个奇迹。和其他的企业家不太一样,我是技术出身,我更多地把自己当做一个技术经理、产品经理,其次还是企业管理者,我相信互联网产品可以带来巨大的用户价值,也蕴藏着巨大的商业价值。在这些奇迹的背后更多的是专注、坚持以及梦想。如果说过去创业的时候,我们是希望通过互联网让天南地北、天涯海角的人们可以自由地通信,能够不再隔阂的话,那么今天我们的梦想,是希望互联网能够像水和电一样融入人们的生活中。你可能觉得所有的企业和用户已经使用了互联网,但是又不觉得它存在。我觉得只有做到这样,才能够发挥互联网最大的价值。

新游戏王者

在风云激荡的中国 IT 业界，像马化腾这样低调谦逊的 CEO 并不多，低调如马化腾的公司创始人也不多。这位温文尔雅，甚至含蓄害羞的 CEO 领导下的腾讯公司在世界经济低迷的今天，业绩却取得了令人咂舌的增长。其已经成为世界互联网产业市值第三的公司，仅次于 Google 和 Amazon，把雅虎和 eBay 等世界知名公司都抛在了后面，国内比它"年长"的互联网公司新浪、百度、阿里巴巴、盛大们更是难以望其项背。

是什么支撑了腾讯的业绩如此强劲的增长？原因是多方面的，但却又很简单——它的几乎所有业务都在赚钱，而且是高额利润。不过有一点非常重要，那就是它所谓的"互联网增值业务"。这块业务占据了其总体收入的 75% 左右。而在腾讯的这个主营业务里面，又分为两个版块，一块是包括大型网游和休闲娱乐"QQ 游戏"的网游业务，另一块是以 QQ 空间、QQ 秀、QQ 会员和 QQ 宠物等为代表的社区类增值服务。在低调的腾讯极力把两者合并计算的同时，业内人士不难发现，其实网络游戏业务已经占到了腾讯整个营收的 45% 以上。而其他的移动电信增值业务和门户网站业务的广告营收则只能占到 13.2% 和 8.7%。可以毫不夸张地说，腾讯已经是一家以网络游戏为主业的网游公司了，不管腾讯是否认可。而支持腾讯在经济危机大背景下逆势上扬的主力也正是这个长期隐藏在"互联网增值业务"背后的"普通"业务。

不过，这家 2009 年利润达到 52.216 亿元的世界级大公司切入网游的途径与其他公司并不一样。一直到现在，网民的第一印象都还认为它是一家以即时通讯软件 QQ 而闻名于世的公司。的确如此，依靠一款即时通讯软件，马化腾真正做到了"拿着望远镜都找不到对手"。时至今日，它的即时通讯注册账户达到了 10.5 亿人，活跃用户高达 4.8 亿人，同时在线人数已超过 7500 万人，这在中国互联网史上绝对称得上是空前的。也正是基于如此庞大的忠实用户群，当"黑马"腾讯迅速杀出，来分享网游蛋糕时，盛大和网易的游戏之王之争也基本失去了意义，它们所能做的就只是眼睁睁地看着这家后起之秀旋风般地闪转腾挪，最后顺利登顶，占据了整个网游市场 20％以上的份额，自己却无丝毫还手之力。腾讯登顶游戏之王是迟早的事，这并没有太多悬念，但在短短两三年时间内就打败了苦心经营近十年的传统游戏运营商们，这多少让网游界人士都觉得难以接受，但这就是用户选择的力量。

2009 年 12 月 8 日，马化腾入选由《当代经理人》杂志评选的"2009 年最具领导力的 50 位 CEO"。

《当代经理人》是这样评价他的：

> 马化腾的高招，并不在于他可以把任何一款网游产品放入其他网络公司无可比拟的海量用户群里点石成金，而在于他建立了一套有效的营销和推广体系。他的网游推广利用了腾讯已经建立的和费用挂钩的 QQ 会员级别体系。目前，享受腾讯互联网增值业务的付费包月用户高达 4700 万，"QQ 游戏"门户的同时在线人数高达 570 万。在这里，交钱多的用户会享有体验游戏的优先权，并在游戏中享有种种特权，这对于他们也是一个有意的暗示：既然我比别人多交了钱，这种福利我为什么不享受呢？而对于普通用户来说，面对这种不公平的待遇，他们很多会因为"赌气"，而成为腾讯的收费用户。这种比口碑传播更加有效的"荣誉感"传播，更容易得到收费用户的青睐，积累起网游的第一批也是最大一批付费用户，进而才利用"群聚效应"吸引更多的人参与其中。在中国互联网史上，超过百万在线用户的网游有 7 款，而腾讯就占据了其中 3 款，而且这些记录还都是在近两年内创造的，其发展势头可想而知。

根据易观国际发布的"2010 年第 1 季度中国网络游戏市场季度监测"

数据显示,2010年第1季度中国网络游戏市场腾讯、盛大、网易三家占据了市场的62%。腾讯份额首超1/4。腾讯业绩增长最快,以25.3%的市场份额位居市场第一,《地下城与勇士》《穿越火线》等游戏在春节期间推出了丰富的营销组合,有效带动了ARPU值。

业内人士分析指出,中国网游市场竞争激烈,2010年第1季度中国网络游戏市场收入规模达78.19亿元,同比增长达4.1%。中国网络游戏市场产品供大于求、同质化严重,导致市场增长放缓至近年最低点。预计2010年网游市场增长率将略低于预期,季度复合增长率在4%～8%。

营业收入严重依赖游戏并不是件好事,马化腾也深知其中的利弊。网游占公司过高的营收比例也把腾讯推向了另一个尴尬的境地,但目前似乎并没有什么好的解决之道。不做网游,营收将难以持续提升,投资人不满意。"网游是一个特殊的行业,你永远不知道你的下一部作品是否会成功。""它更像是一种短期行为,如果过度依赖短期行为,就会透支掉你的未来。"在马化腾的授意下,腾讯旗下的控股公司、以游戏为主业的深圳网域已经准备在2010年年底上市,但愿此举可以暂时缓解腾讯的经营风险。

打造"网上世博"

2010年5月1日,举世瞩目的上海世博会开幕,由此马化腾离他的梦想又近了一步。

作为2010年上海世博会的唯一互联网高级赞助商,2009年10月29日下午,腾讯公司在上海与上海世博局联合发布了世博战略,腾讯正式推出名为"i城市i世博"的世博会网上社区。作为本届世博会两大亮点之一,由腾讯总集成、总运行和总维护的"网上世博"于2010年5月1日与世博会开幕同步全面上线,全球网民可以在互联网这个虚拟的空间游览世博会。

腾讯赞助上海世博会,斥巨资打造"网上世博",可以说是马化腾抓住奥运会营销后又一新的品牌升级契机。

在过去的几年中，腾讯一直在努力加强媒体影响力的建设，在国际性活动方面曾获得国际篮联、女足世界杯的身份，随后博鳌亚洲论坛网络合作伙伴的身份更让腾讯迅速提升知名度。而其在 2008 年"两会"报道活动以及北京奥运报道战略发布中更体现出了强大的平台互动能力。

腾讯作为本届世博会官方网站的承建运营商，承担着世博会的网络互动平台建设、官网电子商务平台建设、虚拟社区建设、互联网领域同世博会相关的增值应用等项目的开发和运营。此外，还为上海世博会的合作企业提供各种世博主题相关的网络宣传和营销推广服务。这标志着互联网为具有 150 年历史的世博会全面插上数字化的翅膀，借助互联网，上海世博会将成为一届"永不落幕"的世博会。

据腾讯透露，赞助上海世博会是腾讯网有史以来最大一笔赞助投入，规模超过"奥运赞助"的金额。为了获得这个赞助身份，马化腾不仅在财力方面投入很多，而且扩大了在上海的办公规模，招募了 200 人的项目队伍。

作为上海世博会唯一互联网高级赞助商，腾讯不仅享有世博会有关标志、会徽、主题词的使用权益，还明确享有网络广告投放的独家排他性权益：世博会高级赞助商及以下级别的合作企业仅能在腾讯的网站上投放带有世博组合标志、赞助标志及授权称谓的网络广告。该保障进一步促进了腾讯在世博网络营销领域的优势地位。由上海世博局指导、腾讯组织的线上大型互动活动"宝马—腾讯世博网络志愿者接力"就是一个世博营销的成功范例。宝马借助腾讯一站式在线生活平台，整合打通了腾讯网、腾讯社区空间、论坛、即时通信工具、QQ 音乐等多项平台产品，为宝马 1 系量身订制了一系列主题活动，对目标用户进行全方位、立体组合的传播沟通。而腾讯建立在多接触点整合基础上的规模效应，为企业带来了高流量的有效曝光。数据显示，腾讯为宝马 1 系带来了超过 32 亿次的活动总曝光、2016 万的活动页面浏览量和 344 万的独立访问数，形成巨大的口碑效应，为该系列的中国上市进行了预热，并打破了在线营销无法服务于豪车品牌的成见。

腾讯利用"一站式在线生活平台"的独有优势，走出了一条大事件、大品牌、大平台、大营销的创新之路。正如哈佛大学商业学院教授约翰·奎尔奇所分析的，世博、优秀企业和腾讯三者构成了"大事件、大品牌和大平台"互相深度结合的在线营销模式。这种模式的优势在于：三方都具备深厚的品牌内涵和势能，因此可以在多个情感触发点上进行合作，而大平台所拥有丰富、活跃的用户则确保了品牌活动的参与性和互动性，真正实现"多赢"的效应。

据悉，自 2010 年 5 月 1 日世博会开幕后，腾讯的世博频道的日访问量超过 1 亿人次。腾讯借助于世博会的平台，大幅提升了网络广告的份额。

2010 年 8 月 11 日，腾讯公司公布第二季度及上半年综合业绩。财报显示，腾讯 2010 年上半年总收入为 88.952 亿元人民币，比上年同期增长 65.3%；网络广告收入为 6.019 亿元，比上年同期增长 54.5%；经营盈利为 45.198 亿元，比上年同期增长 76.3%。其中第二季度总收入为 46.692 亿元，比上一季度增长 10.5%，比上年同期增长 62.2%；网络广告收入为 3.975 亿元，比上一季度增长 94.5%，比上年同期增长 63.6%。

马化腾表示："第二季度，我们取得稳健的经营和财务业绩。特别是通过赞助世博会和广泛报道世界杯，使网络广告业务取得显著的增长，也显示出我们的门户网站腾讯网在广告主中获得了更高的品牌知名度和认可度。"

"另一方面，虽然我们努力取得了网络游戏业务的增长，但因为这一项业务的收入基数已经很大，而整个行业增长放缓且竞争更加激烈，我们预期网络游戏业务未来的按年增幅会放缓。为应对这些挑战，我们将进一步加强人才发展、产品创新及业务合作，向用户提供更高价值和更具差异化的产品。"

由此可见，腾讯夺得 2010 年上海世博会的唯一互联网赞助商后，不仅大大提升了腾讯在国内外的影响力和品牌价值，同时还大大提高了经营收入，取得了名利双收的效果。

低调谦和　踏实求稳

美国权威财经杂志《巴伦周刊》评选出的 2008 年度"全球最受尊敬 30 名 CEO"中，马化腾成为亚洲地区唯一入选的互联网领袖，也是中国内地硕果仅存的上榜者。而与之相应的是缔造电子商务帝国的马云，2009 年却没能成功上榜。

作为中国内地唯一的入选者，马化腾对腾讯公司的驾驭能力得到了美国权威财经杂志的认可。这一切与马化腾本身的个性不无关系。与丁磊、马云等创业型企业家注重从渠道、销售的角度来看产品的可行性不同的是，踏实求稳的马化腾更看重的多是技术型的产品。这也是马化腾本人认可的、与马云等人最本质的区别。

在做客深圳大学杰出校友报告会上，极少透露隐私的马化腾在面对小师妹的拷问时也不得不承认自己甘愿当个"宅男"。

"我依然不喜欢社交，也不喜欢应酬。包括对媒体的采访，我一直都觉得平面媒体比较好，可以随便聊，我对着摄像机镜头会感觉不太舒服。"马化腾说。

减少了出镜率，减少了不必要的社交活动，在家做"宅男"的马化腾显然有更多的时间去思考腾讯的发展。而甘愿宅在家中的人多半为低调者，马化腾就是其中之一。长相书生气、五官端正的"小马哥"，一张清秀的娃娃脸，却不爱拍照，腾讯公司公关部仅存的几张照片，也都是他几年前为了给媒体刊发而拍的。

在公司内外，马化腾都以"低调"著称。但他是一个很有亲和力的老板，他跟任何普通员工一样朴素，常常混在电梯里却没人认出他来。他不善交际，所以他在公司提倡简单的人际关系，提倡大家能快乐地工作。他并不常露面，游戏部的普通员工与他最"亲密"的接触是 2007 年 3 月，QQ

休闲游戏在线用户突破 300 万人，马化腾亲自出席了内部庆功酒会，和每个人碰杯。

"Pony 虽然低调，但稳健、不冒进。"加入腾讯游戏部 5 年的员工高峰说："在腾讯，男人大多佩服他，女人大多崇拜他。"

马化腾最爱做的事情，就是每天坐在电脑旁边，打开腾讯首页和 QQ 首页。他不仅是 QQ 的创始人，还是 QQ 网恋的坚决执行者。

在网上一直流传着这段有趣的对话：

"你是谁?"

"我是 QQ 的爸爸。"

"那我就是 QQ 的妈妈。"

这样的对话，当时一定让坐在电脑另一端的马化腾未来的老婆感觉匪夷所思。据腾讯的早期员工说，马化腾在一次为中国移动做的 QQ 性能公开演示中打开了他的 QQ，当时跳进来一位陌生人，这个陌生人后来就成了马化腾的妻子。

没结婚时的马化腾着装随意，天天工作到凌晨。现在的马化腾着装讲究，工作之外很少出去应酬，大多数时间和家人在一起。每次公开露面，他总是西装革履，听他公开演讲的人不难发现他经常打粉色领带，穿浅蓝色衬衣，再配上 1.80 米左右的个头，以及让很多爱美的女人都羡慕到尖叫的好皮肤——马化腾越来越有偶像气质了。

腾讯成为上海世博会互联网独家合作伙伴后，为宣传腾讯，马化腾不得已接受过几次媒体的专访，往往在按照公关部拟好的问题回答结束后，他私下里会很诚恳坦率地向提问的记者透露一些他的真性情："我还是对一些页面的设置不满意。我会考虑如何让页面更吸引人、更合理。我最喜欢的还是技术研发，我会一直做腾讯的技术研发，我不喜欢管人。我不喜欢接受采访，不喜欢与人打交道，当我自己独自坐在电脑旁的时候是我最舒服的时候。"

技术研发是马化腾的强项，也是他最大的爱好。在腾讯，他是首席体验官、首席产品经理。"互联网毕竟是以技术驱动的行业，以技术为根基实现的很多产品，在激烈的竞争中，它的成败往往在于产品体验的一点点好坏，以及它如何能够适应网民的需求，来改变它的产品形态。腾讯从第一天推出 QQ 的时候，就深切感觉到这种压力，不知不觉就形成了这样一种产品模式：快速换代、小步快跑、不断优化。竞争到一定的程度，很多产品在体验上都差不多，产品核心能力如何做到极致，才是胜负的关键。"

"腾讯并不是我一个人的，假如有分歧就谈，以理服人。假如这个决策只是因你的个性、性格决定的，人家首先就要怀疑你的能力了。"低调的马化腾在治理公司方面也十分注重团队精神与公司的和谐氛围。

腾讯的女同事们都管马化腾叫"小马哥"，他极少发脾气、为人低调内敛，但每一步都有计划。当年一起创业的几个伙伴至今都还在腾讯抱团发展，团队之稳定，在互联网行业很少见。腾讯有集体管理的传统，亲情、朋友之间的关系多过上下级、铁的纪律这些东西。如果放回三国乱世，马化腾会被评价为"诸葛亮"，为人谦恭，但"坐在办公室就能胸怀天下"。

而在好朋友刘晓松眼里，马化腾给他最初印象依然是少言。"那时我就听说了他，后来我们在某个场合熟悉了，他说话并不多，我对他最深的印象是，他的技术很好。"刘晓松回忆道。而正是缘于这种低调带来的好感，刘晓松成为腾讯的天使投资人，是第一个投资腾讯的人，化解了腾讯成立之初的窘境。刘晓松在回忆时还笑称："假如要说腾讯有什么不足，我认为，马化腾应该找个像马云这样的人帮他推销公司。"

马化腾的下一个目标放在了 2010 年世博会之后，"到时候，腾讯品牌广告收入大概在所有门户中排第二吧。"他把第一名的位置留给了新浪。看来，马化腾仍然坚持着他的低调。

在马化腾低调、温和的外表下，跳动着的是一颗雄霸互联网世界的野心。

打造"QQ帝国"

"中国互联网在全球的发展中已经不仅仅是跟随者，在一些方面已经成为领导者。腾讯比较率先地在互联网增值方面做出了一些成绩。"2009年11月2日，马化腾在2009年互联网大会上如此为中国互联网行业及腾讯公司定位。

10年前，马化腾及其合作伙伴在开发QQ这款即时聊天软件的时候，并不知道如何靠它挣钱。如今，马化腾执掌的腾讯公司已经围绕QQ创立了中国最大的综合门户网站之一、第二大C2C网站、最大的网上休闲游戏网站，拥有全球用户数最多、最活跃的互联网社区，其市值在世界互联网产业内仅次于Google和Amazon。腾讯之所以成为一个令人恐惧的"本土杀手"，就在于它有着强大的底气。

"腾讯品牌的发展，这10年完成了数量上、流量上的积累，现在要开始在影响力方面发力。"马化腾说，下个10年，均衡发展将成为腾讯战略的重点，要培养人才。"我们并不希望把利润放在账面上，而是更希望把利润投入到长远发展里去，把腾讯打造成为国际化大公司。"

从2009年开始，马化腾重点考虑的是电子商务和搜索，这两项业务的直接竞争对手就是阿里巴巴和百度。虽然从开始上拍拍网到现在，腾讯的电子商务还没有像其网游、门户那样突出，但是在2009年11月举行的互联网大会上，马化腾明确表达了他未来拓展电子商务和搜索业务的决心。

马化腾认为："网游依然是整个互联网行业未来三年发展最快的增值服务，今年网游行业增长预计在30%～40%，预计未来三年也会保持这样的增长，但作为创意行业，竞争格局和增长势头会有所改变，而且网游的基数规模已经很大，未来三年后增长或会放缓，腾讯必须着眼更多更远的新机会。"他认为的新机会就是电子商务、搜索和品牌广告。"这是腾讯的弱势行业，未来几年，腾讯要争取成为排头兵。"

"国外所有电子商务的流量，一半以上都是由有品牌、有用户的独立厂家自己建立的，做得非常好，中国还没有形成这样的机会，我预计未来很多 B2C 的网站也会崛起。腾讯希望能够在整个产业链中的定位更加准确，能够和更多的 B2C 网站有更好的合作。"马化腾充满信心地说。

2009 年 11 月，马化腾成了中国互联网行业的首富，但他还是危机感十足。他觉得腾讯的业务铺得还不够，对于其他竞争对手的成功，小马哥依旧有点眼红，比如新浪微博的高人气，让他不由想起了自己曾经推出的"腾讯滔滔"的不温不火。他还能再次后来者居上吗？不少人都在拭目以待，看看接下来这位"全民公敌"的刀锋将会造成多大的杀伤力。

在中国互联网行业，长相斯文、举止儒雅的马化腾曾跟陈天桥、马云、丁磊、张朝阳、李彦宏五个人同时过招。过去 5 年中，王雷雷、丁磊、周鸿祎、马化腾，还有杨元庆都尝试过同一件事情。不过最后只有马化腾一个人成功了。

马化腾是中国第一代"网虫"。QQ 一路杀过来之所以有今天，完全是靠用户的不断认可和抬爱，因此，马化腾本人对用户体验的重视到了无以复加的地步。即便今天成为腾讯的董事会主席兼 CEO，马化腾也都要每天上一个小时的网，用自己公司的产品检验用户的反馈。

马化腾在模仿间不经意打造了一个庞大的"QQ 帝国"，为中国人创造了一种全新的沟通方式。经过短短十几年的发展，腾讯创造了中国网络领域的神话。

马化腾讲述十年心路历程

1998 年 11 月 11 日，腾讯在华强北的一间小小办公室里诞生。这间小小的公司是马化腾等 5 位年轻人共同的梦想。弹指十年，如今腾讯已经站

在了中国互联网的巅峰。

2009 年 11 月 11 日，马化腾在腾讯创立十周年庆典大会上发表演讲，讲述了他自己创办腾讯十年的心路历程。

现将其演讲摘录如下，以飨读者：

今年是新中国成立 60 周年，腾讯也迎来自己的第一个十年，中国从大国走向强国，互联网蓬勃生长，腾讯的发展离不开这样的大背景。

1984 年，我是上初二时来到深圳的，那时候深圳刚刚开放。这么多年在深圳，我的感受就是深圳确实是一个创业的热土和窗口，腾讯在这块热土中汲取了丰富的营养。

就像华为、中兴完全是靠自发的，创业者是自己做下来的。跟北京还不一样，要么有政策，要么有别的，在客观环境下能做起来，但深圳大多完全是靠自己，创业者的这种热土，这种感觉会更加强烈得多。

那时候深圳的口号是"时间就是金钱，效率就是生命"。当时改革开放国内还是很多思想没有解放的时候，听到这种话真的很震惊，金钱是可以拿来用做口号的，以前哪敢这么提。

腾讯有幸在大浪潮里能够有这么好的一个机遇，包括现在和未来都会有很多新的机遇涌现，更关键还是靠人的意识，是不是真正能去把握好的机遇。

1998 年我刚刚创立腾讯的时候，互联网产业在中国正处在蓬勃初期。当时网民才 300 万人，不到现在的零头，现在是超过 3 亿人，是那时的 100 倍！那时候的环境还没有这么好，获得风险投资的机会刚刚开始有，但那时候机会也非常小。我们也不太擅长这方面，幸好有高交会，第一届高交会有一个契机，很多投资者会关注深圳这个地方，给我们融资的机会。

我们开始也曾面临很大困难，互联网泡沫破灭，资金融资困难，还有投资等问题，这个对我们压力非常大。渡过难关后，很多创始人、管理层的心态是低调一点，把问题想得严重一点，别人说可能没事，我想姿态还是要摆出来，虚步还要走出来，以防有什么变化，如果看到形势变好，我们会慢慢走快一点。

那个时候很难的。我倒羡慕今天很多创业人士，比我们那个时候真是容易太多了，然而实际上很多投资者也是冒了很大风险，概率也越来越低。做公司要对股东、投资者负责任。腾讯经历的最艰难的时刻是 2001 年风险投资进来的时候，那时候面临下一步融资，那段时间比较难熬。当时行业泡沫嘛，腾讯资金也比较艰难，当时账面上只有 100 万美金。所以我现在对新兴公司大把烧钱看不惯。

坦率地讲，中国现在互联网模式基本上是从国外学过来的，没有太多是自己原创的。当然毕竟商业模式你很难苛求去原创，因为本来就这么几种，关键看谁做得好。

当然以前比较封闭，只有像海归才会了解，才会过来，原有的本土人很难去那么快地掌握，现在发达很多了。但也造成竞争很激烈，基本上国外冒头一个什么，一报道哪一个好的话，国内三个月之后就冒出十家同类的，这个很厉害。

创业初期，腾讯也没想过要成什么样。我只是觉得有机会去做，发挥所长，也有点回报。初期运气占的比例较重，至少 70%。但是 2001年之后主要靠自己，靠对用户价值的挖掘与尊重。其实创业期间不幸的东西也挺多的，就是自己要去扛、自己想办法。

深圳做计算机研发的人才是很丰富的，得益于原来定位的高科技，像华为和中兴都在深圳，人才是很重要的。像媒体只能在北京做，特别是网络媒体。各有侧重，但我们原来起步时还是以技术研发为主，包括现在的很多产品还是以研发为驱动力，还是以深圳作为研发中心。

经过几年的发展，中国逐渐地培养起了自己的开发人才、创意人才，在这方面积累了自己的经验和技术。以中国的人力成本优势和人才优势，相信中国有机会成为一个文化产业出口大国，未来十年，中国自己制作的网络游戏等文化产品，将会越来越渗入到全球，这将是一个很好的创业方向。

总的来看，互联网企业的创业环境正在不断变好。

我很喜欢的一个电影是《帝企鹅日记》，企鹅是一种可爱的动物，在他身上集结了爱、勇气和冒险的精神。

现在我们五位创业者只有一位离开了，我觉得我们的团队还是比较稳定的。有一个因素，因为以前是同学，心态上会好很多，吵架会吵架，相对在外面萍水相逢的，为了做东西而做，如果遇到争执的话很容易出问题，我们不存在这个情况。

我们天然有这样的优势，最早也是创业团队一点点壮大，最开始是我和张志东两个人，一个月后加入一个，一个月后再加入一个，最后是五个人，很快成为最开始的创业团队，那时候基本是按这样的思路去做，包括股权分配也是根据个人能力和特长分配，这样会保持以后稳定一点。我也见过一个公司，一开始几个人全部平分，不管是不是碍于面子，却没有考虑未来的可持续发展，有些三个人各三分之一，往往是很危险的。

保持创新，过去十年，中国互联网利用本土优势成功抵御了国际巨头的进攻，取得了全面胜利，但真正决定中国互联网生死存亡的是接下来的十年。这十年中国企业不仅要和国际企业比拼服务，更要拼创新和核心技术能力。

未来三年是网络大发展的黄金时间。三年后，网民数突破 5 亿的话，基本上渗透率相当高了，后面增长会放缓，这些用户群就是未来一二十年发展的基础，所以如果这个时候不去投入的话，是很不明智的。

我觉得机遇很重要，我们也不觉得自己特别聪明，我们做的东西都是很简单的判断，都能做得到，但是有团队、有公司的股份结构和投资者的合理搭配，这是很重要的，否则有这样的人，但是没有那样的环境一样会出内乱。

更重要的是，时代的因素是非常重要的，大部分成绩都取决于外界时代的因素，很多机遇是外界赋予的，这方面我们自己觉得很幸运，所以更加不能浪费这个机会，应该想得更多。而不能说你现在得到的是自然的，别人打不赢你，我们从来都会很担心，不会觉得自己很强。

2001、2002 年的时候，基本上只有无线增值业务是最大的，很单一。其他的都是成本支出，包括我们的 QQ 平台等都是成本。那个时候我们就要考虑下一个增长点是什么。当时我们已经开始初步做一些，像互联网增值应用，开始尝试向会员收费，但是量很小。

到了 2002、2003 年的时候，网游已经被证明商业模式是可行的，而且还不仅是一个收入、市场的问题，更多的是用户占用的时间是很长的，可能更多的人就不使用即时通信，转而进入网络游戏的时间。我们觉得这是一个很大的威胁，也是一个很好的机遇，我们要进入这个领域里，否则，就是灭顶之灾。

其实也够，但是想踏实一点，我们也在积极地去寻找赢利的方式，当时也有一些成绩，最初第一个还是靠无线增值业务，主要还是移动 QQ 成为我们的主要收入。那时候受很多制约，梦网还没有出来，我们在梦网之前努力去做，但是要收到费用还必须靠梦网的机制才能收到。我不知道什么时候落实，进度多快。肯定会担心资金链断裂，那时候比较着急。盈科不让 MIH 进入，他也不投资，那时候是最难过的，后面基本很好解决。

现在我感觉最大的危机感还是随着中国互联网慢慢成熟以后，我怎么样随着年轻用户群的成长开发出更多、更好的服务。很多领域腾讯也是太晚进入了，包括搜索、电子商务和门户，门户稍好一些，搜索和电子商务更晚一点，这时候会更难做。

但是你不做的话过两年会更难，花 10 倍的精力和资本来做都很难做起来。我们在想，网民的结构在成熟以后，特别是三年后会成为一个拐点，所有网民会慢慢成熟。你的服务怎么慢慢转变，看我们怎么迈过这个坎，怎么做这个事情。

邮件、电子商务、搜索，这种解决生产力效率，真正解决商务上的问题的需求，随着我们自身年龄的增长，这方面的感觉也会更强。怎么样把这个事情能够落实下去，到产品中，并且无缝地把我们偏娱乐化、年轻化的产品和服务一点点过渡到中性化、全业务化，这是很重要的。

（2009 年"胡润百富榜"、"福布斯中国富豪榜"中国首富）

10. 王传福："汽车狂人"

王传福 档案

出生时间：1966 年 2 月

性　　别：男

籍　　贯：安徽省无为县

毕业院校：中南工业大学

现任职务：比亚迪股份有限公司董事局主席兼总裁

从事行业：电池、汽车、新能源

公司总部：深圳

创业时间：1995 年

创业资本：250 万元

上市情况：2002 年比亚迪在香港主板上市

行业地位：全球最大的镍镉电池、锂电池生产企业；中国三大民营汽车制造商之一

拥有财富：2009 年王传福分别以 350 亿元和 396 亿元财富名列"胡润百富榜"、"福布斯中国富豪榜"榜首。

人生经历：1987 年中南大学冶金物理化学专业毕业后，到中国有色金属研究总院攻读硕士学位，并留在该院工作。1995 年，在深圳注册了比亚迪实业公司，生产手机电池。2003 年进入汽车行业，制造比亚迪汽车；同时致力于新能源汽车的应用。

主要荣誉："中国最具影响力的华商领袖"、"中国汽车十大新闻人物"、"中国汽车业最具前瞻力 CEO"、"2008 中国经济年度人物创新奖"等。

经典语录：成立一个公司并不难，生产一个产品也不难，难的是如何将尽可能小的投入演变为尽可能大的产出。这就需要眼光，需要冒险。

从不名一文的农家子弟到拥有 396 亿元财富的"中国首富",从 26 岁的处级干部到饮誉全球的"电池大王"、"汽车狂人",王传福这位 44 岁的商界奇才用自己的智慧和胆识书写了一个中国版本的创业神话。

1995 年,王传福在深圳创办了比亚迪科技公司,开始生产手机电池,其旗舰产品锂电池如今占据了全球 60％的市场份额,已经成为摩托罗拉和诺基亚制造外包的首选。2003 年,王传福开始采用"垂直整合"方式进入汽车行业,自主开发设计比亚迪 F3、F6、E6、L3、I6、S6、E6、M6 等系列轿车,其汽车销量从 2004 年的 5 万辆发展到 2009 年的 40 万辆,比亚迪已经连续 5 年实现 100％跨越式增长,成为中国汽车行业最耀眼的明星企业。现在,王传福给比亚迪汽车定下的目标是到 2015 年实现销量中国第一,2025 年销量世界第一。业内人士称王传福是个"汽车狂人",但他却对实现这个宏伟目标充满了自信。

苦孩子出身

1966 年 2 月,王传福出生在安徽省无为县赫店镇的一个贫穷农民家

庭。无为县属巢湖市管辖，是一个人多地少的传统农业县。在坚信"人多力量大"的那个年代，王传福的父母共生育了 8 个儿女，其中 6 个女儿，2 个儿子——哥哥王传方与弟弟王传福，王传福排名第七。一家 10 口人在物质极度缺乏的那个时代，生活几度陷入困境。然而，在王传福读初中的时候家里发生了变故，让他经受了心灵的创伤，并从此变得沉默寡言。为了忘掉痛苦，年纪尚小的王传福便两耳不闻窗外事，一心苦读，形成了坚强忍耐的性格。他相信，没有比脚更高的山，没有比脚更远的路。他坚信，只要灵魂不屈，自己一定会走出一条康庄大道。

1979 年，王传福的父亲因长期病痛折磨离开了人世。两年后，他的母亲也突然去世。兄弟姐妹 8 人的生活顿时陷入困境，王传福的哥哥王传方不得不中途辍学，赚钱养家，5 个姐姐也早早出嫁，唯一的小妹妹则被送给他人寄养。

与哥哥相依为命的王传福一开始并没有如此远大的抱负，当时他只想考上能包分配的中专，然后参加工作，挣钱养活自己，以减轻哥哥的经济压力。但中考的时候，由于他缺考了两门课程，上中专分数不够，无奈只能进入当地一所新建的高中。让王传福没有想到的是，他未来的命运也因此而彻底改变。

1983 年，王传福考入了中南矿冶学院冶金物理化学系（2000 年高校合并后改名为中南大学）。拿到录取通知书的那一刻，他和哥哥都看到了用知识改变命运的希望。

于是，上了大学的王传福更加勤奋。1987 年，他以优异的成绩考上了中科院北京有色金属研究总院的研究生。在读研究生期间，他更加刻苦，把全部的精力投入到电池研究中去，并由此开始了改变他一生的电池研究。

1990 年，经过几年寒窗苦读，王传福终于拿到中国有色金属研究总院硕士学位，并留在该院工作。两年后，26 岁的王传福还被破格提拔为研究总院 301 研究室副主任，成为当时全国最年轻的处级干部。而更让

王传福意想不到的是,一个促使他从一名专家向企业家转变的机遇从天
而降。1993 年,研究院在深圳成立比格电池有限公司,由于和王传福的
研究领域密切相关,王传福被委任为公司总经理。

辞职创办比亚迪

王传福在担任公司总经理期间,掌握了一定的企业经营经验和电池生
产技术。他发现,当时买到一部大哥大需要二三万元,而国内电池产业随着
移动电话的"井喷"方兴未艾,前景十分广阔。与此同时,他在电池行业权威
刊物《国际电池行业动态》上看到一篇文章,说日本方面鉴于镍镉电池对环
境的污染,以后将不在本土生产镍镉电池,他敏锐地觉得这是个难得的机
会,肯定会引发全球镍镉电池生产基地向低成本地区转移。王传福作为研
究镍镉电池方面的专家、高级工程师,为此心动。他坚信,技术不是问题,只
要能够上规模,就能干出大事业。

凭借敏锐的商业头脑,王传福断定充电电池必将大放异彩。然而,国有
企业体制严重束缚了他的手脚,继续待下去难以大展拳脚。于是,他做出了
一个大胆的决定,离开具有强大背景的比格电池有限公司,辞去总经理职
务,自己创业。

辞官下海这在当时被很多人认为是一种冒险行为。起初,他的表哥吕
向阳并不同意王传福的冒险行为,认为放弃"铁饭碗"很可惜。不过,王传福
最终说服了吕向阳。

1995 年 2 月,深圳乍暖还寒,王传福向表哥吕向阳借来 250 万元资金,
在深圳莲塘注册成立了比亚迪科技有限公司。他领着 20 多个人专攻镍镉
电池的生产,并把比亚迪起家的产品定为可用于无线电钻、电锯、应急灯等
产品的镍镉工具电池,开始了在深圳的创业生涯。

王传福认为:"成立一个公司并不难,生产一个产品也不难,难的是如何

将尽可能小的投入演变为尽可能大的产出。这就需要眼光，需要冒险。"而王传福拥有的最大资本，正是战略眼光和冒险精神。

回想起当时的情形，王传福说自己都不敢相信哪来这么大的勇气。

创业之初，王传福跟很多下海创业者一样面临着资金匮乏的问题：当时一条镍镉电池生产线需要几千万元的投入，一间配备全自动化设备、全干燥的锂电池工作室需要几十亿元人民币。可是他的手里只有250万元创业资本，资金缺口这么大，怎么办？

王传福想出了一个土办法：自己动手制造生产设备，把生产线分解成一个个可以由人工完成的工序。这样算下来，一条日产4000个镍镉电池的生产线，只需要100多万元人民币。"这是没有办法的办法。我们这一波创业的人掌握的机会不是很多，所以必须创新，必须有制胜的法宝。我们经常算这样的账，一套进口设备20万美元。按60个月折旧，一个月2万多元人民币，如果这笔钱用来雇佣工人，可以请多少人？十几个人顶不上一个机械手吗？"王传福回顾当初创业的情况时感言道。

很显然，王传福采用的是一种颠覆性的竞争策略。他凭借中国在人力成本方面的绝对优势，终于生产出了比他的竞争对手——包括索尼、三洋等同类产品便宜15%的价格，而且品质更高的手机电池。此后几年，比亚迪继续通过对产品配方的设计进一步降低成本。巅峰时期，它的对手每块锂电池的价格是10美元，但在比亚迪只需要3美元。比亚迪电池这么高的性价比对于其竞争对手而言是具有很大"杀伤力"的，因此，它牢牢把握住了市场竞争优势。

在王传福的引领下，比亚迪展现在我们面前的是让索尼、三洋和富士康等国际巨头们感到恐惧的电池生产车间：一条条六七十米长的流水线上，密密麻麻地坐着四五十名工人。他们身穿普通的棉布工作服，坐在常温的车间里，每个人手边都有一种夹具，帮助他们准确地完成点焊、检测、贴标签等工作，手中的动作可以以秒计算。十几条生产线组成的车间因为拥挤而显得有些杂乱。

但正是靠着这些简陋乃至有些凌乱的车间,比亚迪用了短短一年时间,就取代三洋成为中国台湾无绳电话制造商大霸的电池供应商。2000 年,它又成为摩托罗拉的第一个中国锂电池供应商。到 2008 年,比亚迪的镍镉电池、镍氢电池和锂电池产销量名列全球首位,成为中国最大的手机电池生产企业。

"一夜醒来,突然发现比亚迪从一只猫变成了老虎!"富士康公司的一位负责人如此形容这个他们眼中咄咄逼人的竞争对手。

富士康是全球最大的代工企业,它在内地的职工人数高达 80 万人,而掌门人则是被《华尔街日报》称为"代工皇帝"的郭台铭。昔日的学生突然成为最大的对手,比亚迪的崛起让这位以"霸气"著称的台湾首富感到前所未有的愤怒和无奈。

技术出身的王传福改变了中国企业家的形象。那些在全球产业分工链条上苦苦挣扎,为了获得一份低端打工仔职位而不断压低身份,不惜血本甚至自相残杀的人群中,终于走出来一位"技术派"领军人物。他以拆解跨国公司的技术壁垒为己任,狂热追求技术创新,并组织起了一支真正能征惯战的本土化的技术研发和制造队伍。

王传福的经营哲学是:"我们从不对核心技术感到害怕。别人有,我敢做,别人没有,我敢想。比亚迪每个单位遇到问题,我们都会说,你解决不了,不是因为没有能力,而是因为你缺少勇气。"针对中国企业普遍具有的"技术恐惧症",王传福说,这种恐惧正是对手给后来者营造的一种产业恐吓。先进入者会不断地告诉你做不成,投入很大,研发很难,直到你放弃。

在比亚迪的电池工厂里,60% 的生产设备都是自主研发的。不论是电池、手机部件还是汽车产品事业部,每一块领域都设有自己的一套非标准、半自动化设备的制造团队,少则几百人,多则上千人。而在比亚迪进入汽车产业后,"小米加步枪"的做法自然被承袭下来。

"电池大王"造汽车

1997年，金融风暴席卷东南亚，使全球电池产品价格暴跌20％～40％，日系厂商处于亏损边缘，比亚迪的低成本优势突然爆发。如今，比亚迪已成为继三洋之后全球第二大电池供应商，占据了近15％的全球市场。

正当人们为王传福在电池行业咄咄逼人的态势惊叹时，他鸟枪换炮，又一头挤进竞争白热化的汽车制造行业。

如果说辞官创业对于王传福来讲是一次冒险，那么他决定进入汽车制造业无疑是他冒险之旅的疯狂之举。

2003年1月23日，比亚迪宣布，以2.7亿元的价格收购西安秦川汽车有限责任公司77％的股份。比亚迪成为继吉利之后国内第二家民营轿车生产企业。

王传福收购秦川汽车，开始推出比亚迪汽车时，他几乎如法炮制，极力模仿本田与丰田——他先是拆解了丰田花冠，反复测量、分解、检测，并研究其结构，试验其性能，认真分析其零部件；然后，对没有专利的，就照着做；如果有专利，就稍微做一些改进。他甚至通过大量采用非专利技术的方式，迅速拥有自己的核心技术。2005年，比亚迪汽车模仿丰田花冠，推出了比亚迪F3；随后推出的F3R与上海通用的凯越HRV高度形似；而此后不久推出中级车比亚迪F6，则被人指责是广本雅阁和丰田凯美瑞的混合体；而其推出的比亚迪F8，更是被曝极力仿照了奔驰轿车C级和雷诺梅甘娜CC。

王传福因此被称为"山寨大王"，这也是他至今备受争议的原因之一。令人费解的是，虽然F3与丰田花冠的形似已经众所周知，丰田公司却迟迟没有对比亚迪提出侵权诉讼。

谈及此事，王传福透着微笑的眼睛背后又忍不住透露着幽默，他用一种技术人员特有的偏冷语气，不紧不慢地陈述着自己的经营哲学："知识产权要尊重,但可以回避。我们的车没有任何专利问题。比亚迪对那些属于其他厂家的专利,规避得一干二净,特别是汽车产品。”他甚至还搬出了他的“五个面”知识产权理论:“汽车的外观专利有五幅照片,前面、后面、侧面、正上方和斜上方,这五个面都是相似的,就可能是侵权,但只要其中有一幅照片风格完全不一样,其余的完全一样也不算侵权。”

作为比亚迪首席设计师,廉玉波更是毫不避讳地表示:“我们每年要拆很多车,有专利就规避掉,没有就拿来用,并做好了打官司的准备,而且有100％的把握不会让对手赢。”

学会打专利战是每一个技术型企业成长的必修课。如果回顾亚洲成功企业的历史,无论是丰田、本田,还是索尼、三星,都是一步步从技术模仿者出发,采取破坏式创新策略,走向技术领先者,再到品牌成功者。

比亚迪凭借成本优势,丰田花冠的价格要 10 万元左右,而不仅“形似”甚至“神似”的比亚迪 F3 只要 7 万元左右,从未有过汽车销售经验的比亚迪竟然取得了空前的成功——2008 年 10 月,比亚迪轿车竟然超过有着多年营销经验的奇瑞与吉利汽车,成为国内自主品牌的销量冠军。

当联想到比亚迪以代工发迹,靠与诺基亚、摩托罗拉等大客户谈判赚取利润的背景时,不禁想到,如今的王传福竟然能在另一个截然不同的陌生领域——汽车行业需要以营销打开市场,以渠道促进销售量——超过已经在这个行业摸爬滚打多年的奇瑞和吉利轿车,取得难以想象的成功时,我们不得不问:“别人做多元化,90％以失败而告终,为什么比亚迪却能做成?”

王传福说:“因为我们十分重视技术。刚开始做汽车的时候,我一上飞机就开始看汽车的书。看多了,我就觉得汽车其实就是个传统产业,传统产业是一个低科技产业,手机里面的零部件才是高科技,那个比汽车的难度要大得多。这个行业里面我们都可以叱咤风云,别的也可以。我的骨子里觉得中国人就是能干,中国人又不笨又不老,只要给中国人机会,绝对是全球一流的公司,什么都能做成一流的。”

王传福位于深圳坪山的汽车生产基地,有着一派别样的景象。生产工艺上，比亚迪同样没有采用国外现成的生产线，而是在焊接、涂装、总装等几大工艺生产上自己研发制造了 2000 多项设备，其中一些即使是汽车产业的专家也未曾见过。冲压、焊接线上，排列整齐的工人让人想起比亚迪电池生产车间。

对此，王传福说道：比亚迪之所以能在不同的行业，包括 IT、汽车行业取得成功，是因为自己抓住了制造业的"命门"，这是一种自上而下的垂直整合能力。

"这种能力是那些全球看起来很庞大的 EMS 企业所不具备的。"王传福接着解释，所谓的垂直整合能力，是指从零部件做起，逐步自下而上进入整机组装和设计的环节。

"在这套垂直整合战略中，最核心的其实是研发设计，其次是零部件模具的开发制造。""一个产品的质量分为两部分，就像人一样，一部分是先天的基因，一部分是后天的培养。如果先天设计不好，后天怎么造也是造不好的。制造工艺弥补不了设计缺陷，实际上，产品 70％～80％ 来源于它的设计，20％～30％ 来源于它的制造。设计得好，70％～80％ 的品质就有了保证，再加上制造的严格把关，整体质量就没话说。"

显然，在王传福的眼中，无论是生产汽车还是手机，在设计和模具上都有共通之处。因此，他在位于上海松江的汽车工程院，招聘了 300 多名汽车工程师来优化设计；并在 2003 年年底收购了原属北汽集团的北京吉普模具厂，成立北京比亚迪模具有限公司，为比亚迪公司旗下的轿车提供所需模具。

"正是这种自给自足的生产方式保证了比亚迪在电池和汽车行业的成功。"比亚迪汽车销售总经理夏治冰说，虽然此前有人对比亚迪的这种做法提出质疑，认为不符合全球分工日益细化的趋势，也不像一家在香港上市，深圳、上海、印度、罗马尼亚全球设厂的大企业的手笔。但靠自己动手造产品、造设备、造工厂，这种发展路径却贯穿比亚迪成长壮大的始终。

比亚迪汽车的成功加快了王传福快速扩张的步伐。2009 年 7 月，他第三次亮相长沙，这次是以拯救者的身份，被长沙市政府盛装裹金邀请而来——他的拯救对象是美的三湘客车厂。

三湘客车厂是湖南的老牌客车厂,有着 54 年的历史。2005 年被美的集团收购,成为美的集团旗下子公司。但几乎与比亚迪同时进军汽车行业的美的汽车,却因为经营不善最终导致这家客车厂于 2008 年年底全面停产。

2009 年 7 月 25 日,比亚迪以 1 亿元的价格收购美的三湘。比亚迪收购美的三湘后,在长沙实现了"全系列"——以后的比亚迪,不仅能生产轿车,还能生产大巴以及 C3、C6 微型面包车。

2009 年,比亚迪以 44.8 万台的总销量和同比大增 162% 的卓越成绩,成为国内汽车企业总销量增长冠军的同时,F3 也以 29 万辆的成绩夺取年度总销量冠军。

2010 年,比亚迪计划推出 L3、I6、G6、S6、M6 等 5 款全新车型,并通过致力于产品品质的完美提升,实现 60 万辆的产销计划。

2010 年上半年,比亚迪汽车销量达到 28.9 万辆,同比增长 60%,再次成为国内轿车企业的增长冠军。

在产销量连年翻番的推动下,通过持续稳健的品质建设,比亚迪汽车的"品质完美三步曲"成效显著,具备了大力加强品牌建设的产品品质条件。

赢得股神巴菲特的青睐

在 2008 年全球资本市场上,有一件备受关注的事情:9 月 18 日,"股神"巴菲特通过其投资旗舰伯克希尔哈撒韦公司旗下附属公司,与比亚迪股份有限公司签署了策略性投资及股份认购协议,以每股 8 港元的价格认购了比亚迪 10% 的股份,共计 2.3 亿美元,交易额高达 18 亿港元。巴菲特所看中的,是比亚迪长期以来不懈努力的新能源汽车工业。在全球经济面临困难的时候,比亚迪逆势而上,原因就在于王传福比别人多走了半步。通过创新来化解金融危机的不利影响，甚至变不利因素为有利因素，王传福的努力为中国企业的突围提供了一个样板。

2009年10月16日，国际投行巴克莱银行再次以均价每股78港元增持3232万股。在新能源及汽车的双重概念下，比亚迪股价一年多来累计上升了近10倍，持有27.83％股份的比亚迪股份公司董事长王传福，因此一跃成为中国新首富。

2008年7月底，巴菲特热门接班人、中美能源控股主席戴维·索科尔顶着南方的酷暑来到比亚迪考察。短短四天的行程表里，王传福为客人特意安排了一项活动——在比亚迪总部的停车场对纯电动E6样车进行试驾。9月，巴菲特旗下的中美能源控股购买了比亚迪10％的股权。此举刺激了香港股票市场：比亚迪股价上涨了42％。在融资之后，比亚迪斥资2亿元人民币收购半导体企业宁波中维。

王传福的比亚迪，在众人的概念里只是一家汽车企业，而巴菲特的合作伙伴戴维·索科尔却是这样阐述比亚迪的优势：一是高质量的领导管理团队；二是强大的研发能力，并可以把研发快速转化为产品；三是可以广泛应用于全电汽车、风能、太阳能等方面的比亚迪快速充电科技。

巴菲特本人的表述更具感染力："我投资比亚迪的原因很简单，就是它能把我前进的梦想重复充电2000次。"

一个月后，王传福以他的经典造型接待外国记者：格子衬衫、眼镜、胸前的工号牌和上衣口袋里的钢笔。作为中国汽车业的新人、充电电池领域的全球领先者、一位获得巴菲特青睐的中国企业家，王传福传达了这样一个信息：自己的公司是一个象征，表明工业领袖的指挥棒已经从西方传到了东方，而他将成为这场变革的中心。

在全球经济低迷、股市震荡之际，也正是股神巴菲特全球抄底之机。作为民营企业的比亚迪却意外地引来了巴菲特的入股。从某种意义上来说，这也是对比亚迪在新能源方面取得的成绩以及王传福的肯定。

"巴菲特以前很少投未来的东西，包括他把大部分基金捐到比尔·盖茨的基金去了。但他从来没有买微软和苹果的股权，因为他觉得 IT 他看不懂，他只投一些传统的，像能源、可口可乐。"王传福表示，对于巴菲特的入股，最初也感到有些意外。

王传福说："巴菲特的代表到我们公司待了四天，看了一下公司的运营，整个公司的模式，实际上我们比亚迪不只是产品创新，我们整个模式也有创新，我们的战略胆大包天。这种模式代表也非常肯定，对我们的团队很佩服，对我们的产品和电池给予了极高的评价。"

王传福继续说道："我们签完合同以后，巴菲特说，他很看重我们这个团队，很看重我们 13 年来的管理纪录，觉得我们的管理方式很不错。而且看到我们技术快速的转化等一整套的东西，所以绝对值得长线投资。"

应该说，巴菲特的入股缓解了比亚迪目前的经营压力，王传福也如释重负。当然，对于比亚迪而言，选择巴菲特不仅仅收获的是现金，还有"股神"入股对其品牌影响力的显著提升。一心要当中国新能源汽车领袖的比亚迪必须加快在新能源汽车业务的投资步伐，而在融资之后，斥资 2 亿元人民币收购半导体企业宁波中维也印证了这一点。

国家有关部门曾明确提出，积极推动新能源汽车在中国的推广步伐。而美国市场将是比亚迪新能源汽车商业化的第一块"试验田"。

"依靠中美能源在美国强大的能源网络，比亚迪便能充分借助中美能源旗下的电力公司修建大量的充电站，这将大大加速比亚迪在北美进行新能源汽车的推广。"王传福对于比亚迪在海外市场的未来充满了信心。

作为世界电池大王，比亚迪确实配得上巴菲特的赏识。王传福本人的财富故事也与电池息息相关：大学里，他学的是电池；毕业后，他研究的是电池；创业时，他生产的又是电池。对技术极为痴迷的王传福一路都在专注于电池的研究和生产。

有人认为比亚迪在吹牛，在讲大话，王传福只是一个汽车狂人。但是，从比亚迪这几年发展的轨迹来看，似乎没有什么能阻拦其飞奔的速度。

新能源汽车成就"中国首富"

2009 年的王传福,可谓是名利双收。9 月 28 日,他以 350 亿元财富名列"胡润百富榜"首位。同年 11 月 5 日,他又以 396 亿元财富成为"福布斯中国富豪榜"中国首富。王传福个人的财富一年间增加了 323.9 亿元,财富增长幅度为 449.4%。从胡润百富榜第 103 名上升到第 1 名,王传福完成这次财富巅峰跨越,仅仅用了一年时间。

然而,当众人都在高呼制造业已经无利可图,财富大鳄均转向风光的房地产与资本市场时,以中国制造为概念的王传福荣登中国首富宝座,这不只是偶然的股价飙升。

对于这段传奇经历,有人把原因归结于中国汽车市场的率先强势崛起,有人则将答案抛向了中国日渐掀起的新能源车浪潮,还有人认为是股神巴菲特对比亚迪的青睐,让王传福搭上了顺风车。

不可否认,上述三条是将王传福推向财富冠军宝座的重要力量,但随着时间的推移,人们渐渐发现,至今仍保持着"技术工人"状态的王传福以及从他身上蔓延到整个企业的"狼性"特征,才是这个财富神话的根本。而这背后所体现的,则是中国财富变迁之路正在越来越"健康"。

在比亚迪总部,王传福的办公室位于其"六角大楼"二楼电梯门右侧,布置简单,但摆放着许多技术书籍和车模。

近两年来,这位比亚迪总裁一直保持着这样的"准技术工人"状态:每天下午一点钟,他像其他员工一样,到位于地下一层的食堂吃饭;更多的时候,他会下到车间里跟工人一道抓研发项目进度。

没有人能真正了解王传福到底有多少财富,即便是胡润。《胡润百富》总裁胡润在接受记者采访时表示:"在发布 2009 年'胡润百富榜'之前,我并没有见到王传福。他的 350 亿元财富数据是依据比亚迪股份市值计算得出的。"

而实际上,这 350 亿元仅仅是王传福财富帝国中很小的一部分。比亚迪股份并不包含比亚迪汽车业务的产值,尽管胡润对王传福的评价,更多的是对比亚迪电动车及其相关业务的褒扬。但即便如此,依旧不妨碍王传福成为首富。

"梳理过去,10 年中,丁磊、黄光裕、杨惠妍、荣智健、刘永行、刘永好等财富人物,他们分别来自互联网、房地产、农业、重化工等各个行业,王传福和电动车为今年的榜单提供了全新的注解。"胡润表示,比亚迪的财富增值,有相当大部分是基于该公司正在研发的电动汽车的前景。

当今世界面临能源紧缺、环境污染、二氧化碳排放等世界难题,而传统燃油汽车的大量使用是造成这些问题的诱因之一,发展新能源汽车成为解决这一问题的很好途径。比亚迪在收购秦川汽车之前,就开始了新能源汽车核心部件如电池等方面的研发,从进入汽车行业开始,王传福就立志要做中国新能源汽车的领导者。

狂热的"技术疯子"

王传福在比亚迪员工的眼中是个"技术疯子"。比亚迪有个理念,叫"技术为王,创新为本"。王传福从不讳言自己对技术的狂热:"我们从不对技术感到害怕。别人有,我们敢做;别人没有,我们敢想。"

王传福正是用这种不知畏惧、永不服输的劲头逐个攻破了电池领域的难题。即使身为比亚迪老板,有太多繁杂的工作需要处理,但他仍然会把一天中绝大部分的时间用在实验室里琢磨技术。

在比亚迪这个由他一手创立的商业帝国里,到处都弥漫着浓烈的王氏风格,很多员工由衷地钦佩他,并视他为自己的精神领袖。

王传福说:"在比亚迪还没有谁比我更懂技术,每个工艺的改造都会亲自查看,包括每个项目的设计改造,我也都会一一过问,做电池和汽车如果不亲自拆装、不了解清楚其内在的结构，心里就不踏实。我是个技术型的企业家。"他不太乐意别人称他为"首富"，而更愿意以技术型企业家来定义自己。这位喜欢自己说了算的企业家，在这个激荡的年代，或许自己也没有想到，当年的豪言壮语竟然会如此提前用另一种方式实现。

王传福要感谢始于2008年爆发的金融危机。当金融危机不可避免地来到时，不管是出于为人们打气还是出于实践的真理，从政府到专家都将这个词分成了"危"与"机"的解释：危中有机，机大于危。虽然这个解释被人们称为有"粉饰信心"的成分，但对于王传福来说，"机"的确是大于"危"。2008年，比亚迪汽车的销量突破20万辆，同比增长110%，而汽车收入也已经占到比亚迪总收入的60%。

现在的时期正是应验了那句名言："这个世界上唯一不变的就是变化。"动荡的年景对此更有写照。不过，王传福似乎并没有太多的变化，虽然在结果上他已经用中国首富的头衔改变了人们介绍他的身份和背景，但在比亚迪的成长过程中，2009年并没有与以往有多少变化，这也是人们对于王传福登顶的消息感到意外的原因。不过，之所以比亚迪在过程中没有让人们感到震撼的变化，那是因为它一直都在变化中，从来没有停止过，而这个变化的发动机就是王传福。

比亚迪走到今天，可以说王传福作为动力十足的发动机居功至伟，他对于企业发展过程中的变革颇有远见。从当初在手机普及之初敏锐地意识到镍镉电池的巨大前景，到后来不顾四面楚歌般的反对声毅然进军汽车行业；从造车之初就开国内企业先河的设立碰撞检测中心而避免了后来奇瑞等进入欧美时尴尬的"碰撞门"，到其从供应链的上下游和工艺流程、制造模具等独特制造模式的打造，王传福让比亚迪抓住了每次变革的幸运之手，并站在了业界的前端。

王传福曾多次接受过记者的专访，每次说话都很严谨，但一谈到技术就滔滔不绝，有理有据，不会给人夸夸其谈的感觉。虽然他严肃得有些过了头，但与他对话的人仍能够从他身上感受到比亚迪人坚定的自信。

其实,即便是没有这次全球金融危机,这个世界也时时处于变幻莫测的变化之中,谁能号准时代的脉搏,谁就能站在潮头。

对于王传福这样一个电池技术的狂热分子来说,造汽车远不是其终极目标,眼光总是先人一步的他,很早就看到在全球能源紧缺的形势下,电动车的光辉前景。他想借助汽车这个更广阔的平台,颠覆传统电池行业,甚至颠覆世界能源格局。

王传福相信自己手里的"铁电池"技术是起爆世界的核武器。他曾公开向媒体表示,搭载了铁电池的比亚迪纯电动车一次充电续航里程是 350 公里,但拥有类似电动汽车技术的通用汽车每次充电续航里程不过 64 公里。

不过电动车要实现商业化,还有很多待解的难题,尤其是核心技术的产业化以及电动车相关配套设施的建设和普及。

王传福试图复制曾两度助其大获成功的全产业链整合模式。他收购了宁波中纬半导体公司,并准备将其改造成电动车用 IGBT(绝缘栅双极晶体管)生产线,以实现电动车产业的"垂直整合"。

不过这项技术属于行业难题,目前只有英飞凌等极少数国外半导体厂商掌握,而王传福买来的生产线技术却还停留在 20 多年前,比亚迪要想攻克这道技术难关还需假以时日。但留给王传福做技术储备的时间已经不多了,他正面临一场空前激烈的竞争,对手全部是全球知名的跨国汽车集团。在通用、丰田先后发布了自己的电动车计划后,日产汽车也于 2009 年 8 月发布了号称"全球第一辆可交付正常使用的纯电动车"的 Leaf 车型。这家日系车企还在中国大力推进其电动车计划,先后与武汉、广州市政府签订了试运行协议。

不过王传福无惧挑战,除在中国推 F3DM 车型试水油电双模混合动力市场外,他还打算把比亚迪的纯电动车 E6 卖到美国市场去。根据王传福的计划,2010 年年底,他将在美国的部分地区试水,先面向当地政府机构、公用事业公司和其他企业客户推出数百辆纯电动车,定价超过 4 万美元。

事实上,王传福也清楚地知道,要实现全行业的颠覆,仅靠比亚迪一家

企业的力量是无法完成的，所以他决定联合其他实力雄厚的汽车制造商走电气化路线。

从另一个角度来说，比亚迪传统燃油车销量再好，也只是王传福前进路上的一枚棋子。他要实现的是一个更大的梦想——新能源产业。在王传福最新的规划里，未来的比亚迪是一个融 IT、汽车、新能源三位一体的"BYD（比亚迪）"。2010 年 4 月 23 日，第十一届北京国际汽车展盛大开幕。在本届车展上，比亚迪在 1200 平方米的展台上，共展出了 13 款车系 18 辆车，涵盖新车、畅销车和新能源车，同时比亚迪 L3、I6、S6 三款新车全球首发，既展现了整体实力，又体现了品牌魅力。

王传福在接受记者采访时说："比亚迪 L3、I6、S6 的发布，标志着比亚迪研发水平又上了一个新台阶，在整车技术上与国际水平的距离再次拉近，我们的产品线今后将全面向高端蔓延。"这个声音告诉人们，经过这些年的积累和发展，自主品牌企业开始具备了与国外品牌分庭抗争的底气。因此有人预言，比亚迪将可能成为自主品牌向高端挺进、实现历史性突破的分水岭。

在整合当中创新

王传福说："一家技术型企业的崛起必然要站在巨人的肩膀上，在继承的基础上进行创新。"

当王传福把"人海战术"和"山寨精神"带到汽车业的时候，又是一场天下大乱。2007 年，F3 以 7 万多元的价格一举击破了很多消费者的心理防线。当一辆丰田花冠对于大多数普通人来说如同一个价值不菲的 LV 包时，比亚迪推出的 F3 就如同一个超 A 货 LV。

在有关比亚迪的报道中，总会提到王传福如何带头把崭新的模板汽车拆成破烂，王传福对此也很坦率："汽车也就是四个轮子一个外壳，任何一部车都难免和别人有一些相似的元素。我不会从头开始去创造一部车,我要站在世界比较领先的平台上去做。"

在王传福之前,几乎每个中国投资者都用同一种思路做汽车:向意大利的设计公司购买设计图纸,到日本的模具厂开模,问阿尔文美驰购买底盘……最后的结果是,造车就像超市采购,企业需要自己动手的只有三件事:想好该生产什么样的车,组装零部件,然后销售出去。

而王传福却主导了从汽车产品开始,一步步向上游延伸的逆向扩张。比亚迪新闻发言人王建钧告诉记者:"除了玻璃、轮胎和钢板不能自己制造,其他所有零部件都将是'made in BYD'。"

在全球制造业分工精细化的背景下,王传福大玩垂直整合,逆势而行,再次表现出了自己蔑视游戏规则的一面。在比亚迪汽车自给自足的供应链中,王传福就像一个君王,不必看任何人的眼色。"他的才华让他显得自信,甚至有些自负,而他的自负更多的是表现在他对产业链和对比亚迪的控制欲上。"一位汽车业内人士如此评价。

王传福自信比亚迪的技术实力已经超过富士康。他说:"我们现在在整个技术上比他强,因为我的技术领域比他多得多,他仅仅是一个模具加一个EMS,我们有电池,有汽车,汽车里面有多少个技术,从大型模具到发动机技术,到压缩技术,空调技术都有,这些他全都没有,包括一些表面装饰的技术、喷漆的技术他都没有。这两个产业实际上是互通的,这种技术拿过来以后,就是你的优势。实际说1+1不止等于2,有的时候做得好能大于2。无限的创新就从整合当中创新。"

在过去的几年中,手机和电池业务是比亚迪源源不断的利润来源。但10年、20年后,比亚迪真正的未来可能在于汽车,而且是电动汽车。正是基于对比亚迪电动汽车的信心,王传福喊出了"在乘用车领域2015年做到中国第一;2025年做到世界第一"的目标。

这听上去是一个疯狂的口号,但人们已经不敢轻易嘲笑王传福,比亚迪过去已经一次又一次地打破了不可能。

2007 年 10 月，比亚迪基于 F6 推出了一款双模电动汽车，即采用电动与混合动力相结合的技术，车载电池用完将自动切换到混合动力系统。

这款双模电动汽车的核心驱动力是铁电池，这是一种用铁和硅为原料制成的高效电池。汽车电池最大的难度在于高容量、高安全、低成本三项要求上，铁电池在这三方面相比于传统的镍氢电池、锂电池有着独特的优势。在电池领域，王传福敢说自己的实力要超过丰田。而铁电池的成本优势更是他的杀手锏。什么都敢造的他偏偏对变速箱不感兴趣，因为他相信到了电动车时代，变速箱就将成为历史文物。

事实上，比亚迪对电动汽车电池的研究最早始于 1998 年。如果不是相信自己能够拥有电池——这一电动车的核心技术的话，2003 年的王传福也许根本不会选择进入汽车领域。现在汽车电池的研发团队已从过去的 10 个人扩展到 100 多个人，加上制造和测试部门，在上海松江占了一栋楼。

2006 年年底，比亚迪成立了 E6 纯电动车项目组，王传福亲自担任项目总负责人，并从比亚迪的电池、电子部件事业部调集大批人马，要将两大产业群的核心技术进行无缝对接。E6 项目组每个月至少开两次会讨论各项进展。一组来自比亚迪的数据显示，E6 充电一次可以行驶 400 公里，动力200 千瓦，最高时速 140～150 公里，价格为 15 万元以内，百公里耗电 15度，只需要花几块钱的电费。如果在 400 公里以外需要继续充电，则可以通过充电桩充电，10 分钟即可充好 70% 的电量。在安全性方面，王传福说，他很快会向公众证明，这是一块用火烧都不会爆炸的电池。

王传福的激情与技术并存，但他也知道，做汽车与做电池、手机最大的不同是比亚迪要在中国乃至全球消费者心中建立强大的品牌知名度和美誉度，而十几年来只做代工的比亚迪一直是营销和品牌建设的门外汉。这个门槛丰田花了 15 年，三星花了 20 年。尽管通过一款 F3，王传福和他的团队似乎已经找到了如何做品牌的感觉，但正如他所形容的："我们开始找到一点感觉了。就好像原来开车不知道高速路口在哪，现在知道从哪里过收费处，找到上路的感觉了。但未来在这条路上，如果开得不好还会翻车，风险依然存在。"

未来，王传福的梦想还很远："你想想，一款售价 15 万元以内、充一次电能跑 400 公里、百公里能耗只有 15 度电的车，一旦上市，难道不是在国际车市上爆炸了一颗原子弹吗？"

"我相信这个产品可以改变世界汽车产业的格局，甚至可以把国际油价打下来！而且在电动车时代，发动机与变速器都将成为过去式。"要使这一远大梦想成真，需要实实在在的技术突破。新能源、混合动力汽车，是全世界技术巨头们都在争抢的领域，比亚迪技术突破的潜力到底有多大？

在国内，电动汽车几乎是一个从零开始的产业，摆在王传福面前的仍是一盘高风险的棋局：无法回避的技术难题、国外的专利封锁以及国内相关产业政策的含糊不清。这一次，他能否像进军电池和传统汽车市场一样闯过难关，尚无定论。但至少，这位以新能源概念之名登上中国首富宝座的王传福已经让大家依稀看到了中国产业变革的未来。

在学习中低调潜行

大凡成功的企业家，都是善于学习的典范，王传福也不例外。王传福说："人生像攀登一座山，而找山寻路却是一种学习的过程，我们应当在这个过程中，学习笃定、冷静，学习如何从慌乱中找到生机。"

王传福的学习精神早在求学研究阶段已经牛刀小试，取得卓越的成绩。在打造比亚迪电池王国的过程中，他更加孜孜不倦地学习。一个显著的例子是，在入主秦川汽车之前，他就开始研究汽车，同创业之初以电池专家涉足电池业一样，这一次他想先成为汽车专家，然后再打造汽车王国。

学习令人成熟，尤其对于一个处于黄金年龄且事业扶摇直上的成功人士而言，更是如此。在人们纷纷质疑比亚迪进入汽车制造业时，创业以来从未尝过失败的挫折感的王传福也不是没有顾虑。但倔强的王传福认为，凭借 37 岁这个黄金年龄仍然拥有对新领域的强大学习能力，以及日益成熟的判断决策力，再加上更加谨慎的态度，他仍然可以成功。

也正是不断地学习，使得王传福有了看透人生和经济运行法则的能力，这个言必称"我是学自然科学的"技术专家把许多东西看得很透。王传福似乎是个渴望透明的人，他 200 平方米的办公室由一道玻璃隔断，里里外外，一览无余。整个比亚迪，所有的屋子也都在这种透明的氛围中。还有一个业内尽人皆知的事实，在比亚迪公司中，王传福仅占 27.83％的个人股份，同他一同打天下的元老和高管人员则占 22.6％。比亚迪有 40 名千万富翁。

比亚迪的组织架构也是透明和干净的，王传福并不自谦："在市场管理上，我们特别强调信息流要努力做到单纯，最简单的就是市场和研发在我个人身上合而为一。我不认为管理一个企业很麻烦，只要把研发和销售抓住，企业再乱也乱不到哪里去！"

2009 年，尽管比亚迪和王传福始终处于媒体的追逐中，但即使是在比亚迪最重要的年度战略车型之一的 G3 上市发布会上，王传福都没有公开露面。唯一一次高调亮相，就是为了向美国消费者和投资者介绍双模电动车 F3DM 和纯电动车 E6，这是目前中国第一款进入美国市场的汽车。

低调的王传福，并没有使比亚迪显得更温和一些。在国内汽车市场上，比亚迪汽车业务的展开比其他品牌迟了不止一个节点，也不具备坚固的品牌认知。这让在电池业务上如鱼得水的王传福大伤脑筋，自从转型到汽车行业开始，王传福和他的团队就面临各种质疑。

以极具价格竞争力的车型吸引消费者，是比亚迪唯一能够还击对手的举措。有 10 多年低成本电池业务经验的王传福深谙中国制造的成本竞争原则——过去，比亚迪以 30％的成本优势击败了三洋、松下、索尼等巨头。

2009 年 5 月，比亚迪与大众汽车就双方在新能源领域的合作签署了谅解备忘录，准备在混合动力和由锂电池驱动的电动车领域探讨合作机会。王传福则明确表达了希望开放车用电池领域，作为体验式供应商与其他品牌进行合作的意愿。

当然,对于有"大梦想"的王传福来说,电动车只是其宏伟事业蓝图的起步,他的终极目的不是"电动汽车大王",而是做能颠覆世界的"新能源大王"。在某次与记者面对面的采访中,他曾豪情万丈地宣称,比亚迪将来至少要利用塔克拉玛干1/2的地方发电,并通过提高光伏电池的转换效率,深度整合太阳能电池产业链。

在王传福脑中勾勒的新能源版图中,太阳能电站、储能电站和新能源汽车是三个核心板块。他准备大规模地应用全球储量最大的金属"铁"和全球储量最大的非金属"硅",实现人类能源战略的彻底改变。

虽然王传福离自己梦想中的成功还有不小的距离,但敢想敢干的他从来没有迟疑过,即使周遭充满了反对的声音,他也会坚持按自己所认定的正确道路走下去。或许正是他的敏锐、刚毅、果断及其在新能源技术上的突破能力,让世界著名投资家、哈撒韦公司的副主席查理·芒格如此为之折服。

就是这样一个低调与张狂并存的人,将来是否能如查理·芒格所说,成为有史以来最重要的生意人之一? 我们相信在这个新能源时代,一切皆有可能!

后　记

　　中国改革开放 30 多年来,中国民营企业家积累了之前三代人都不曾拥
有的财富,涌现出了一批首富,他们中有"饲料大王"刘永行和刘永好、"网络
新贵"丁磊、"家电零售大鳄"黄光裕、"纸业女皇"张茵,还有"超级地主"杨国
强、"汽车骄子"王传福、"地产大亨"许荣茂……

　　大批亿万富豪的出现,对中国经济意味着什么？五年前,《胡润百富》总
裁胡润先生在接受笔者采访时说:"富豪们对社会的贡献不仅在于他们创造
的物质财富,他们还创造了许多新的就业岗位,向国家纳税,而且捐款扶贫
济困,支持公益事业。他们的创业精神鼓励了更多人,唤醒了民众的创业致
富意识。我记得 20 世纪 90 年代的时候,我和一个中国朋友走在北京的街
头,看见一个人开着大轿车,当时我的中国朋友就说,这个人一定有'背景',
他的钱怎么来的是不能被别人知道的。但是今天中国的环境已经完全不一
样,中国人对财富的态度和财富在中国的形象,有了很大改变……大量富豪
的不断涌现,这也说明了中国的财富环境越来越好。特别是像刘永行、刘永
好、丁磊、张茵等白手起家的首富,给了民众很多的自信,尤其是对创业者与
打工者具有深远的影响和重要意义,富豪们已成为创业者学习的榜样。"

　　在一个多元价值的商业社会里,我们不仅关注商业的技术、流程和管
理,更关注商业背后的价值、体制与人心。商业的终极目的在于人的满足和
自我实现。我们笑对财富,难得的是保持一颗平常心。既不仇富,也不炫

富,更要取财有道。我们将一起追寻生财之道,探寻驭财之术。但金钱并非归宿,而是工具,财富的目的在于使人过得自由,有意义,有尊严。

1992年,当星巴克股票在纳斯达克上市时,霍华德·舒尔茨春风得意地告诉整个世界:"我是一个梦想者。"然后星巴克果然成为世界商业的奇迹。

靠收废纸起家的张茵,2006年成为中国第一位白手起家的女首富。张茵的成功给很多正在从事废品收购之类的街头小贩们以最亮的希望——干我们这行照样能出首富!

梦想者的思绪不会停顿,梦想者的灵感源泉也不会枯竭。当梦想飘荡在中国上空时,粉红色的梦幻变成了金色的辉煌。

中国经济的整体"牛"市,使首富的诞生成为顺其自然、水到渠成的过程。尽管他们活跃于不同的领域,"把玩"着属于自己的战略技巧,但他们却有着共同的执著性格和追寻梦想的雄心。

当然,成功与失败此消彼长与亘古碰撞,意味着梦想中总是有人欢喜有人忧。有实现梦想的达人,但更多的则是从梦想的巅峰失足跌落,或从梦想的破灭中猛然惊醒而尝试着从头再来。

"以铜为镜,可以正衣冠;以史为镜,可以知兴替;以人为镜,可以明得失。"笔者相信本书中十位首富的财富故事能给您带来一些有益的启示。

在本书写作过程中,笔者查阅了《南方人物周刊》、《第一财经日报》、《证券日报》、《南都周刊》、《中国经营报》、《互联网周刊》、《经济参考报》、《理财周报》、《中国企业家》、《环球企业家》、《东方企业家》、《南方周末》、《小康·财智》、《浙商》、《新财经》等报刊上一些相关人物的资料。同时,还借鉴引用了何志毛、房煜、徐琳琳、王雨佳、张明、刘彦华、黄久、马纪朝、张静、邹瑞霞、孙洁琳、潘欣怡、朱丹、韦夏怡、余跃、谢圜地、陈晓双、徐琳玲、林军等媒界朋友的相关作品。在此向上述媒体和作者朋友表示衷心的感谢!

书中尽量注明了引用资料的出处,但难免会有疏漏,如有不足之处还望谅解并与笔者联系。

在创作本书的过程中，笔者还参考了吴晓波的《大败局》、张小平的《首富隆起》、张宇宙的《马化腾的腾讯帝国》、郑祥琥的《比亚迪之父王传福》、何春梅的《中国女首富张茵》等著作。您如果想对上述人物和著作有更深的了解，请去购买阅读上述图书，它们将提供更为详尽的内容。

本书在写作出版过程中得到了著名经济学家、北京大学光华管理学院副院长张维迎，上海交通大学管理学院教授、博士生导师余明阳，《胡润百富》总裁胡润，著名学者、《小康·财智》杂志总顾问、前长江商学院高级研究员罗天昊，《第一财经日报》总编辑秦朔，著名财经作家吴晓波、张小平、张华等朋友的支持与帮助。如果没有他们的支持和帮助，本书不可能诞生！在此一并致谢！

感谢浙江大学出版社对本书的厚爱！感谢蓝狮子财经出版中心的资深编辑王留全先生和浙江大学出版社编辑王长刚先生，他们对本书稿提出了一些非常宝贵的建议，付出了不少心血，在此表示真诚的感谢！

由于本人水平有限，再加上时间仓促，书中难免出现不当和浅显之处，敬请读者见谅。希望各位读者、朋友提出宝贵意见或建议（电子信箱：ysh5198@163.com），在此先行表示感谢！期待与您交流！

余胜海

2010 年 9 月

图书在版编目(CIP)数据

草莽生长：十大首富的创富之道/余胜海编著.—杭州：浙江大学出版社，2010.12

ISBN 978-7-308-08085-9

Ⅰ.①草… Ⅱ.①余… Ⅲ.①企业家—生平事迹—中国 Ⅳ.①K825.38

中国版本图书馆 CIP 数据核字(2010)第 213106 号

草莽生长：十大首富的创富之道

余胜海 编著

策 划 者	蓝狮子财经出版中心
责任编辑	王长刚
出版发行	浙江大学出版社
	(杭州市天目山路 148 号 邮政编码 310007)
	(网址：http://www.zjupress.com)
排 版	杭州大漠照排印刷有限公司
印 刷	临安市曙光印务有限公司
开 本	710mm×1000mm 1/16
印 张	18.50
字 数	256 千
版 印 次	2010 年 12 月第 1 版 2010 年 12 月第 1 次印刷
书 号	ISBN 978-7-308-08085-9
定 价	38.00 元

声　明

由于本书所用部分图片来自网络，无法和原图片作者一一取得联系，请原作者看到图书后与蓝狮子财经出版中心联系，以支付稿酬。

来信请寄:杭州市环城北路 141 号永通信息广场西楼 1004—05 室
邮编:310014
电话:0571—89901972